Rainer Mathias Dunkel

Lebensfreude im Beruf
Vom Glück der inneren Zufriedenheit

Präsenz

Rainer Mathias Dunkel

Lebensfreude im Beruf

Vom Glück der inneren Zufriedenheit

Präsenz

Bibliografische Information der Deutschen Bibliothek

Die Deutsche Bibliothek verzeichnet diese Publikation in der
Deutschen Nationalbibliografie; detaillierte bibliografische Daten
sind im Internet über http://dnb.ddb.de abrufbar.

Umschlaggestaltung: Schupmann + Partner, Mainz
Druck: CPI books GmbH, Ulm

ISBN: 978-3-87630-208-9

www.praesenz-verlag.de

Das Buch ist meiner geliebten Beate gewidmet.

Inhalt

Einleitung: Glücklich ohne Arbeit

In den letzten Monaten habe ich etlichen Menschen davon berichtet, dass ich ein Buch schreiben wolle, indem es darum geht, dass man ohne Arbeit glücklich sein könne. Die stereotypen Antworten, die ich bekam, lauteten immer ähnlich: Wenn man genügend Geld hätte, dann ginge das; man müsse arbeiten, denn man könne ja nicht nichts tun. Meinen Patienten erkläre ich dann immer wieder, dass ich nicht mit ihnen meine Zeit verbrächte, wenn ich der Ansicht wäre, dass die gemeinsamen Psychotherapiestunden für mich Arbeit wären. Ich mache das, weil ich Freude daran habe. Wenn dies nicht zutrifft, dann tue ich etwas nicht, so ist meine immer wiederkehrende Aussage. Es ist eine Entscheidung, ein Entschluss, ob ich etwas tun will oder meine, etwas tun zu müssen.

Man darf Tätigkeit nicht mit Arbeit verwechseln. Mit meinen Patienten bin ich gern zusammen. Sie interessieren mich. So wie ich auch gerne Sport treibe, lese, ins Theater oder Kino gehe, Bücher schreibe, meine Wohnung aufräume, Yoga mache und manches andere. Wenn es mich nicht interessierte und ich keine Freude daran hätte, so täte ich es nicht. Wenn ich müde bin, so ruhe ich mich aus und schöpfe neue Kraft.

„Es wäre furchtbar für mich, mir den ganzen Tag den Scheiß und Müll fremder Leute anzuhören", sagen des Öfteren Patienten zu mir, „wie halten Sie das nur aus?" „Ich finde die Scheiße und den Müll interessant und versuche mit Ihnen gemeinsam, daraus Dünger zu entwickeln, womit Sie Ihren Lebensgarten bestellen und zum Blühen bringen können!", pflege ich dann zu antworten. „Auf alle Fälle arbeite ich nicht, wenn ich versuche, Ihnen dabei behilflich zu sein, Ihre Lebensreise zu verschönern, ihre Frustrationen zu verstehen, die inneren Unwetter, unter denen Sie leiden, so anzugehen, dass Sie dabei Kraft und Freude empfinden. Es ist egal, was man tut. Die Hauptsache ist, dass man sich daran erfreut und es gern tut. Dann kann man mitunter glücklich werden; auf jeden Fall aber zufrieden!"

Einer meiner Patienten, der sehr lange an der Universität immatrikuliert war und sein Studium niemals abschloss, hat seit vielen Jahren einen Job bei einer großen Firma, in der er den Postversand und den Druck der Serienbriefe leitet. Diese Tätigkeit stellt ihn so sehr zufrieden, so dass er sehr oft heimlich unbezahlte Überstunden macht, um möglichst alle Aufträge in kürzester Zeit für das Unternehmen zu erledigen. Besonders die einfachsten Tätigkeiten, wie etwa die Handkuvertierung, besorgt er stundenlang regelrecht so gern, so dass es ihm wie ein Rausch vorkommt. Er befindet sich in einem Spielzustand, der ihn berauscht. Es ist wie ein innerer Wettkampf. Er hat sich die Spielregel selber ausgedacht, und es bereitet ihm höchste Befriedigung, dieses Spiel mit seinen Spielregeln zu seiner Zufriedenheit zu spielen. Es ist seine Sichtweise. Und darum geht es. Er fühlt sich dazu berufen und auserwählt, so dass er bezahlt und unbezahlt seine Tätigkeit mit Freude ausführt. So kann jeder seine innere Zufriedenheit, Lebensfreude und Glück erlangen, wenn man gern tätig ist. Und dann ist es ganz gleich, was man jeweils tut: Hauptsache, man will es, ist daran interessiert und voller Freude bei der Sache. Mit anderen Worten: es ist eine Frage der Motivation. Dieser Patient ist mit seiner Tätigkeit glücklich.

Arbeit ist Fremdmotivation, Spiel ist Eigenmotivation

Wenn wir nicht motiviert sind, sind wir träge. Belohnungen führen zu immer größerer Motivation, man bekommt dadurch eine positive Verstärkung. Die natürlichen Reize für die positive Verstärkung der Motivation sind stets zeitlich eng verbundene Kontingenzen von Umwelt- und Eigenreizen. Wenn ich mir selbst eine Beschäftigung aussuche und sie unbedingt umsetzen will, so stellt das ebenfalls eine Kontingenz dar. Kontingenzen sind die in zeitlicher und örtlicher Nachbarschaft auftretende Abfolge von Reizen, einer Reaktion des Organismus und der darauf folgenden Verstärkung, der Konsequenz. Man sieht den Liebespartner, berührt ihn und hat (hoffentlich) eine positive Konsequenz. Diese Verbindung (Kontingenz) stellt eine Einheit dar.

Unter positiver Verstärkung versteht man, dass bestimmte Reize, wie beispielsweise Essen, wenn sie unmittelbar nach einer Verhaltensweise auftreten, das Wiederauftreten dieser Verhaltensweise begünstigen. Diese Reize stellen positive Verstärker dar. Der Reiz kann auch in dem guten Gefühl bestehen, das mich überkommt, wenn ich eine Tätigkeit ausführe, die in mir ein gutes Gefühl hervorruft. Ich bekomme ein Gefühl der Einheit – und bin glücklich. Ich bin mit mir eins und nicht zwiegespalten.

Dem stehen negative oder Strafreize gegenüber, die bewirken, dass Reize unterdrückt werden. Das ist die Arbeit, denn Arbeit zeichnet sich meist durch Fremdbestimmung aus. Ein anderer – und wenn es das entfremdete Gewissen ist, was mich bissig als Gewissensbiss quält – versucht, über mich zu bestimmen. Man ist entzweit und jenseits der Einheit. Arbeit wird so Ausdruck einer Entzweiung. Diese „Zwei" führt zu Zweifeln, Zwist, Zwietracht und Zwiespalt: Gut und Böse, zur Disharmonie. Die Einheit, die in einem Harmoniegefühl verwirklicht werden kann, lässt sich auch psychophysiologisch erklären: Es gibt bei allen Säugetieren – und somit auch beim Menschen – zusätzlich zur Triebbefriedigung einen neuronalen Prozess, der maßgeblich für das Lernverhalten ist, die sogenannte positive Verstärkung. Positive Verstärkung kann von den spezifischen Triebsystemen, also Hunger, Durst oder Sex, getrennt und unabhängig angeregt werden. Das ist eine Art absolute Freude. Dieses Gefühl entsteht im subkortikalen System – also in einer stammesgeschichtlich alten Hirnstruktur –, das heute erst in seinen Umrissen erkennbar ist und als positives Verstärkersystem bezeichnet wird. Bei allen Säugetieren sind hauptsächlich dopaminerge Nervenfasern im mittleren Vorderhirn für die „positive Verstärkung" verantwortlich. Es gibt somit ein biochemisches-psychophysiologisches Korrelat für die Darstellung der Freude oder des Glücks – oder des Freiheitsgefühls.

Es ist zu einem inneren Reflex geworden, Tätigsein als Arbeit zu betrachten. In diesem Buch geht es mir um die Wiedererlangung des Freiheitsgefühls und wie wir durch die Einbildungs- und Vorstellungskraft zu einer inneren Freiheit gelangen können.

Der Taugenichts, der die Freiheit sucht

Ein preußischer Diener aus der Zeit der Romantik, der als Jurist im preußischen Staatsdienst nicht allzu gern zu Diensten war, flüchtete sich in die Fantasie, um dort sein Arkadien, das Paradies des Goldenen Zeitalters zu suchen: Joseph Freiherr von Eichendorff, lässt seine Erzählung aus dem Jahr 1826 *Aus dem Leben eines Taugenichts* so beginnen: „Das Rad an meines Vaters Mühle brauste und rauschte schon wieder recht lustig, der Schnee tröpfelte emsig vom Dache, die Sperlinge zwitscherten und tummelten sich dazwischen; ich saß auf der Türschwelle und wischte mir den Schlaf aus den Augen; mir war so recht wohl in dem warmen Sonnenscheine. Da trat der Vater aus dem Hause; er hatte schon seit Tagesanbruch in der Mühle rumort und die Schlafmütze schief auf dem Kopfe, der sagte zu mir: ‚Du Taugenichts! Da sonnst du dich schon wieder und dehnst und reckst dir die Knochen müde und lässt mich alle Arbeit allein tun. Ich kann dich hier nicht länger füttern. Der Frühling ist vor der Tür, geh auch einmal hinaus in die Welt und erwirb dir selber dein Brot.‘ "

Der Vater, das Vorbild – ob gutes oder schlechtes, auf alle Fälle das Vorbild für den Sohn – arbeitet, ohne sich für den Tag gut und froh eingerichtet zu haben, denn er rumort schon seit Tagesanbruch, noch die Schlafmütze auf dem Kopf, als wäre er arbeitsbesessen. Während sich der „Taugenichts" in der warmen Sonne wohlfühlt. Das Wohlfühlen wird als untauglich bezeichnet. Dabei will jeder Mensch – so wie alle Tiere – sich wohlfühlen. Patienten suchen den Arzt auf, weil sie sich nicht wohlfühlen. (Danach fühlen sie sich des Öfteren noch weniger wohl.) Dabei soll die Arbeit letztendlich dazu dienen, dass man genug zu essen und zu trinken hat, um sich wohlzufühlen. Man lebt eigentlich nicht, um zu arbeiten, sondern um gut zu leben. Der Vater will das Kind, das inzwischen kein Kind mehr ist, verständlicherweise nicht mehr füttern. So ist der entscheidende Moment der Ablösung zwischen Vater und Sohn gekommen. Der Sohn soll selbstständig werden – selbst und ständig –, wie es der Lauf der Welt ist.

„‚Nun‘, sagte ich, ‚wenn ich ein Taugenichts bin, so ist's gut, so will ich in die Welt gehen und mein Glück machen.‘ Und eigentlich war mir das recht lieb, denn es war mir kurz vorher selber eingefallen, auf Reisen zu gehen, da ich die Goldammer, welche im Herbst und Winter immer betrübt an userm Fenster sang: ‚Bauer, miet mich, Bauer, miet mich!‘ nun in der schönen Frühlingszeit wieder ganz stolz und lustig vom Baume rufen hörte: ‚Bauer, behalt deinen Dienst!‘ “

Der „Taugenichts“ hatte selbst schon die Idee, auf Reisen zu gehen, wie ein freier Vogel. Er projizierte seine Sichtweise, dass es einem im Winter schlecht geht, auf die Goldammer. Er zeigt sich als verwöhnt, weil er im warmen Nest gefüttert worden ist. Ein Goldammer-Küken, welches gefüttert wird, gibt es in der Winterzeit nicht.

„Ich ging also in das Haus hinein und holte meine Geige, die ich recht artig spielte, von der Wand, mein Vater gab mir noch einige Groschen Geld mit auf den Weg, und so schlenderte ich durch das lange Dorf hinaus. Ich hatte recht meine heimliche Freude, als ich da alle meine alten Bekannten und Kameraden rechts und links, wie gestern und vorgestern und immerdar, zur Arbeit hinausziehen, graben und pflügen sah, während ich so in die freie Welt hinausstrich.“

Der Vater ist offensichtlich ein guter Vater! Er stößt den „Taugenichts“ aus dem Nest – viele Nesthocker bleiben heute gern im „Hotel Mama“ – und gibt ihm sogar noch Reisegeld mit für seine weitere Lebensreise. Wieder tauchen die täglich arbeitenden Menschen auf, wobei der „Taugenichts“ seine heimliche Freude hat, weil er nicht arbeitet, sondern in die Welt hinausstreicht. Er artikuliert den Gegensatz zwischen Arbeit und Unfreiheit einerseits und der Freiheit und der Reise andererseits. „Ich rief den armen Leuten nach allen Seiten stolz und zufrieden Adieus zu, aber es kümmerte sich eben keiner sehr darum. Mir war es wie ein ewiger Sonntag im Gemüte." Er hat das Gefühl eines ewigen Sonntags, wie der Herrgott, der an sechs Tagen die Welt erschaffen hat und sich dann mit dem siebenten Tag zur Ruhe setzte – und seitdem nichts mehr tut – und also auch nicht arbeitet!

Der „Taugenichts" bezeichnet die daheimgebliebenen arbeitenden Menschen als träge, weil sie sich Sorgen machen, sich belastet fühlen von der Not um das Brot. Träge ist also der, der zwar arbeitet, aber nicht mit einem Sonntagsgefühl die Lebensreise antritt.

Eichendorffs „Taugenichts" hingegen geht voller Frohsinn in die Welt hinaus, er freut sich des Lebens. Zwar arbeitet er nicht, ist aber auch nicht untätig. Er will sich und die Welt kennen lernen, sich des Lebens freuen, und lässt sich nicht zur Arbeit zwingen, nicht für die Karriere eines Müllers oder einer anderen Arbeit. Sein Vater ist eingesperrt, noch mit der Schlafmütze auf dem Kopf arbeitet er. Er steht Tag und Nacht im Geschirr seines Berufs, seiner Karriere. Höchstwahrscheinlich stammt das Wort „Karriere" aus dem Französischen und bedeutet Karre. Der arbeitende Mensch ist eingespannt im Geschirr, zieht die Karre – meist aus dem Dreck – und ist alles andere als frei!

Eichendorff lässt seinen „Taugenichts" an einer Stelle seiner Erzählung ausrufen – einige Jahrzehnte vor Sigmund Freud –, dass er „gen Italien" ziehen wolle. Italien war zu dieser Zeit das oben zitierte Arkadien. Dort verbrachte Goethe einige Zeit und fand dort seine Faustina, nachdem er sich für geraume Zeit aus dem Staatsdienst in Weimar frei gemacht hatte.

Eine Lesereise in eine Glücksutopie der Arbeitsfreiheit

Ich möchte in diesem Buch mit Ihnen eine Reise unternehmen: Wir wollen uns auf die Suche machen, dieses Arkadien wiederzufinden. Ich selbst kenne diesen Ort und habe etlichen Patienten dazu verholfen, ihn ebenfalls zu finden. Er ist eine Utopie. Die Utopie von heute ist die Realität von Morgen – so heißt es immer. Ich aber meine, dass die Utopie heute gelebt werden kann.

Utopie heißt bekanntlich „kein Ort". Und dennoch gibt es die Utopie: in uns, in unserer Fantasie. Wie wir uns die Welt erschaffen, wie wir sie sehen, wie wir sie uns vorstellen, so ist unsere Welt. Es geht um unsere innere Wirklichkeit, unsere Sichtweise. Mit unserer Fantasie verändern und überhöhen wir allerdings die Realität. Arm sind die, die keine Fantasie haben.

Friedrich Schiller schreibt in seinem Gedicht *Die Worte des Glaubens*:

Der Mensch ist frei geschaffen, ist frei,
Und würd er in Ketten geboren,
Lasst euch nicht irren des Pöbels Geschrei,
Nicht den Missbrauch rasender Toren.
Vor dem Sklaven, wenn er die Kette bricht,
Vor dem freien Menschen erzittert nicht.

Wir haben die Möglichkeit, uns himmlisch zu fühlen, so wie wir auch durch die Hölle gehen können. Der Himmel, wie auch die Hölle entspringen unserer Vorstellung. Die Patienten, die mich aufsuchen, kommen deshalb zu mir, weil sie sich in der Hölle oder zumindest in der Vorhölle befinden. Ich versuche, ihnen dabei behilflich zu sein, die Hölle zu verlassen und bestenfalls den eigenen Himmel (oder das Paradies auf Erden) zu finden. Beide Orte sind Utopien, Fantasieprodukte, Sichtweisen, Illusionen. Mithilfe der Psychotherapie kann man die innere Welt verändern, und somit verändert sich dann auch die Realität.

1. Arbeit und Pflichterfüllung: die höchsten Tugenden

Wie man sich krank arbeiten kann.
Zwei psychosomatische Fallgeschichten

Der Panther
Im Jardin des Plantes, Paris

Sein Blick ist vom Vorübergehn der Stäbe
so müd geworden, dass er nichts mehr hält.
Ihm ist, als ob es tausend Stäbe gäbe
und hinter tausend Stäben keine Welt.

Der weiche Gang geschmeidig starker Schritte,
der sich im allerkleinsten Kreise dreht,
ist wie ein Tanz von Kraft um eine Mitte,
in der betäubt ein großer Wille steht.

Nur manchmal schiebt der Vorhang der Pupille
sich lautlos auf –. Dann geht ein Bild hinein,
geht durch der Glieder angespannte Stille –
und hört im Herzen auf zu sein.

Rainer Maria Rilke

An dieses Gedicht muss ich oft denken, wenn mir Patienten ihr Leid klagen. Sie fühlen sich eingesperrt in ihren inneren Zwang, arbeiten zu müssen. Sie kommen zu mir, weil sie schwer depressiv – oder wie man heute sagt – ausgebrannt sind. Der eigene Wille ist ihnen abhandengekommen; sie fühlen sich gezwungen, Tätigkeiten zu verrichten, zu denen sie abgerichtet worden sind. Sie fühlen sich hinter tausend inneren symbolischen Stäben eingesperrt, so dass sie die Schönheit der Welt nicht mehr sehen können. Sie sehen das Leben vornehmlich als eine Pflichterfüllung an, wobei ihnen das nicht bewusst ist. Vor allem sind sie voll unbewusster Angst.

Wenn ich sie zu Beginn ihrer Behandlung auf ihre Angst anspreche, so wissen sie meist nichts von ihren Ängsten. Dabei sind sie eingesperrt wie der Panther in Rilkes Gedicht. Der Panther fühlt sich eingeengt. Angst und eng sind etymologisch verwandte Begriffe. Wer sich eingeengt fühlt, hat Angst. Ein altes chinesisches Sprichwort sagt: Der Tiger macht aus Angst Angst! Diese Angst ist kein primär neurotisches Phänomen.

Die Realangst, also die Angst vor einer realen äußeren Bedrohung, ist zum Überleben des Individuums unerlässlich. Die neurotische Angst im Gegensatz zur Realangst ist eine Angst aus einer innerlich erlebten Bedrohung, einem verinnerlichten Konflikt. Angst ist die Basis jeder Psychosomatose, alle Psychosomatosen sind als unbewusste fehlgeleitete Versuche des Betroffenen zu verstehen, Angst, Unlust und Schmerz zu vermeiden. Im Verlauf der Entstehung einer Psychosomatose kommt es zu einer Verstärkung der vorhandenen Ängste. Ein aktueller Konflikt führt zum Phänomen der Regression – also zu einem Zurückkehren in frühere psychische Zustände – und die Folge der Regression kann als eine Reaktivierung infantiler Ängste angesehen werden.

Tiefenpsychologisch werden vier verschiedene Angstformen unterschieden

Die Trennungsangst, als Angst vor dem Verlust der versorgenden sozialen Bezugsperson – dies ist die früheste Form sozialer Angst, die es beim Menschen gibt. Die Angst vor Liebesverlust ist die Angst vor dem Verlust Zuneigung des sozialen Objekts, also primär der Eltern oder entsprechender wichtiger Bezugspersonen. Weiterhin gibt es die Angst vor Strafe und schlussendlich die Vernichtungsangst, die Angst vor dem Verlust der biologischen Integrität – also die Todesangst.

Im Grunde ist jede Angst eine Vernichtungsangst – also eine Todesangst. Man kann das bei vielen Tieren beobachten, wie sie ihre natürliche Angst, also die Realangst, zu ihrer eigenen Sicherheit einsetzen.

In mehr oder weniger langen therapeutischen Behandlungen wird es den Patienten möglich, sich von inneren Zwängen zu emanzipieren und wieder Lebensfreude zu finden. Ich möchte zu Beginn zwei Fälle von Patienten schildern, die sich im Laufe ihres Lebens krank gearbeitet haben. Sie sind so krank geworden, weil sie sich in ihrer Kindheit schwerst gekränkt und sich nicht um ihrer selbst willen geliebt fühlten. Sie haben sich vielleicht akzeptiert gefühlt, aber nur dann, wenn sie die geforderten Aufgaben und Leistungen so perfekt wie irgend möglich abgeliefert hatten. Wenn sie nicht ihrem inneren Ideal entsprechen, so bekommen sie eine meist unbewusste Angst, die sich in einer Fülle von Symptomen äußert.

Frau Marxheim, ein Leben der Aufopferung

Frau Marxheim suchte mich auf, weil sie seit etwa dem Jahr 1989 unter massiven Kopfschmerzen litt, die seit 2001 immer schlimmer geworden waren und an etwa 18 Tagen im Monat bestanden. Außerdem hatte sie ausgeprägte Schmerzen im Rücken und vor allem auch im Nacken. Des Weiteren litt sie seit vielen Jahren an einer Darmentzündung und entsprechenden sehr schwer beeinträchtigenden Symptomen. Sie war chronisch müde und erschöpft und litt unter erheblichen Konzentrationsstörungen, einem generellen Verlust ihrer Aufmerksamkeit, und außerdem empfand sie ein „Fremdheitserleben". 1995 war bei ihr eine Fibromyalgie diagnostiziert worden. Außerdem hatte sie einen ständigen Druck im Magen. Des Weiteren litt sie unter Erschöpfung und chronischer Vergesslichkeit. Sie hatte ausgeprägte Angst, einen Morbus Alzheimer zu bekommen. Da sie sich immer über ihre frühere sehr gute Leistungskraft definiert hatte, fühlte sie sich immer beschämter, wenn sie in

Gesprächen unkonzentriert war. Vor allem litt sie mehrfach am Tag unter so ausgeprägten Schmerzen, dass sie der Verzweiflung nahe war. Sie war deshalb bereits in einer psychosomatischen Klinik behandelt worden. Wegen ihrer schwerwiegenden Symptome war sie, obwohl erst 50 Jahre alt, vorübergehend in den vorzeitigen Ruhestand versetzt worden.

In den ersten psychotherapeutischen Sitzungen konnte ich mit der Patientin klären, dass sie bisher alle Lebensphänomene als Aufgabe betrachtet hatte. Insgesamt sieht sie ihr gesamtes Leben als Pflichterfüllung an und hat im Wesentlichen kaum Lebensfreude empfunden. Unter Tränen berichtete sie, dass sie als Elfjährige, nachdem sie auf das Gymnasium gekommen war, einen Leistungsabfall in der Schule hatte. Daraufhin beaufsichtigte der Vater regelmäßig ihre Hausaufgaben, was für sie blanker Horror gewesen sei. Der Vater sei sehr streng gewesen. Sie habe sich von ihm so sehr unter Druck gesetzt gefühlt, dass sie verzweifelt war und während der Schularbeiten ständig weinen musste. Nach diesem Zeitpunkt sei sie sehr ehrgeizig und häufig die Klassenbeste geworden und habe alle Pflichten im Übermaß erfüllt.

Psychodynamisch konnten wir Folgendes eruieren: Die Patientin wuchs in einem emotional wenig fürsorglichen Klima auf. Insbesondere durch die Geburt ihrer beiden Brüder, vor allem des zwölf Jahre jüngeren, fühlte sie sich entthront, abgewertet und verunsichert. Ihre aggressiven Tendenzen gegenüber den Brüdern, aber auch gegenüber den Eltern hatte sie in Form von Reaktionsbildungen verdrängt, das heißt, sie hat nur „gute" Taten und Leistungen gezeigt und somit ihre wütenden Affekte verdrängt und ins Gegenteil verkehrt. Sie opferte sich für die Brüder und die Eltern auf. In starkem Maße war sie mit der chronisch depressiven Mutter identifiziert. Bis zum Beginn der Therapie bei mir hatte sie immer versucht, der Mutter alle Belastungen abzunehmen. Darüber hinaus hatte sie beide Brüder als eigene Kinder angenommen, so dass sie alle affektiven Tendenzen verdrängte. Um sich aufzuwerten, versuchte sie ständig, übermäßig großartige Leistungen zu vollbringen, und meinte immer, perfekt sein zu müssen. So entwickelte sie ein ausgeprägtes Ich-Ideal und gleichzeitig ein sadistisch verfolgendes Über-Ich, wodurch sie ständig kontrolliert ist und nie zur Ruhe kommt. Das Über-Ich ist die psychoanalytische Bezeichnung für das Gewissen.

Ein weiterer Teil des Gewissens ist psychoanalytisch formuliert das Ich-Ideal. Mit dem Ich-Ideal werden die inneren Normen und Ziele, also die Ideale festgelegt: etwa ein besonders großartiger Fußballer, Pianist, Koch oder eine perfekte Hausfrau sein zu müssen. Das Über-Ich ist ergänzend gleichsam das innere Polizeiorgan, das darauf achtet, dass alle verinnerlichten Regeln absolut perfekt ausgeführt werden.

Beides, sowohl das Ich-Ideal als auch das Über-Ich, sind bei Frau Marxheim so stark ausgebildet, dass sie an diesen Strukturen zerbrach und so schwer erkrankte, dass nichts mehr ging. Die Patientin entwickelte von klein auf eine chronisch aggressiv gehemmte Haltung. Ihre aggressiven Tendenzen wendet sie unbewusst gegen das eigene Selbst und sie bekam somit eine chronische psychosomatische Schmerzerkrankung. Die Schmerzen befanden sich im Zentrum ihrer Wahrnehmung. Sie bestimmten den Lebensrhythmus und den Alltag der Patientin.

Zur Deutung ihres Zustandes: sie warf sich aufgrund ihrer narzisstischen Struktur vor, die Leistungen, die sie von sich selbst erwartete, nicht erbringen zu können. Bei dieser Patientin findet sich eine Psychodynamik, die zur tiefenpsychologischen Psychodynamik der betroffenen Patienten mit chronischen Schmerzen allgemein eruiert wurde: Sie hat Probleme im aggressiven Bereich. Bei ihr kann man unbewusste Konflikte zwischen Hingabe und Standfestigkeit, Opfersinn und Egoismus, Sanftmut und Aggressivität, Versorgungswünschen und Abhängigkeitstendenzen tiefenpsychologisch herausarbeiten. Sie ist ständig angespannt und hat besonders das rigide Leistungsideal des Vaters verinnerlicht. Oberste Priorität hat bei ihr in jeder Beziehung die Pflichterfüllung. Von Kindheit an ging es ihr nie um Lebensfreude und Interesse, sondern vorrangig war die perfekte Pflichterfüllung.

Innerhalb der therapeutischen Sitzungen erschien mir das Zusammensein mit Frau Marxheim wie das Anfertigen der Schularbeiten während ihres elften Lebensjahres. Sie wirkte unterschwellig trotzig, indem sie ständig alles besser zu wissen meinte als ich, indem sie mir zunächst immer zustimmte, dann aber stereotyp anfügte: „Ja, aber!" Ich sagte ihr dann schließlich, dass sie mir aberwitzig vorkomme. Da wurde sie einen Moment lang wütend und verdrängte sofort die aufgeflammte Wut – sie war rot vor Wut geworden – und teilte mir mit, dass sie furchtbaren Kopfschmerz empfand. So konnte sie erstmals ihre langjährigen Schmerzen als Ausdruck ihrer verdrängten Wut wahrnehmen.

Auch die Psychotherapie sah sie als Arbeit an, als fremdbestimmte Pflicht, die sie erfüllen musste, so wie alle Lebenstätigkeiten überhaupt. Ihr gesamtes Leben war nur Arbeit und Pflicht. Sie begriff, dass sie unbewusst ihre vielen Krankheitssymptome entwickelt hatte, um über diesen Weg endlich Schonung zu erfahren und nichts mehr tun zu müssen. Allerdings musste sie die Zeche mit furchtbaren Schmerzen bezahlen und hatte keinerlei Lebensfreude. Unter Tränen teilte sie mir verzweifelt mit, dass ihr nichts Freude bereite. Immer müsse sie andere zufriedenstellen und ihre Pflicht erfüllen. Sie konnte mir sogar mitteilen, dass sie ein Gefühl von Wut bekomme, wenn ich den Begriff Lebensfreude nur erwähnte.

Im ersten Abschnitt der Psychotherapie lernte Frau Marxheim sehr mühsam, sich gegen ihre strengen, verinnerlichten Gebote aufzulehnen, wie zum Beispiel immer täglich mit ihrer Mutter zu telefonieren und deren Probleme zu diskutieren. Sie lernte allmählich – mit sehr viel Angst –, dieses Verhalten aufzugeben. Sie teilte der Mutter mit, dass sie diese täglichen Telefonate nicht mehr wünsche, und erklärte ihr, dass sie sich nunmehr endlich vorrangig um sich selbst kümmern müsse, um zu gesunden. Außerdem setzte sie gegenüber der Mutter durch, keine Einkäufe mehr für sie zu tätigen und keinerlei Verwaltungstätigkeit für sie zu übernehmen. All das begann sie, zunächst unter großer Angst und mit großen Skrupeln, zu verwirklichen. Auf ihren Spaziergängen im Wald schrie sie sehr laut ihre lang angestaute Wut heraus.

Eines Tages teilte sie mir mit, dass sie zwei Stunden bei mir ausfallen lassen müsse, weil sie verreisen wolle. Ich war erstaunt, denn ich wusste, dass sie überhaupt nicht gern verreiste und schon sehr lange keine Reisen mehr unternommen hatte, weil es ihr in den Urlaubsorten immer noch schlechter gegangen war als daheim. Sie berichtete mir, dass sie es nicht mehr ausgehalten habe, sich gegenüber ihrem Mann schuldig zu fühlen, weil dieser ihretwegen schon so lange nicht mehr verreist sei. Es wurde somit immer deutlicher, dass sie nicht ihretwegen verreisen wollte, sondern meinte ihre „Pflicht" erfüllen zu müssen, indem sie mit ihrem Mann eine Urlaubsreise unternahm. Als ihr das klar wurde, sagte sie die geplante Reise ab. Dabei hatte sie auch noch zusätzlich erfahren, dass ihr Mann eigentlich auch lieber seinen Urlaub daheim verbringen wollte, um in aller Ruhe verschiedenen Hobbys nachzugehen, was er sich im Alltag viel zu wenig erlauben konnte. Außerdem hatte er angenommen, dass es für sie heilsam sein und ihrer Genesung dienen könnte, wenn sie einmal aus dem häuslichen Milieu herauskäme. Als wir das geklärt hatten, konnte sie erstmals herzlich lachen.

Während einer Stunde berichtete sie, dass sie sich völlig zerschlagen fühle. Sie war am Sonntag zu einer Jazzveranstaltung gemeinsam mit ihrem Mann und zwei Freunden gefahren. Sie schilderte, dass sie – schon als sie die Musik zu Anfang hörte – ein Gefühl des Ekels und Widerwillens bekam und unter erheblicher Übelkeit litt. Nach einer Stunde hatte sie schließlich ihren Mann gebeten, wieder nach Hause zu fahren. Im Auto hätte sie sich fast übergeben müssen. Es wurde ihr erneut deutlich, dass sie zu dieser Veranstaltung mitgegangen sei, um ihrem Mann einen Gefallen zu tun. In diesem Zusammenhang schilderte sie auch, dass sie jeden Freitag immer Angst davor habe, dass ihr Mann sie fragt, was sie am Wochenende unternehmen wollten. Es war ihr alles zu einer Aufgabe geworden. Schon das morgendliche Duschen fiel ihr schwer, sowie jede andere Verrichtung auch. Alles war ihr eine Pflicht und eine Last. Sie wolle am liebsten den ganzen Tag im Bett verbringen, alles war ihr zu viel – und gleichzeitig litt sie, wie sie es bezeichnete, unter ihrer Faulheit. So konnte sie mir auch berichten, dass sie dem Amtsarzt, der schlussendlich ihre Dienstunfähigkeit festgestellt hatte, ganz ehrlich und selbst zutiefst überzeugt spontan mitgeteilt habe, dass sie immer ausgesprochen gern ihrer Arbeit nachgegangen sei. Ihr sei diese Feststellung völlig selbstverständlich gewesen, wobei ihr nunmehr aber im Verlauf der Psychotherapie klar wurde, dass sie ihre Arbeit immer nur unter größten Mühen und Schwierigkeiten ausgeführt hatte, was ihr bis zum jetzigen Zeitpunkt überhaupt nicht klar war. Sie war verzweifelt und völlig resigniert.

Ich sagte ihr, dass sie sich jetzt in einem sehr anstrengenden, aber sehr konstruktiven Prozess befinde: Sie beginne zu erkennen, dass ihre verschiedenen Krankheitssymptome für sie all die Jahre ein Hinweis gewesen seien, die sie sich aus ihrem Unbewussten gegeben habe; dass sie sich krank gearbeitet habe, weil sie von Kindheit an unbewusst gekränkt gewesen sei; dass sie sich nicht um ihrer selbst willen geliebt gefühlt habe, sondern – wenn überhaupt – dann nur über die Erfüllung ihrer Pflichten, der guten Schularbeiten oder auch der übermäßig korrekten und perfekt ausgeführten Arbeiten in ihrer Dienststelle oder im eigenen Haushalt. Ich erklärte ihr außerdem, dass es für sie günstig wäre, wenn sie versuchte, in sich hinein zu spüren und nur das zu tun, was ihr guttäte – auch wenn sie nur erst einmal den ganzen Tag im Bett liege. So wie der Antiheld Oblomow des russischen Romanciers Gontscharow, der interessanterweise wenig in unserer Gesellschaft bekannt ist, während die meisten Russen, die ich kennen gelernt habe, ihren Oblomow kennen. Dieser Oblomow liegt den ganzen Tag auf dem Diwan und fürchtet sich vor der Zugluft, wenn ihn jemand besucht. Frau Marxheim wollte den Roman lesen, hat es aber bis heute noch nicht getan, weil sie es unbewusst auch wieder als eine Aufgabe ansieht, gegen die sie opponiert. Ich empfahl ihr, allenfalls kleine Spaziergänge im Wald zu unternehmen, aber nur, wenn sie wirklich wolle. Auf keinen Fall als Aufgabe! Sie dürfe sich Gutes tun! Eine Art Wellness daheim! Massagen gegen ihre erheblichen Rückenschmerzen, Thermalbadbesuche, Sauna, heiße Bäder. Eine Kur daheim! So wenige Termine wie möglich! Sie konnte auch ausführlich mit ihrem Ehemann sprechen und ihm diese ihre Problematik darlegen, damit dieser auch davon ablassen konnte, irgendetwas unbedingt unternehmen zu wollen. Er konnte ihr sogar darüber hinaus mitteilen, dass er darüber sehr froh sei, weil er jetzt daheim an den Wochenenden in aller Ruhe an seinem Oldtimer basteln und schrauben konnte.

Ich empfahl ihr, mein Buch über die Psychosomatik des Rückenschmerzes zu lesen; sie hat es bis jetzt geschafft, es bis zur Hälfte zu lesen. Innerhalb ihrer Übertragung mir gegenüber ist sie voll unbewusstem Trotz; so wie sie gegenüber den Eltern nie trotzig sein durfte. Freud nannte das in seinen frühesten Schriften den „unbewussten Gegenwillen". Im eigentlichen Sinne ist die Patientin trotzig gegen sich selbst.

Ein weit verbreitetes Problem! Man ist unbewusst sich selbst der größte Feind. Mit tiefem psychologischen Scharfsinn hat Goethe diesen unbewussten Gegenwillen, die unbewusste Opposition gegen sich selbst im Faust beschrieben: Faust fragt den Mephisto, nachdem dieser ihm eine rätselhafte Antwort über sich selbst gegeben hat: „Was ist mit diesem Rätselwort gemeint?" Mephisto antwortet: „Ich bin der Geist, der stets verneint! Und das mit Recht; denn alles, was entsteht, ist wert, dass es zugrunde geht; drum besser wär's, dass nichts entstünde. So ist denn alles, was ihr Sünde, Zerstörung, kurz, das Böse nennt, mein eigentliches Element." Böse sind meine Patienten vor der Therapie bei mir durchweg gegenüber sich selbst, autoaggressiv und alles andere als autoerotisch! (Dabei lieben viele, meist die Männer, wenigstens ihr Auto.)

Frau Marxheim ist noch weit davon entfernt, ihre Krankheitssymptome aufgeben oder gar Lebensfreude entwickeln zu können. Sie ist aber auf einem guten Weg, weil sie inzwischen erkannt hat, dass sie sich ihr gesamtes Leben krank gearbeitet und die Lebensfreude darüber verloren hat, von Kindheit an vornehmlich Pflichten erfüllen zu müssen, ohne danach zu fragen, ob ihr das gefällt oder nicht. Sie musste funktionieren – wie ein technischer Apparat. Somit war sie wie eine emotionslose Maschine geworden; sie hatte – für sie selbst unbewusst – mithilfe der Krankheiten den Dienst aufgekündigt. Psychosomatisch formuliert, hat sie einen Großteil ihrer Emotionen und Affekte somatisiert, also verkörperlicht, und eine funktionelle Störung entwickelt. Sie hat nicht mehr funktioniert.

Ich erklärte ihr, dass das Charakteristikum der unzureichend desomatisierten und damit nicht ausgedrückten Affekte oft eine Erhöhung vegetativer Spannungen erzeugt, die – wie bei ihr – zu massiven Krankheitssymptomen führen können. Den Affekten bleibt selbstverständlich zeitlebens eine somatische, also körperliche Begleitkomponente erhalten. So gibt es keine Freude ohne Herzklopfen, keine Angst ohne Blutdrucksteigerung und Schweißausbrüche, keine Scham ohne Veränderung der Hautdurchblutung. Man spricht hier tiefenpsychologisch von „vegetativen Korrelaten".

Das Charakteristikum der nicht ausdrückbaren Affekte ist eine Erhöhung vegetativer Spannung. Hierbei ist experimentell gesichert, dass alle Formen von Hemmung expressiver, vor allem verbaler, aber auch mimischer und anderer Affektabfuhr vegetativ vermittelt zu einer messbar erhöhten Muskelspannung führen. Wenn wir also permanent angespannt sind, sind wir dauerhaft sympathikoton. Unsere leistungsorientierte Gesellschaft, die die Arbeit als wichtigsten Lebensinhalt ansieht, fordert diesen unbewussten sympathikotonen Zustand. Frau Marxheim hat, da sie alles als Arbeit und Pflicht ansieht, im wahrsten Sinne des Wortes, einen 24-Stunden-Tag, ebenso wie Herr Diener, dessen Fall ich im Folgenden schildere.

Herr Diener, ein Leben ohne Liebe

Herr Diener suchte mich in erster Linie wegen einer schon seit Jahren bestehenden erektilen Dysfunktion auf. Im Verlauf der Psychotherapie teilte er mir erst nach sehr langer Zeit mit, dass er außerdem von Kindheit an auch unter massiven Kopfschmerzen leidet. So habe er mindestens drei- bis viermal in der Woche ausgeprägte Kopfschmerzen. Er berichtete mir, dass er als Kind sehr gerne gebastelt und dann versucht habe, seiner Mutter voller Freude seine Produkte zu zeigen. Aber die Mutter hätte dabei keinerlei Freude gezeigt und relativ teilnahmslos darauf geschaut und sich dann weiterhin freudlos um ihren Haushalt gekümmert. Die Mutter habe immer vermittelt, dass sie „fertig werden müsse": So habe sie auch immer während der Mahlzeiten gedrängt, dass er und sein eineinhalb Jahre jüngerer Bruder möglichst schnell die Mahlzeit beendeten, damit sie „fertig werde". Im Vordergrund der Lebenseinstellung der Mutter stand immer Arbeit, Ordnung und Pünktlichkeit. Herr Diener konnte sich nicht erinnern, dass die Mutter hätte lachen können oder sich jemals gefreut hätte. Er konnte erkennen, dass er diese Haltung der Mutter vollständig übernommen hat. So lebte er in der ständigen inneren Anspannung, sich zu hetzen, und alles, was er begann, sofort fertig stellen und auch besonders effizient sein zu müssen; der wesentliche Inhalt seines Lebens war, perfekt zu sein und ganz viel Geld erarbeiten zu müssen.

Als er etwa zwölf Jahre alt war, begannen die Eltern, sich ein Haus zu bauen, was in den weiteren Jahren seiner Kindheit das beherrschende Familienthema war und bei dem er auch voller Eifer mitarbeitete. Er erlebte auch, wie sich sein jüngerer Bruder gegenüber diesen Arbeiten verweigerte, indem er sich sehr ungeschickt anstellte, so dass der Vater wütend wurde und den Bruder wegschickte. Dieser sei dann sehr vergnügt zu den Spielkameraden gegangen. Er selbst habe den Bruder und diese Spielkameraden verachtet, so wie er überhaupt jegliches Spiel verachte und nur die effiziente Arbeit, die möglichst viel

Geld bringe, hoch schätze. So sei er schon mit 14 Jahren in den Ferien arbeiten gegangen. Er habe zwar – wie er zu einem späteren Zeitpunkt der Psychotherapie „gestehen" konnte – einen regelrechten Ekel davor gehabt, morgens um fünf aufstehen zu müssen, habe dann aber abends, wenn er heimkam, den Bruder und dessen Freunde verachtet, dass diese den ganzen Tag gespielt hätten, während er einen ansehnlichen Lohn nach Hause brachte.

Der Patient hatte immer große Mühe, sich durchzusetzen und sich zu vertreten, und versuchte immer, anderen zu gefallen. Nach dem Abitur traute er sich nicht zu, ein Studium zu bewältigen, weshalb er dann eine Handwerkslehre aufnahm. Im Laufe seines Lebens absolvierte er weitere Fort- und Ausbildungen, so dass er schlussendlich Informatiker und Marketingfachmann bei einer Versicherung wurde.

So arbeitet er jetzt seit geraumer Zeit bei einer großen Versicherung innerhalb des Marketings, insbesondere in der Informatik, wobei er sich hier grundsätzlich überfordert fühlt, weil er immer meint, nicht gut genug zu sein. Er lebt in der ständigen Anspannung, immer der Beste sein zu müssen und sich immer noch perfektionieren zu müssen. Sein Vater habe ihm in der Kindheit immer wieder gesagt, dass es dann, wenn er das Gefühl habe, zu viel zu tun, gerade richtig sei.

So lebt der Patient in ständiger Ruhelosigkeit und fühlt sich pausenlos unter Druck und gehetzt. Ich habe ihm vermittelt, dass er von Kindheit an seine Lebens- und Spielfreude verloren habe und – was seine erektile Dysfunktion anbelange – auch seine Liebesfähigkeit. Über dem Respekt vor der Arbeit war ihm die Fähigkeit zu lieben abhanden gekommen. Auch meint er immer, funktionieren zu müssen, und hat deswegen ebenfalls funktionelle Störungen entwickelt: die Kopfschmerzen und die erektile Dysfunktion. Nach einiger Zeit der Therapie hat er inzwischen immer seltener Kopfschmerzen und ist auch mit seiner jetzigen Partnerin immer öfter imstande – sogar ohne jegliche medikamentöse Hilfe –, sexuell aktiv zu sein. Echte Freude

kann er allerdings noch nicht empfinden, weil er immer wieder von Angst befallen wird, dass er versagen könnte – und vor
allem: nichts wert zu sein.

Arbeit macht viele Menschen krank

Beide geschilderten Patienten leiden – wie sehr viele meiner
Patienten – unter mehr oder weniger verdeckten Angstdepres-
sionen, oder wie man heute sagt, unter einem Burn-out-Syndrom. Beide befinden sich in einer schweren Lebenskrise, weil
sie unter dem Joch der täglichen Arbeit zusammengebrochen
sind. Sie leiden darunter, dass sie den verinnerlichten Auftrag,
arbeiten und Karriere machen zu müssen, nicht mehr erfüllen
können. Sie funktionieren nicht mehr.

2. Himmlisches Leben ohne Arbeit: Jesu Bergpredigt

Die Botschaft von der Erlangung des himmlischen Glücks

Ihr könnt nicht beiden dienen, Gott und dem Mammon. Deswegen sage ich euch: Sorgt euch nicht um euer Leben und darum, dass ihr etwas zu essen habt, noch um euren Leib und darum, dass ihr etwas anzuziehen habt. Ist nicht das Leben wichtiger als die Nahrung und der Leib wichtiger als die Kleidung? Seht euch die Vögel des Himmels an: Sie säen nicht, sie ernten nicht und sammeln keine Vorräte in Scheunen; euer himmlischer Vater ernährt sie. Seid ihr nicht viel mehr wert als sie? Wer von euch kann mit all seiner Sorge sein Leben auch nur um eine kleine Zeitspanne verlängern? Und was sorgt ihr euch um eure Kleidung? Lernt von den Lilien, die auf dem Feld wachsen: Sie arbeiten nicht und spinnen nicht. Doch ich sage euch: Selbst Salomo war in all seiner Pracht nicht gekleidet wie eine von ihnen. Wenn aber Gott schon das Gras so prächtig kleidet, das heute auf dem Feld steht und morgen ins Feuer geworfen wird, wie viel mehr dann euch, ihr Kleingläubigen! Macht euch also keine Sorgen und fragt nicht: Was sollen wir essen? Was sollen wir trinken? Was sollen wir anziehen? Denn um all das geht es den Heiden. Euer himmlischer Vater weiß, dass ihr das alles braucht. Euch aber muss es zuerst um sein Reich und um seine Gerechtigkeit gehen; dann wird euch alles andere dazugegeben. Sorgt euch also nicht um morgen; denn der morgige Tag wird für sich selbst sorgen. Jeder Tag hat genug eigene Plage.
Matthäus 6,19–34

Die Bergpredigt war und ist ein Donnerschlag. Sie hat zu allen Zeiten gerade unter denen, die sie ernst nahmen, entschiedene Gegner gefunden, die in ihr eine Übersteigerung des Menschenmöglichen, eine Vergiftung wahrer Ethik oder eine Sklavenmoral sahen, wie zum Beispiel besonders radikal

Friedrich Nietzsche. Die Vision der Bergpredigt erscheint bei Nietzsche als eine Religion des Ressentiments, als der Neid der Feigen und Untüchtigen, die dem Leben nicht gewachsen sind und sich dann mit der Seligpreisung ihres Versagens und der Beschimpfung der Starken, der Erfolgreichen, der Glücklichen rächen wollen. Als dieser Text verfasst wurde, beherrschte das Römische Reich das gesamte Mittelmeergebiet und das heutige Frankreich sowie Teile Englands. Von der Antike kennt man heute zwischen 3700 und 4000 antike Gottheiten aus literarischen Texten und Inschriften. Unter diesen vielen Göttern gab es 182 römische Kaiser, die über allem und allen Göttern standen. Jesus und seine Jünger sind in der Regierungszeit des Kaisers Augustus zur Welt gekommen, der von 27 v. Chr. bis 14 n. Chr. herrschte. Augustus und das Römische Reich sind für das Neue Testament von grundlegender Bedeutung. Das Imperium Romanum bildet für das Christentum, das insbesondere bei Sklaven gut ankam, den wesentlich prägenden Lebensraum. Mit seiner Infrastruktur vom Euphrat bis zum Atlantik und von Nordafrika bis nach Schottland war das Imperium Romanum die Voraussetzung für die Ausbreitung des Evangeliums. Das Römische Reich prägt uns bis in unsere Zeit nach wie vor: Teile des Rechtswesens gehen auf das Römische Reich zurück, aber auch selbstverständlich unsere Geisteshaltung.

Als sichtbarer, auf Erden wandelnder Gott wandte sich Augustus an die Menschen. Man sprach vom Staatsgott Augustus. Ihm zu Ehren wurde der Monat Sextilis in „August" umbenannt. Schon die zeitgenössischen Dichter bezeichneten ihn als Gott, und in allen Reichsteilen wurden Tempel für die neuen Gottheit errichtet und Städte nach diesem neuen Gott benannt.

Jesus als Gottessohn, der siegreiche Sohn über den „Gottesvater Augustus"

In diesem Kontext betrachtet, wird Jesus als Gottessohn diesem Kaisergott und der römischen Gesetzgebung entgegengestellt.

Das antike Selbstverständnis der Griechen und Römer, deren Geist und deren Gesetzgebung, vor allem die römische Gesetzgebung, den geografischen Raum des Wirkens Jesu beherrschten, besagte eindeutig, dass die Sklaven zu arbeiten hatten, die freien Menschen aber nicht. In diesem Teil der Bergpredigt, der diesem Kapitel vorangestellt ist, lässt der Evangelist Jesus von der falschen und der rechten Sorge sprechen. Wie so vieles ist Jesus hier ein Revolutionär.

Jesus spricht sich eindeutig gegen die Arbeit aus, wenn er in seiner Predigt sagt, dass die Lilien auf dem Felde nicht arbeiten. Arbeit ist eine menschliche Erfindung, Ausdruck der Fremdherrschaft einer Siegermacht. Der ganze Kontext zeigt, dass Jesus das Selbstverständnis seiner Zeit, dass Sklaven arbeiten müssen und dass überhaupt gearbeitet werden muss, hinterfragt. Hier wird deutlich, dass der Mensch das einzige Lebewesen ist, das arbeitet. Die Tätigkeit gehört zum Leben, aber Tätigkeit bedeutet nicht von vornherein Arbeit. Auf das Phänomen Arbeit gehe ich weiter unten noch ausführlich ein.

Tätigkeit ist nicht gleichzusetzen mit Arbeit

Grundsätzlich kann man nicht nichts tun, denn schon Atmung ist eine Tätigkeit. Bekanntlich kann man nicht ohne Atmung leben; letztendlich sind auch die Atome in Bewegung; zum Leben, auch zum anorganischen, gehört die Bewegung und somit die Tat. Die Unterteilung, ob etwas unbelebt oder belebt sei, geht übrigens auf Aristoteles zurück. In unserer Zeit dreht sich alles um die Arbeit. Man hat sich angewöhnt, Arbeit als den Sinn des Lebens anzusehen. Der Mühsal stehen die Freude und das Spiel gegenüber. Arbeit ist schwer, Spiel macht Freude. Wenn wir Kinder in Bewegung sehen, so ist keine Mühsal zu erkennen, sondern die Freude, die Lebensfreude. Der Hund, der schnüffelnd die Welt erkundet, wirkt nicht „mühselig und beladen". Das Eichhörnchen, das über die Äste der Bäume gleitet, wirkt nicht angestrengt; die Maus, die durch das Laub huscht, wirkt lebendig, flink und locker; die Katze, die die Maus jagt, wirkt nicht arbeitsam: Alle zeigen eine Leichtigkeit des Seins, und erst recht die Vögel unter dem Himmel, von denen Jesus spricht. Diese sehen wir sehr oft in Bewegung, aber auch in Ruhe; nie wirkt die federleichte Bewegung der Vögel mühselig. Nur wenn sie sich in unmittelbarer Lebensgefahr befinden, dann wird es todernst! Oder wenn sie sich um die Jungen kümmern, dann hört man sie auch nicht mehr singen. Es ist dann eine konzentrierte, elementare Tätigkeit.

Jesus revolutionierte mit der Bergpredigt viele Grundannahmen des Alten Testaments. Gerade Arbeit und Mühsal waren als Strafe definiert, nachdem die Menschen vom Baum der Erkenntnis gegessen hatten, also ein höheres Abstraktionsvermögen, genannt Vernunft, entwickelt hatten. Wenn wir Tiere bei ihrer Nahrungssuche beobachten, auch unsere recht nahen Verwandten, Primaten wie etwa die Schimpansen, so sieht deren Nahrungssuche nicht mühselig aus. Mit dem Verlassen des sogenannten Naturzustandes und der Entwicklung des Kulturzustandes hat der Mensch die Leichtigkeit des Seins verloren – also den sogenannten paradiesischen Zustand – und die Mühsal entdeckt, respektive die Arbeit. Nicht von ungefähr nannte Sigmund Freud einen seiner wichtigsten Essays *Das Unbehagen in der Kultur*.

In diesem Zusammenhang verweise ich auf Émile Durkheim, demzufolge Religion nicht aus dem Glauben an geistige Wesen oder aus einem inneren Bedürfnis des Menschen heraus entsteht; sie ist für ihn vielmehr Ergebnis der Unterscheidung in profane und sakrale Phänomene. Religion und die mit ihr verknüpften Rituale schreiben dem Menschen vor, wie er sich gegenüber dem Sakralen zu verhalten habe. In der Religion verehrt der Gläubige jedoch nicht die empirisch brauchbare Gesellschaft, sondern die Gesellschaft in ihrer idealisierten Form. Religion und Moral gründen demnach auf dem kollektiven Leben und drücken kollektive Vorstellungen aus. Psychoanalytisch gesprochen, ist dies das Ich-Ideal, also die innere Vorstellung, die man von sich hat, das Ideal, das man erreichen will.

Arbeit bedeutet Fremdbestimmung

Gemäß dem Alten Testament, das in der Antike entstand, ist Arbeit also eine Strafe, und das seit der Vertreibung aus dem Paradies. Arbeit bedeutet Mühsal und Plage; von der Motivation her ist Arbeit eine erzwungene Fremdbestimmtheit. Ein anderer gebietet mir, dass ich etwas tun muss und nicht, dass ich es selbst tun will. Hierbei ist es letztendlich nicht entscheidend, ob die Fremdbestimmung von außen oder vom Gewissen herkommt – das Gewissen repräsentiert die verinnerlichten Normen, also Fremdbestimmung.

Die Grundlage unseres Handelns ist die Motivation. Wenn man eigenmotiviert ist, dann ist man mit sich im Reinen. Bei der Fremdmotivation ist eine Entfremdung vorherrschend. Insofern ist Arbeit historisch als erzwungene Fremdmotivierung anzusehen und kann deshalb auch nicht dazu führen, dass der Arbeitende aus sich selbst heraus Zufriedenheit oder gar Glück bezieht. Er muss zunächst einen anderen bedienen, bevor er sich selbst zufriedenstellen kann. Insofern stellt sich Jesus mit seinen Ausführungen über die Arbeit gegen die damalige herrschende Rechtsordnung und ist auch hier der Revolutionär.

Heinrich Heine dichtet im Caput XIII seiner Satire *Deutschland. Ein Wintermärchen* auch dementsprechend:

Ach! hättest du nur einen andern Text
Zu deiner Bergpredigt genommen,
Besäßest ja Geist und Talent genug,
Und konntest schonen die Frommen!

Geldwechsler, Bankiers, hast du sogar
Mit der Peitsche gejagt aus dem Tempel –
Unglücklicher Schwärmer, jetzt hängst du am Kreuz
Als warnendes Exempel!

Platon sah die Muße als Grundbedingung für seine „bewusste schöpferische Auseinandersetzung mit der Natur und der Gesellschaft". Von der Antike bis ins Mittelalter galt: Nur wer sich alltäglichen Mühen und Arbeitszwängen entzieht, hat Zeit, nach seinen Bedürfnissen zu leben, hat den Kopf frei für neue Erkenntnisse und kreatives Handeln. Platon lebte wie Jesus im gesellschaftlichen Selbstverständnis einer Sklavenwirtschaft: Nur die Sklaven mussten arbeiten. Ich gehe aber davon aus, dass es Jesus nicht vornehmlich um eine soziale Gerechtigkeit ging als vielmehr um die innere Befindlichkeit: ob man in sich den Himmel oder die Hölle trägt. Sicher sind die existentiellen Rahmenbedingungen ganz wichtig für das Leben. Aber es ging Jesus nicht in erster Linie um die menschliche Grundexistenz, sondern – wie man heute sagt – um die psychische Verfassung. Die schöne, aber auch missverständliche Ausführung Jesu über das Nichtsorgen ist kein Lehrgedicht aus schwärmerischer Naturbetrachtung, sondern eine Mahnrede mit weisheitlichen Motiven aus der Schöpfung. Wir sollen nicht auf Tätigkeit verzichten, sondern alle Kräfte ohne kleinmütiges Sorgen, vielmehr in vollem Vertrauen zu Gott für das Reich Gottes einsetzen, um den inneren himmlischen Frieden zu finden. Die Bergpredigt bleibt ein Zeugnis für Jesu Liebe zur Schöpfung und seine Zuwendung zu den Menschen. Es geht um die mentale Haltung, die innere psychische Verfassung, wovon man besetzt ist. Schon der Brief des Jakobus greift auf die Ethik der Bergpredigt zurück. Die früheste Kirchenordnung der Christenheit und der Kirchenlehrer Augustinus interpretieren den Text als bedingungslose Anweisungen zum Handeln.

Doch schon Paulus denkt auch über die Notwendigkeit einer gewaltgestützten Staatlichkeit nach (Römer 13). Mit der Etablierung der Reichskirche setzen zeitbedingt weitere theologische Milderungsbestrebungen ein, die etliche wesentliche Aussagen der Bergpredigt relativieren. Die Ordnung, das Gesetz gegen die Sklaven wird in die christliche Lehre integriert – gegen die Aussage Jesu. Gegen alle Bestrebungen, die Bergpredigt realitätsverträglich zu entschärfen, wendeten sich radikalchristliche Bewegungen. Unter ihnen gab es solche, die der Kirche trotz aller Verdächtigungen nahe blieben, also verschiedene Kirchenorden, und die Menschen, die als Heilige gelten, andererseits solche, die mit der Bergpredigt gegen die verfasste Kirche opponierten und dafür verfolgt wurden. Das waren die Ketzer, etwa die Waldenser, Katharer und Täufer. Auch die großen Auseinandersetzungen zwischen Katholizismus und Protestantismus haben ihre ideologischen Wurzeln in den unterschiedlichen Interpretationen der Bergpredigt.

Die lutherische Reformation antwortete auf die Bergpredigt mit der Zwei-Reiche-Lehre: Im „geistlichen" Reich herrscht schon das Evangelium, in dem anderen, dem „weltlichen", aber noch die Sünde. Klassische Interpretationen der Bergpredigt gliedern sich grundsätzlich in funktionale Deutungen, die auf die Struktur ihrer Radikalität abheben, und relativierende Deutungen, die den Geltungsbereich der Bergpredigt einschränken. In der Bergpredigt geht es, wie ich meine, nicht um die Auseinandersetzung zwischen Arbeit und Faulheit, sondern um die Anleitung zu einem erfüllten, glücklichen Leben. Es geht um die richtige Balance, einem Leben zwischen Aktivität und Meditation, wobei die Aktivität ebenfalls meditativ gelebt werden kann. Im Umkreis der Bergpredigt gibt es bei Lukas eine eindrucksvolle Passage über Jesus und seine Einstellung zum Leben und zur psychischen Verfassung der Menschen:

Martha und Maria

Als Jesus und seine Jünger weiterzogen, kamen sie in ein Dorf, in dem er von einer Frau mit Namen Martha gastlich aufgenommen wurde. Sie hatte eine Schwester mit Namen Maria, die setzte sich Jesus zu Füßen und hörte ihm zu. Martha dagegen machte sich viel zu schaffen mit der Bedienung. Sie trat zu Jesus und sagte: „Herr, merkst du nicht, dass meine Schwester mich alleine dienen lässt? Sag ihr doch, dass sie mir helfen soll!" Aber Jesus antwortete:

„Martha, Martha, du machst dir Sorge und Mühe um viele Dinge. Eins aber ist not. Maria hat das gute Teil erwählt, und das soll ihr nicht weggenommen werden.

Lukas 10,38–42

Im Laufe der abendländischen christlichen Geschichte gab es selbstverständlich auch umfassende Dispute über diesen Text. Es ging vor allem darum, wer oder was nun wertvoller sei. Interessanterweise wird in diesem Text nicht von Arbeit gesprochen, sondern vom Dienen. Aber Jesus spricht hier wieder von der Sorge, wie in der Bergpredigt. Er sagt zu Martha, dass sie sich Sorge und Mühe mache, was er ja in der Bergpredigt explizit nahezu verbietet. In der Bergpredigt sagt er: „Sorgt euch also nicht um morgen; denn der morgige Tag wird für sich selbst sorgen. Jeder Tag hat genug eigene Plage."

Maria hat das gute Teil erwählt, sie kümmert sich um den inneren Himmel, die Muße, die Vita contemplativa. Jesus sagt ausdrücklich, dass beides wichtig und gut ist, sowohl die Tat oder Tätigkeit – sicher benötigt der Mensch Nahrung und vieles andere –, aber er benötigt eben genauso und viel dringender die Muße, die Betrachtung, den konstruktiven Müßiggang; beides ist wertvoll. Für Jesus aber ist die Ruhe, die Erlangung des himmlischen Glücks das gute Teil.

Grundsätzlich kann dieser Text so interpretiert werden, dass sowohl die Aktivität als auch die Muße wichtig sind; die Vita activa wie auch die Vita contemplativa. Herrschte bis um 1300 die Meinung vor, dass Maria – und damit die Meditation wertvoller war, kam es auf einmal zu einer Gegenbewegung. Damals predigte der Mystiker und Dominikanermönch Meister Eckart über die Geschichte von Maria und Martha bei Lukas, lobte die reife Martha und kritisierte die unfertige Maria. Damit stellte er alle herkömmlichen Exegesen auf den Kopf. Bisher war Martha in traditionellen Auslegungen negatives oder schwächeres Sinnbild gegenüber dem vollkommenen Symbol der Maria: Bild der Judenkirche gegenüber der Kirche Christi, Bild der unvollkommenen irdischen Kirche gegenüber der himmlischen Kirche; Bild der Vita activa im Gegensatz zur Vita contemplativa. Damit kündigte dieser Mystiker die Neuzeit an, selbst eigentlich ein Mensch, der sein ganzes Leben der Meditation gewidmet hat.

Du sollst deinen Nächsten lieben wie dich selbst – die Liebe steht vor der Arbeit!

Beim Evangelisten Matthäus (22,34–40) lesen wir, wie sich Jesus zur Liebe – und damit implizit zur Arbeitshaltung äußert:

Als aber die Pharisäer hörten, dass er den Sadduzäern das Maul gestopft hatte, versammelten sie sich. Und einer von ihnen, ein Schriftgelehrter, versuchte ihn und fragte: „Meister, welches ist das höchste Gebot im Gesetz?" Jesus aber antwortete ihm: „Du sollst den Herrn, deinen Gott, lieben von ganzem Herzen, von ganzer Seele und von ganzem Gemüt. Dies ist das höchste und größte Gebot. Das andere aber ist dem gleich: Du sollst deinen Nächsten lieben wie dich selbst. In diesen beiden Geboten hängt das ganze Gesetz und die Propheten."

Es handelt sich hier um ein Gesetz: Du sollst! deinen Nächsten lieben wie dich selbst. Die Selbstliebe ist der Nächstenliebe gleichgestellt. Es handelt sich um eine Gleichung, was gar nicht deutlich genug betont werden kann. Nur weil die Selbstliebe als zweiter Teil der Gleichung formuliert wird, steht sie nicht an zweiter Stelle, sondern ist – wie bei Gleichungen üblich – gleichgestellt. Das Wort Pflicht leitet sich etymologisch von Pflege ab. In der Gesellschaft unserer Zeit steht aber – anders als von Jesus gefordert – vor der Pflege seiner selbst die Erfüllung der Pflicht, also der Arbeit. Das alte mosaische Gesetz, von Jesus erneut restituiert, haben bestimmte besonders strenge Richtungen der Protestanten ausgehebelt: Man muss den Nächsten, die Pflicht, die Arbeit über sich selbst stellen. Das heutige Gesetz lautet: Vor der Selbstliebe steht die Nächstenliebe und noch davor die Erfüllung der Pflicht.

Diese Haltung führt zur Liebesunfähigkeit. Wenn man sich selbst nicht lieben kann, so kann man gar nichts richtig lieben. Man ist aus dem Gleichgewicht geraten. Das führt dann am Ende zur Depression, zum Burn-out-Syndrom oder oft zu massiven Abhängigkeitserkrankungen wie Alkohol-, Tabak-, Spiel- und Arbeitssucht, außerdem zu vielen anderen Psychosomatosen, wie beispielsweise Schmerzkrankheiten, die dann zur elementaren Liebesunfähigkeit führen. Über den Schmerz zwingt man sich unbewusst dazu, diese Lieblosigkeit zu sich selbst zu verschmerzen und sich endlich vorrangig sich selbst zuzuwenden. Dazu noch folgendes Fallbeispiel:

Frau Damian, Ärztin in ständigem Einsatz für andere

Die Patientin – Ärztin für Innere Medizin – suchte mich auf, weil sie unter erheblichen Depressionen litt, die sich mit Schlafstörungen, Konzentrationsstörungen, Freudlosigkeit, Appetitverlust, Grübelzwängen und zunehmendem Verlust des Selbstwertgefühls äußerten. Sie berichtete weiterhin, dass sie zwar schon öfter in ihrem Leben subdepressive Zustände kennen gelernt habe, die immer in Belastungssituationen waren, und dass sie diesen nie eine krankheitswertige Bedeutung beimaß. Jetzt sei sie aber an ihre Grenzen gelangt, weshalb sie der Meinung ist, unbedingt entsprechende Betreuung für sich wahrnehmen zu müssen.

Eine Selbstmedikation mit Antidepressiva habe bisher keinerlei Verbesserung ihres Leidens gebracht, und ihre derzeitige massive Symptomatik ist durch erhebliche psychosoziale Belastungen in ihrer Praxis bedingt. Die Lebensgeschichte der Patientin führte zu einer Haltung der Selbstverleugnung: Sie war als Einzelkind aufgewachsen. Der Vater betrieb eine Arztpraxis, während die Mutter aufgrund ständiger Krankheiten nie einem Beruf nachging. Sie hatte ebenfalls studiert, dann aber das Studium nicht zu Ende geführt, weil sie mit der Patientin schwanger wurde. Unterschwellig habe die Mutter der Patientin immer zu verstehen gegeben, dass die Patientin daran „schuld" sei, dass die Mutter das Studium nicht zu Ende führen konnte. Beide Eltern standen dem Pietismus nahe und hätten ihr immer vermittelt, man dürfe niemals egoistisch sein. Nach dem Abitur studierte die Patientin Medizin. In dieser Zeit wurden beide Eltern schwer krank, und der Vater war nicht mehr arbeitsfähig. Im letzten Abschnitt ihres Studiums hatte die Patientin ständig Sorge, ob sie noch die finanziellen Mittel hätte, um ihr Studium zu Ende zu führen. Außerdem musste sie sich am Ende ihres Studiums sehr intensiv um ihre Eltern kümmern. Während ihres Studiums lernte sie ihren späteren Ehemann kennen. Nach dem Studium arbeitete sie in verschiedenen Krankenhäusern, um sich als Fachärztin für Innere Medizin zu qualifizieren. Ungefähr eineinhalb Jahre vor Ende ihrer Facharztausbildung wurde sie mit ihrem ersten Sohn schwanger, zwei Jahre danach kam ihr zweiter Sohn zur Welt. Ihr Mann ist Ingenieur und machte sich als Gutachter selbstständig, ist aber aufgrund von Krankheiten oft nicht arbeitsfähig, so dass sich Frau Damian ständig getrieben fühlt, permanent tätig zu sein. Die Haltung, immer tätig sein zu müssen und auf sich selbst keine Rücksicht nehmen zu dürfen, entwickelte sie aufgrund mehrerer Faktoren. Zum einen erlebte sie ihre Mutter als ständig krank und nicht belastbar, auch als grundlegend subdepressiv bis depressiv. Das führte bei der Patientin dazu, dass sie sich unbewusst immer schuldig fühlte, weil sie meinte, an der depressiven Haltung der Mutter beteiligt zu sein, zumal sie sich immer vermitteln ließ, sie sei der Grund gewesen, warum die Mutter nicht studieren konnte. Des Weiteren wurde die Patientin in ihrer gesunden aggressiven Entwicklung dadurch gehemmt, dass sie überhaupt nicht gelernt hat, sich im konstruktiven Sinne aggressiv zu verhalten oder eigene Interessen genauso wichtig zu nehmen wie ihre Pflichten und die Wünsche anderer Menschen. Diese Haltung wurde dann bei ihr noch dadurch verstärkt, als der Vater während ihres Medizinstudiums erkrankte und nicht mehr arbeitsfähig war, so dass die finanzielle

Situation der Familie und eben auch der Patientin gefährdet erschien.

Somit ist die Patientin grundsätzlich als aggressiv gehemmt anzusehen, des Weiteren als übermäßig hilfsbereit gegenüber anderen Menschen, was innerhalb ihrer medizinischen Ausbildung noch erheblich verstärkt wurde, was man bei vielen Ärzten beobachten kann. Die Patientin konnte somit kein gutes Selbstwertgefühl entwickeln. Sie hat sich bisher ihre innere Anerkennung immer durch übermäßige Leistungserfüllung geholt. Nunmehr ist sie durch die ständigen Erkrankungen ihres Mannes genötigt gewesen, im wahrsten Sinne des Wortes für zwei zu arbeiten. Die Patientin hat somit unbewusst wieder die Situation während ihres Studiums vorgefunden, als ihr Vater so schwer erkrankte und als sie meinte, für die ganze Familie sorgen zu müssen. Zum einen kam es aufgrund dieser übermäßigen Leistungen zu einer Erschöpfungsdepression, dazu ist aber auch ihre gesamte psychosoziale Psychodynamik wieder so konstelliert, wie sie es in ihrer Herkunftsfamilie erlebte.

Innerhalb der Psychotherapie war es das vorrangige Ziel, der Patientin grundsätzlich dabei behilflich zu sein, ihre Selbstwertregulation unabhängiger von übermäßigen Leistungserwartungen an sich selbst, aber auch von ihren Patienten zu gestalten. Sie hatte nach der Maxime gelebt: erst die Patienten, dann sie selbst. Diese Thematik konnte sehr offen und deutlich angesprochen werden, dass Frau Damian sich in keiner Weise emotional akzeptiert. Sie konnte allmählich lernen, sich unabhängiger von der Anerkennung insbesondere ihrer Patienten zu machen.

Sie hatte bis dahin übermäßig viel Zeit mit ihren Patienten verbracht, was sie zwar bei diesen sehr beliebt machte, aber auf ihre finanziellen Kosten ging, weil das Krankenkassensystem die zeitliche Zuwendung gegenüber den Patienten leider nicht entsprechend honoriert. So kam sie zunehmend in finanzielle Schwierigkeiten. Sie musste lernen, an sich selbst zu denken. Wir diskutierten sehr häufig über ihre pietistische Grundhaltung, die sich bei ihr so niedergeschlagen hatte, dass sie erst eine Nächstenliebe leben müsse, bevor sie an sich selbst denken durfte. „Sie verstoßen gegen das wichtigste Gebot", sagte ich zu ihr und zitierte die oben schon erwähnte Stelle aus dem Neuen Testament, in der Jesus sagt: „Du sollst den Herrn, deinen Gott, lieben von ganzem Herzen, von ganzer Seele und von ganzem Gemüt. Dies ist das höchste und größte Gebot. Das andere aber ist dem gleich: Du sollst deinen Nächsten lieben wie dich selbst." Die Patientin, die sich immer noch sehr religiös gebunden und als gute Christin fühlte, schaute mich erschrocken an, als ich noch mit Nachdruck sagte: „Sie lieben sich selbst nicht! Sie dürfen allmählich die Selbstliebe erlernen. Bisher war Ihnen alles wichtiger als Sie: Ihre Eltern, Ihr Studium, Ihr Mann, Ihre Kinder, Ihre Patienten, Ihre Praxis. Für sich haben Sie kaum etwas übrig. Jesus sagt nicht, dass Sie die anderen und die Pflichten mehr lieben sollen als sich selbst, sondern gleich. Es handelt sich um eine Gleichung!"

In der Folge konnte sich die Patientin allmählich verändern. Sie bewirkte, dass sich der Ehemann auch um die Kinder kümmerte. Sie ließ seine Krankheiten, die augenscheinlich eher hypochondrisch waren, weniger gelten und konnte ihm verdeutlichen, dass er eher gesund werde, wenn er tätig wäre, als seine Leiden zu pflegen. Sie hatte verstanden, dass sie unbewusst seine Leiden förderte, je mehr sie selbst tat und ihn schonte. Sie lernte, den Umgang mit ihren Patienten zeitlich zu begrenzen, indem sie diesen ganz eindeutig sagte, dass die heutige Konsultation beendet werden müsse, weil sie leider nicht mehr Zeit zur Verfügung habe, und alles Weitere bei den nächsten Terminen behandelt werden müsse. Und nicht zu vergessen: Sie richtete sich feste Zeiten für sich selbst ein: Sie hatte Termine für sich und mit sich, in denen sie Sport und Yoga betrieb. Sie wurde ihre eigene Ärztin und Patientin.

3. Krank durch Arbeit – krank durch Ärzte

Meine psychiatrische Krankengeschichte

Es berührt mich selbst noch eigentümlich, dass die Kranken-geschichten, die ich schreibe, wie Novellen zu lesen sind und dass sie sozusagen des ernsten Gepräges der Wissenschaftlichkeit entbehren … eine eingehende Darstellung der seelischen Vorgänge, wie man sie vom Dichter zu erhalten gewohnt ist, gestattet mir, bei Anwen-dung einiger weniger psychologischer Formeln doch eine Art von Einsicht in den Hergang einer Hysterie zu gewinnen. Solche Kran-kengeschichten wollen beurteilt werden wie psychiatrische, haben aber vor Letzteren eines voraus, nämlich die innige Beziehung zwi-schen Leidensgeschichte und Krankheitssymptomen.
Sigmund Freud

Es war ein Ostersamstag, der 1. April 1961. An Ostern und den folgenden 14 Tagen war ich krank und wurde zum ers-ten Mal in meinem Leben arbeitsunfähig geschrieben. Ich hatte – wie so oft vorher in meinem Leben – eine Mandelentzündung, wie man es damals und heute nennt; medizinisch Angina Ton-sillaris. Es war eine sehr heftige Erkrankung, ich konnte kaum schlucken.

Wie ich viel später in meinem Leben bei Sigmund Freud und Viktor von Weizsäcker las, sind Krankheiten immer auch eine unbewusste Auseinandersetzung mit dem Tod. Mein Vater, der eigentlich gern Psychoanalytiker geworden wäre und mir schon sehr früh viel von Sigmund Freud, C. G. Jung, Alfred Adler und Alexander Mitscherlich und ihren Werken erzählt hatte, sprach von der Flucht in die Krankheit. Bei Weizsäcker findet sich fol-gende Fallvignette bezüglich der Angina, mit der ich damals im Bett lag: „Ein außerordentlich schüchternes und verschlossenes Mädchen willigt trotz innerem Widerstreben und überzeugt, ihren Mann nie lieben zu können, in die Ehe. Als das Paar nach der Trauung im Hotel abgestiegen war, erlebte sie sein kränkendes Benehmen. Sie war wie vor den Kopf geschlagen. ,Dieser Moment gab eine gewaltige Wendung in meinem Innern', sagte sie. Am nächsten Tage hatte sie eine heftige Angina, und die Hochzeitsreise musste abgebrochen werden."

Weizsäcker, der als einer der wichtigsten Begründer der Psychosomatik gilt, stellt die Zusammenhänge zwischen Organerkrankungen und psychologischen Phänomenen her. Heute spricht man in der psychosomatischen Medizin von einem biopsychosozialen Krankheitskonzept.

An diesem besagten Ostersamstag hatte ich, knapp 17-jährig, meine Konditorlehre morgens um 6 Uhr begonnen und wurde nachmittags um 15 Uhr nach Hause geschickt, weil es mein erster Arbeitstag war, während alle anderen, die in der Backstube arbeiteten, immer noch nicht fertig waren. Mein erster Arbeitstag war mir wohl offensichtlich überhaupt nicht gut bekommen, ich war gekränkt und wurde schwer krank. Richtig gearbeitet hatte ich bis dahin nie. Ich war zwar bezüglich der Haus- oder Schularbeiten faul, da ich von Kindheit an eine – wie ich meine – natürliche Aversion gegen Arbeit hatte. Wenn meine Mutter in meiner Kindheit auf mich zornig war, nannte sie mich ein „faules Stück Malheur". Abgesehen von der Untätigkeit bezüglich der Schulpflichten war ich ansonsten immer sehr tätig gewesen. Meine Eltern investierten relativ viel Geld in Nachhilfeunterricht, nachdem ich im Gymnasium in der 7. Klasse sitzen geblieben war. Ich war dann zwar einigermaßen mittelmäßig, was meine schulischen Leistungen anbelangte, aber ich fand den Schulunterricht in einer Schulklasse mit 36 anderen Schülern wohl nicht so prickelnd, so dass ich viel Unsinn während der Schulstunden machte, weshalb ich unsäglich viele Tadel bekam und man mich in der 8. Klasse nur noch versetzen wollte, wenn ich von der Schule abginge.

Hausarbeiten für die Schule hatte ich gehasst. Anderen Tätigkeiten bin ich von Kindheit an recht gern nachgegangen. Ich war nicht untätig. So habe ich als Zehnjähriger als „Balljunge" auf dem Tennisplatz 60 Pfennig für eine Stunde bekommen, oder ich habe meinem Großvater gegen Geld in seinem Garten geholfen. In den letzten Herbstferien meiner Schulzeit hatte ich 14 Tage einen Job in einem Sägewerk, was zwar sehr anstrengend war, aber ich habe es einfach nicht als Arbeit betrachtet.

Mit dem Eintritt in die Konditorlehre war mir wohl mehr oder weniger unbewusst klar geworden, dass es jetzt wohl ernst wurde, wogegen ich mich mit vegetativen, unbewussten Anstrengungen zur Wehr setzte. Der Schock des ersten Arbeitstages hatte sich in eine manifeste Erkrankung verwandelt. Deutlicher konnte ich es damals nicht artikulieren, als dass mir im wahrsten Sinne des Wortes die Sprache wegblieb und ich kaum noch schlucken konnte. Es war mir sehr peinlich, als ich nach 14 Tagen wieder in die Backstube zurückkehrte. Ich wurde mit einigem Spott aufgenommen. Als „Stift" im ersten Lehrjahr war ich wieder einsatzfähig und stand nunmehr dafür zur Verfügung, den Backofen zu heizen, die Asche aus dem Backofen zu entfernen, die Kohlen und die Mehlsäcke zu schleppen, Backbleche zu putzen, das Geschirr und die Tische abzuwaschen, den Fußboden zu wischen und viele weitere Hilfsarbeiten auszuführen. Gelegentlich durfte ich auch etwas backen – zunächst aber und für lange Zeit bestand meine eigentliche Konditortätigkeit darin, die „Obstsachen" zu machen: die Obsttorten und Obsttortelettes zu belegen und das dazu notwendige Obst vorzubereiten. Das ging so sechs Tage die Woche, von montags bis freitags von 5.30 Uhr bis manchmal 14.30 Uhr, meistens später, manchmal sogar bis 17 oder 18 Uhr. Samstags begannen wir schon um vier Uhr. An Tagen wie Silvester, wenn die „Berliner" – wie wir in Berlin sagten, die Pfannkuchen – gemacht werden mussten, begannen wir um Mitternacht mit der Arbeit und beendeten sie etwa 14 Stunden später. Dafür bekam ich im ersten Lehrjahr einen Lohn von 60 DM. Da mir das nicht genügte, half ich sonntags mitunter beim Verkauf in der Konditorei, später verkaufte ich, ebenfalls sonntags, Zeitungen am Ku'damm in West-Berlin.

Im Frühsommer meines dritten Lehrjahres war ich noch zusätzlich täglich acht Stunden als „Kasserolier" in den Bahnhofterrassen am Bahnhof Zoo beschäftigt. Diese wohlklingende Tätigkeit umfasst den Abwasch des Küchengeschirrs, Zwiebeln schälen, Pommes frites stechen und ähnliches. Nach vier Wochen dieser Zusatztätigkeit und 16-stündiger Tätigkeit pro Tag und nur etwa fünf Stunden Schlaf bekam ich einen generalisierten Hautausschlag, der Fachbegriff lautet Urticaria. Ich wurde deshalb vom Arzt für 14 Tage arbeitsunfähig geschrieben.

Das Schlimmste in der Lehrzeit war der Umgangston in der Backstube. Vor allem hatte man mich immer wieder gehänselt, weil ich zu langsam war und ich mich viel zu lange an den einzelnen Tätigkeiten „festhielt". Mein Meister, der Backstubenleiter, hieß Klippenstein. Er war sehr witzig und sehr launisch. Der Name hielt, was er versprach: An diesen steinigen Klippen drohte ich zu zerschellen. Er war zwar ein begnadeter Konditor – er bekam für seine Künste öfter durch die Handwerkskammer bei Wettbewerben Goldmedaillen verliehen –, aber mir gegenüber war er sehr ungeduldig. Er schlug mich sogar einige Male. Wie ein Blitz durchzuckte es mich, als er mich schlug. Es ging ein Beben durch mich hindurch: all meine zurückgehaltene Energie, nicht zurückzuschlagen. Ich war sehr kräftig und hatte wohl unbewusst Angst, ihn zu erschlagen. Die alltäglichen Hänseleien waren das Schlimmste, was ich aushielt. Heute spricht man von Mobbing. Täglich brauchte ich nach dem Feierabend sehr lange Zeit, mich von den Demütigungen zu erholen. Ich fuhr zur Lehrstelle mit dem Fahrrad. Auf dem Heimweg hielt ich sehr häufig am Ufer des Tegeler Sees an und verbrachte dort etliche Zeit, schaute in die Landschaft und auf den schönen See und versuchte, mich zu erholen. Neben dem Mobbing durch die Gehilfen und Lehrlinge habe ich mich vor allem selber niedergemacht. Mein Selbstwertgefühl war sehr gering. Nach meinen damaligen Wertvorstellungen waren Akademiker, Wissenschaftler und Schauspieler wertvoll. Ich schämte mich dafür, Konditorlehrling und kein Student zu sein. Im Grunde war ich in meiner Selbstverachtung mein größter Feind!

Die Idee, Konditor werden zu wollen, kam von einem recht netten Beamten des West-Berliner Arbeitsamts, der meinem Vater und mir Auskünfte zur Berufsberatung gab. Da ich mit etwa 14 Jahren von Thomas Mann die *Bekenntnisse des Hochstaplers Felix Krull* gelesen hatte, auch den Roman von Vicky Baum *Menschen im Hotel*, sowie im Kino viele Filme gesehen hatte, die im Hotel und über das Hotel spielten, sowie bei den Berliner Filmfestspielen oftmals voller Neugier vor den Hotels stand, um eventuell irgendeinen Filmstar zu erreichen, interessierten mich Hotels. Deshalb erklärte ich dem Beamten des Arbeitsamts, dass ich gern ins Hotelfach wollte. Der Beamte riet mir daraufhin, erst Konditor zu lernen, anschließend eine Kochlehre und dann noch eine Ausbildung im Service als Kellner zu machen. Anschließend sollte ich ins Ausland gehen, Sprachen lernen und als krönenden Abschluss eine Hotelfachschule besuchen. So etwa habe ich das in Erinnerung und dachte dann wohl, dass ich nach der Hotelfachschule sicher gleich Hoteldirektor würde. Entweder habe ich den Beamten nicht richtig verstanden oder er hat nicht allzu viel von seiner Arbeit verstanden – wie dem auch sei, für das, was ich im Sinn hatte, wäre es das Beste gewesen, wenn ich eine Ausbildung zum Hotelkaufmann begonnen hätte. Dass ich überhaupt schon mit 17 Jahren eine Berufsausbildung begann, lag daran, dass ich nach drei Jahren Gymnasium dort nicht mehr toleriert wurde. Meine Eltern brachten mich dann in einer Realschule unter. Als sie mir das mitteilten, weinte ich bitterlich. Auch in der Realschule fertigte ich, wie zuvor im Gymnasium, keine Hausarbeiten an, sondern schrieb diese allenfalls von anderen Schülern morgens in der Straßenbahn oder in den Schulpausen ab. Diese Schule beendete ich dann trotzdem mit der Mittleren Reife mit einem relativ befriedigenden Ergebnis. Ich war aber sehr gekränkt und wollte aus der Kränkung etwas Großes entwickeln: den großen Hotelier! Aber eigentlich doch lieber Schauspieler, denn das Theater und das Kino hatten mich von jeher sehr begeistert. So ging ich dann sehr oft während meiner Konditorlehre ins Theater, verbrachte halbe und ganze Nächte in sogenannten

Künstlerkneipen und ging dann mitunter, gleich aus der Kneipe kommend, in die Backstube. Ich trank in dieser Zeit auch relativ viel Alkohol, was in der Backstube ohnehin zum guten Ton gehörte. Auch rauchte ich sehr stark, so wie mein Meister Klippenstein – kurz gesagt, allzu gesund war mein Leben wohl nicht und ich litt unter chronischem Schlafmangel. Ich war oft so müde, dass ich manchmal in der Backstube das Gefühl hatte, jemand stünde hinter mir.

Meine Hauptproblematik in dieser Zeit war allerdings – wie in dieser Phase üblich – die Suche nach der richtigen Partnerin. Ich meinte im Spätsommer 1963 die Richtige gefunden zu haben. Sie teilte mir dann aber einen Tag vor Weihnachten mit, dass sie ihre Meinung revidiert habe. Das war der letzte Anstoß, erneut zu erkranken, zumal im März 1964 die Gehilfenprüfung anstand. Da ich in der Berufsschule meistens geschlafen und Schularbeiten weiterhin nicht angefertigt hatte, bestand meinerseits wohl große Angst davor, die Prüfung nicht bestehen zu können. So konnte ich in der letzten Januarwoche 1964 überhaupt nicht mehr schlafen und entwickelte – wie nahezu jeder, der lange genug unter Schlafentzug leidet – psychotische Symptome.

Unser Hausarzt, der zu allem Überfluss Heylandt hieß und den ich in meine Psychose eingebaut hatte, injizierte mir ein Medikament, selbstverständlich ohne mir mitzuteilen, um welche Substanz es sich handelte, und wies mich in die Klinik ein. Ich kam als Patient in die Psychiatrische Universitätsklinik der Stadt West-Berlin und war zumindest darüber erst einmal sehr zufrieden, mich umfassend ausschlafen zu können. Die Psychiater halfen mir insofern noch dabei, dass sie mir Höchstdosen eines Neuroleptikums verabreichten. Meine psychotischen Symptome hatten sich recht bald völlig zurückgebildet, nur entwickelte ich stattdessen ausgeprägte depressive Symptome. Mein Selbstwertgefühl war ja zuvor ohnehin schon schlecht, nun war es total am Boden. Ich war nur ein Konditorlehrling, ein Beruf, den ich ohnehin nicht wertschätzte, mit Angst vor der Abschlussprüfung, inzwischen noch Patient in einer psychiatrischen Klinik – damals ein böses Schimpfwort, „Bekloppter in der Klapse" zu sein. Ich schämte mich vor mir selbst und vor allen Menschen. Ich wurde immer apathischer, depressiver und völlig desinteressiert. Ich hatte keinerlei Lebensfreude, kein Lebensinteresse – ich war wie ausgelöscht. Nach etwa sechs Wochen verlegte man mich von der Universitätsklinik in die Landesnervenklinik in Berlin-Spandau.

Einengung als psychiatrisch schwerst krank

Der Überweisungsbrief – in gekürzter Form – vom 18. März 1964 von der Psychiatrischen und Neurologischen Klinik der Freien Universität Berlin an die Landesnervenklinik in Berlin-Spandau: „Rainer Dunkel befand sich vom 29.1. bis 18.3.1964 in unserer stationären Beobachtung und Behandlung. Diagnose: Paranoid-halluzinatorische Schizophrenie, erster Schub. Nach Angaben der Eltern sei der Patient als Kind zu Hause immer sehr brav und artig, in der Schule ein Außenseiter und ‚Störer' gewesen […] Der Patient war jetzt auffällig geworden, als er seit Weihnachten 1963 und besonders seit Januar 1964 immer aktiver, umtriebiger und schlafloser wurde. Etwa seit dem 25.1. fühlte er sich auf der Straße von allen Männern verfolgt und hörte in der Wohnung der Nachbarin merkwürdige Geräusche und Stimmen. Bei der Aufnahme am 29.1. befand sich der Patient in einer massiven Wahnstimmung und glaubte, dass in jedem Augenblick die Welt durch eine Atombombenexplosion in die Luft gesprengt werden könnte. Es ließen sich Phoneme [ein Phonem ist die abstrakte Klasse aller Laute, die in einer gesprochenen Sprache die gleiche bedeutungsunterscheidende Funktion haben – ich kann mich beim besten Willen nicht daran erinnern, was der Arzt da wahrgenommen hatte], paranoide Beziehungserlebnisse, Beeinträchtigungserlebnisse und die Phänomene der Gedankenausbreitung und des Gedankenentzuges nachweisen.

Trotz nunmehr siebenwöchiger intensiver Behandlung mit täglich 700 mg Taxilan ist der Patient jetzt noch immer flach im

Affekt, kritiklos, unruhig, oft ratlos, paramimisch und paraphren [‚Ich bin hellsichtig, ich weiß alle Hintergründe …'].‟
Unterzeichnet: Dr. Tuschy, Assistent der Klinik.‟

Was einem, noch nicht mal besonders geschulten Tiefenpsychologen an diesem Brief auffallen kann, ist, dass hier nur eine reine Beschreibung gegeben wird, die auf einer einzigen größeren Untersuchung am Aufnahmetag basierte und ansonsten durch die täglichen, kurzen Visiten bestätigt wurde. Es gibt keinen Hinweis darauf, aus welchen psychosozialen Gegebenheiten heraus mein damaliger Ausnahmezustand hätte erklärt werden können. Die einzige Therapie, die durchgeführt wurde, war die medikamentöse Therapie mit Taxilan®. Dieses Medikament wird als mittelpotentes Neuroleptikum zur Behandlung von Psychosen eingesetzt. Es hat neben einem mittelstarken antipsychotischen auch einen deutlichen psychomotorisch dämpfenden Effekt. 700 mg davon lassen den Patienten nur noch apathisch sein.

Unerwünschte Wirkungen des Taxilan®, wie sie heute im Beipackzettel angegeben werden (ich beschreibe hier nur diejenigen, unter denen ich – zum Teil – viele Monate gelitten habe) sind folgende: eine übermäßige Sedierung, extrapyramidal-motorische Störungen mit Früh- und Spätdyskinesien, Akathisien und Parkinson-ähnliche Symptome. Außerdem können Hypotonie und medikamenteninduzierte Depression auftreten. Als extrapyramidal-motorische Störungen werden Früh- und Spätdyskinesien beschrieben: kampfartiges Herausstrecken der Zunge, Verkrampfung der Schlundmuskulatur, okulogyre Krisen (das sind nicht willkürliche, krampfhafte Aufwärtsbewegungen der Augen), Schiefhals, Versteifung der Rückenmuskulatur, Kiefermuskelkrämpfe. Parkinson-Syndrom: Zittern, Steifigkeit, Bewegungsarmut. Störungen beim Harnlassen, Obstipation. Auswirkungen auf die sexuellen Fähigkeiten: Beeinträchtigung der sexuellen Reaktionsfähigkeit, der sexuellen Appetenz, Störungen der Erektion und Ejakulation. Die nach Abklingen einer akuten Psychose häufig beobachteten depressiven Syndrome können

durch eine Behandlung mit Taxilan® verstärkt werden. Krampf-
anfälle, Kreislaufversagen. Delirante Episoden und Verwirrtheits-
zustände. Sedierung. Störungen der Speichelsekretion, verstopfte
Nase, Schwitzen, vermehrtes Durstgefühl, Mundtrockenheit, Ge-
wichtszunahme. Akathisie (das ist eine beinbetonte Unruhe). An-
hand dieser Zusammenfassung kann man sehen, wie schwierig es
ist, Patienten ein Medikament schmackhaft zu machen. So weit,
so nicht gut!

Man reichte mir also reichlich Gift (als alter und englischer
Begriff bedeutet das ja auch Geschenk) – höchstwahrscheinlich
in guter Absicht, wobei die giftigen Auswirkungen massiv domi-
nierten.

Bei dieser medikamentösen Behandlung und der daraus resul-
tierenden Symptomatik kann man sagen, dass man den Teufel mit
dem Beelzebub ausgetrieben hat. So muss man den Schlusssatz des
Briefes des Assistenzarztes: „Trotz nunmehr siebenwöchiger intensiver Behandlung mit täglich 700 mg Taxilan® ist der Patient jetzt
noch immer flach im Affekt, kritiklos, unruhig, oft ratlos, paramimisch und paraphren" als Zynismus verstehen. Ich war also trotzig, dass ich diese Fülle der Nebenwirkungen produzierte und immer noch nicht durch dieses Gift geheilt war. Deshalb wurde ich
in die andere psychiatrische Klinik zur weiteren Aufbewahrung
gegeben, wo ich dann die weitere Dosierung dieses Medikaments
verabreicht bekam und sich die geschilderten Symptome massiv
manifestierten. Einer meiner Freunde aus dieser Zeit, mit dem ich
bis zum heutigen Tag befreundet bin, sagte mir vor ein paar Wochen, als wir über diese Zeit sprachen, dass ich wie ein Monster
ausgesehen und gewirkt habe. Ich hatte selbstverständlich gegen
die Medikation versucht anzukämpfen, aber ich wurde – wie auch
meine Eltern – sehr stark seitens des gesamten medizinischen Per-
sonals indoktriniert, dass ich die Medikamente unbedingt nehmen müsse, um überhaupt jemals die Chance zu haben, wieder
zu gesunden. Bis zum heutigen Tag ist das ein chronischer Macht-
kampf zwischen den Psychiatern und ihren Patienten, unbedingt
die Psychopharmaka einnehmen zu müssen. An allererster Stelle

der Therapie innerhalb der Psychiatrie stehen die Psychopharmaka – oftmals ist es bis zum heutigen Tage die vornehmliche bis ausschließliche Therapie –, auf alle Fälle ist Psychotherapie bei psychotisch erkrankten Patienten sehr rar in der Psychiatrie.

Der Assistenzarzt schreibt, dass ich in der Wohnung der Nachbarin merkwürdige Stimmen gehört habe. Das hatte ich nicht gehört und das hatte ich ihm auch nicht gesagt. Hierzu muss ich erklären, dass ich in Berlin-Haselhorst in einer kleinen Wohnung von etwa 60–70 m² Größe aufgewachsen bin und zu diesem Zeitpunkt bei meinen Eltern lebte. Es war eine Siedlung, die Anfang der dreißiger Jahre als sozialer Wohnungsbau errichtet wurde. Die Wohnungen waren ausgesprochen hellhörig, oft hörte man den Nachbarn schnarchen, und wenn sich die Nachbarn aus den Wohnungen darüber, darunter oder neben unserer Wohnung etwas lauter unterhielten, so verstand man nahezu jedes Wort. Die Geräusche aus den Toiletten hörte man von der oberen und der unteren Wohnung sehr deutlich. Man kann diese Form des sozialen Wohnungsbaus als asozial bezeichnen. Der Assistenzarzt Dr. Tuschy – ein sehr netter junger Mann – war sehr eingespannt und wollte seine Arbeit sicher sehr gut machen. Er untersuchte nach einem psychiatrisch-neurologischen Schema und fragte einige Symptome in mich hinein und machte sich überhaupt kein Bild von meinen psychosozialen Gegebenheiten, und das war der Standard der damaligen psychiatrischen Methode, ausschließlich phänomenologisch vorzugehen.

Den Schwerpunkt der psychiatrischen Therapie bildete die Arbeitstherapie

Die Landesnervenklinik in Berlin-Spandau war damals ein Neubau in einem relativ großen, parkähnlichen Gelände. Ich habe diese Stätte im Frühjahr 2010 aufgesucht und gesehen, dass sie schon lange nicht mehr genutzt wird und völlig verfallen ist. Es waren viele zweistöckige Bungalows und ein mehrstöckiges Gebäude. Es gab Zwei- und Mehrbettzimmer. Die Abteilungen

waren aufgeteilt in „geschlossene" und „offene" Einheiten, wobei der gesamte Bungalow abgeschlossen war, und wenn man
als Patient hinaus wollte, musste man darum bitten, dass die Tür
aufgeschlossen wurde. Die geschlossene Abteilung war sozusagen zweimal geschlossen. Auf den langen Fluren gingen viele
Patienten immer auf und ab. Kontakte oder Gespräche mit den
Ärzten gab es wenig, im Allgemeinen zweimal in der Woche eine
Visite. Der damalige leitende Oberarzt, Dr. Gerhard Zeller, kam
ein- bis zweimal im Monat zur Oberarztvisite.

In der Landesnervenklinik blieb ich dann insgesamt noch
etwa sechs Monate. Meines Erachtens hatte mich die Arbeit
krank gemacht. Nunmehr sollte ich, neben der medikamentösen
Therapie, die meine Leistungsfähigkeit schwerst beeinträchtigte,
arbeitstherapeutische Maßnahmen wahrnehmen. Zuerst war
ich in der Gartenkolonne. Ein Trupp von Männern in grauer
Arbeitskleidung, alle schwer sediert durch Neuroleptika, trottete
schwerfällig, zombieartig durch den Garten und Park der Klinik
und versuchte sich an Gartenarbeiten. Da ich in meinen Lehr-
beruf zurück sollte, wurde ich in die Klinikküche versetzt und
versuchte schwerfällig beim Kochen zu helfen. Neben diesen
medikamentösen und arbeitstherapeutischen Maßnahmen gab
es, abgesehen von der wöchentlichen Visite der Ärzte, keinerlei
psychotherapeutische Gespräche.

Nach einigen Wochen sollte ich im Zuge sozialpsychia-
trischer Maßnahmen dem Meister in meiner Lehrfirma beim
Sonntagsdienst helfen, um wieder in den von mir nicht allzu geliebten Beruf zurückzufinden. Meister Klippenstein war
jetzt sehr verständnisvoll mit mir, wohl auch deshalb, weil seine
Frau ebenfalls – jeweils nach den Geburten seiner Kinder wegen jeweiliger Wochenbettpsychosen – in einer psychiatrischen
Klinik gewesen war.

Mit meiner seelischen Not ließ man mich völlig allein. Selbst
wenn man versucht hätte, sich mir gesprächsweise anzunähern,
wäre ich aufgrund der Höchstdosis der Neuroleptika und der
schweren Depression, unter der ich litt, gar nicht dazu imstande

gewesen, mich zu artikulieren. Ich erfuhr lediglich, dass ich arbeitsfähig werden sollte; wie ich mich fühlte, war den Seelenärzten nicht wichtig. Ich fühlte mich zu allem insuffizient – erst recht fühlte ich mich nicht arbeitsfähig! Ich war in einem Teufelskreis und somit in der Hölle: Ich fühlte mich zu allem unfähig, sollte aber arbeiten, konnte es – wenn überhaupt – nur mühsam und verzweifelte immer mehr. Ich äußerte Suizidabsichten, woraufhin ich in die geschlossene Abteilung verbracht wurde, und ich wurde – wenn das überhaupt noch ging – noch depressiver. Schwerst depressiv wurde ich dann aus der Klinik entlassen. In den folgenden Monaten ging ich dann wieder in die Backstube, um meine Ausbildung zum Konditor zu beenden. Andere Aktivitäten konnte ich kaum wahrnehmen, abgesehen von abendlichem Fernsehen.

Konditorgehilfe, aber depressiv

Im September 1965 schloss ich dann die Konditorlehre mit einem befriedigenden Ergebnis ab. Danach war ich einige Monate als Konditor tätig. Ich wollte dann aber Buchhändler werden und stellte mich ambulant bei dem leitenden Oberarzt der Landesnervenklinik Dr. Zeller vor.

Er hatte sich für mich etwas mehr interessiert als üblich, weswegen ich ihn mehrfach bis zum Jahr 1968 ambulant aufsuchte; auch dann in meinem späteren Leben, während ich Medizinstudent war und auch später, als ich dann selbst Arzt und auch in einer psychiatrischen Klinik tätig war. Er war ein sehr gebildeter Mann und sehr engagiert. Er stammte aus einer alten württembergischen Arztfamilie und beteiligte sich maßgeblich an der Psychiatriereform der achtziger Jahre und war Mitglied der Beraterkommission beim Modellprogramm Psychiatrie des Bundesministeriums für Jugend, Familie und Gesundheit. Er war auch Begründer des Hilfsvereins „Die Brücke", der Hilfe für psychisch Kranke anbietet. Er hat mehrere medizinhistorische Arbeiten verfasst und erhielt 1961 einen wissenschaftlichen Preis für *Die Geschichte der Ein-*

heitspsychose vor Kraepelin. Er starb während der letzten Arbeiten zur Drucklegung des Reisetagebuchs seines Urgroßvaters Albert Zeller, der das Psychiatrische Krankenhaus in Winnenden 1832 gegründet hatte, das durch den Amoklauf am 11. März 2009 traurige Berühmtheit erlangte. Über zwanzig Jahre lang hatte er dieses Buch sorgfältig transkribiert, übersetzt und erläutert.

Doch nicht mehr psychiatrisch krank?

Hier nun ein Brief, den Dr. Zeller über mich verfasste: „Brief vom 15.6.1966 der Nervenklinik Spandau an Herrn Dr. med. Heylandt: Verabredungsgemäß hat sich der Patient am 14.6.1966 erneut bei mir vorgestellt. Er berichtete, dass es ihm nach seiner Vorstellung im Februar des Jahres noch recht schlecht gegangen sei. Er habe nur mit großem Widerwillen seine Arbeit als Konditor ausgeübt. Er sei oft mit dem Gedanken zur Arbeit gegangen: ‚Wie bringe ich mich am besten um?'. Er sei auch immer autistischer und uninteressierter geworden und habe seine Beziehungen zu seinen Freunden fast gänzlich abgebrochen. Seit etwa drei Wochen gehe es ihm besser. Er habe wieder Interesse. Seine Arbeit als Konditor werde nun an einer neuen Arbeitsstelle in Alt-Moabit anerkannt und geschätzt.

Vor 14 Tagen habe er ein entscheidendes Gespräch mit einem leitenden Herrn des Buchhandels geführt. Dieses habe ihn darin bestärkt, dass der Beruf des Buchhändlers für ihn der richtige sei. Er habe auch eine Lehrstelle bei einem Bekannten in Aussicht, allerdings könne er diese erst ab Ostern 1967 antreten. Das passte ihm jedoch ganz gut, da er sich bis dahin ein bisschen Geld werde zurücklegen können.

Herr Dunkel war diesmal wie umgewandelt, interessiert, voller Lebensmut; er sprach fließend, sachlich, ohne Überschwang. Ich konnte nichts Krankhaftes an ihm feststellen. Ich glaube, man sollte ihn in seinem neuen Lebensplan energisch unterstützen. Er könnte einen guten Buchhändler abgeben. Wenn er sich fängt, kann er sich vielleicht sogar mit einer eigenen Buchhandlung

selbstständig machen. Er würde dann eine Lebensform gefunden haben, die zu ihm passt. Die Dauerdosierung von 3 × 25 mg Taxilan täglich sollte er zunächst noch beibehalten.
Mit kollegialer Hochachtung
Ihr Dr. Zeller, Dirigierender Arzt"

Im August 1966 bezog ich in der Nähe des Ku'damms meine erste eigene Wohnung. Es war ein möbliertes Zimmer. Ich war voller überschäumender Lebensfreude und wollte Berlin verlassen, indem ich mich einer „Drückerkolonne" anschloss, die Zeitschriftenabonnements anwarb. Meine Eltern waren in übergroßer Sorge und intervenierten, dass ich mich doch noch einmal stationär psychiatrisch behandeln lassen sollte. Aufgrund meiner damaligen mangelhaften Ich-Stärke – kein Wunder bei den bisherigen Ereignissen – folgte ich widerwillig den Wünschen meiner Eltern. Mit meiner Vorgeschichte war ich noch nicht emanzipiert genug, um sowohl meinen Eltern als auch Dr. Zeller zu widersprechen. Somit ließ ich mich noch einmal für vier Monate in der Landesnervenklinik in Berlin-Spandau stationär behandeln.

Revision: doch psychiatrisch schwerst krank

Hier der Entlassungbrief der Nervenklinik Spandau vom 27. Januar 1967 an Herrn Dr. med. Beese, 1 Berlin 90, Europa-Center, 16. Etage: „[…] der sich vom 12.9.66 bis zum 20.1.1967 in unserer stationären Behandlung befand. … Bei der Aufnahme zeigte [Herr Dunkel] ein schweres maniformes Syndrom mit einer erheblichen Steigerung des Grundantriebes, Ideenflüchtigkeit, in Andeutungen auch eine Zerfahrenheit. Der Patient verlor immer wieder den Faden beim Gespräch, das Kritikvermögen war eingeschränkt. Deutlich megaloman schilderte er seine Vorgeschichte und seine Zukunftspläne. Er wolle in der Klinik noch Italienisch und Latein lernen, Latein sei die Grundlage für andere romanische Sprachen, er wolle überhaupt andere westlichen Sprachen sprechen, auch Russisch und dann auch später noch eine asiatische Sprache, und Arabisch wolle er auch lernen. Später wolle er sich selbstständig machen. Er habe einen Bausparvertrag über 100.000 DM abgeschlossen, wolle auch noch einen Prämiensparvertrag abschließen, sich später eine Konditorei kaufen oder einen anderen gastronomischen Betrieb. Außerdem wolle er das Abitur abends nachmachen, die Hotelfachschule besuchen und möglicherweise dann noch Volkswirtschaft und Betriebswirtschaft studieren etc. Die Stimmungslage war euphorisch. Affekt, Mnestik und Intelligenz schienen nicht deutlich gestört. Paranoide Gedankengänge waren ebenso wie Wahrnehmungsstörungen nicht nachweisbar. Wir behandelten den Patienten langfristig hoch dosiert mit Taxilan und Neurocil, wobei sich das Krankheitsbild als sehr therapieresistent erwies. Immer wieder kam es zu Fehlhandlungen und dranghaften Erregungszuständen. Allmählich ordnete sich der Patient jedoch ein, die Zukunftspläne wurden realer und er arbeitete relativ stetig und fleißig in der Beschäftigungstherapie der Klinik mit. Nachdem mehrere Belastungsurlaube gut vertragen worden waren, entließen wir den Patienten am 20.1.1967 in Ihre ambulante weitere Betreuung. Es verblieb noch eine leichte hypomanische Grundstimmung und leichte Antriebssteigerung, eine depressive Nachschwankung beobachteten wir nicht. Wir würden empfehlen, die letzte Medikation von 3 × 100 mg Taxilan noch über längere Zeit weiter zu verordnen. [Privatdozent Dr. Bredemann], ärztlicher Direktor [Baake] Assistenzarzt der Klinik"

Die „Behandlung" war so ähnlich, wie zuvor geschildert; nur dass wohl die Neuroleptika zunächst noch höher dosiert waren. Ich litt erneut unter erheblichen sogenannten unerwünschten Wirkungen, wurde sehr dick und noch depressiver als jemals zuvor. Der Assistenzarzt schrieb zwar, dass eine depressive Nachschwankung nicht beobachtet wurde, aber es wird wohl oft nur beobachtet, was gesehen werden will. Als ich sehr schwer depressiv arbeitsfähig entlassen wurde, quälte ich mich mit permanenten Suizidgedanken durch das Leben. Ich fand dann wieder eine Anstellung als Konditor, die ich nach zwei Monaten beendete.

Widerwillig begann ich dann eine Tätigkeit als Bürobote beim „Berliner Tagesspiegel" und hatte das Gefühl, noch nicht einmal die einfachsten Dinge zu können. Nachdem ich nach einigen Wochen doch begriffen hatte, dass ich diese Tätigkeiten ganz gut ausüben konnte, wuchs allmählich mein Selbstvertrauen wieder und ich begann ein interessantes Leben in Berlin zu führen, indem ich als Etagenkellner tätig war, gleichzeitig Fremdenführungen in Berlin machte, Amerikanern das Berliner Nachtleben zeigte und so weiter. Ich war täglich „high", wie ich es mir gar nicht besser wünschen konnte. Ich trank zwar auch Alkohol, aber nicht übermäßig viel; die einzige Droge, die mir dabei half, dieses wunderbare Lebensgefühl zu erleben, waren Zigaretten. Ich rauchte sicher bis zu 40 Zigaretten am Tag. Ich mietete mir einen Leihwagen und fuhr durch West-Berlin, ohne jemals einen Führerschein bis dahin gemacht zu haben. Ich empfand es als ein schönes Leben. Erneut machten sich meine Eltern große Sorgen um mich und ich ließ mich von ihnen dazu drängen und ging erneut in die Klinik, diesmal aber, um mich von finanziellen Verpflichtungen zu befreien, und forderte vom mir bekannten Chefarzt nunmehr einen Aufenthalt auf einer Station, in der auch damals erste wenige psychotherapeutische Maßnahmen angeboten wurden.

Manifestation: doch psychiatrisch schwerst krank!

Nachfolgend der Abschlussbrief der Nervenklinik Spandau vom 10.5.1968 an Herrn Dr. med. Schauland, 1 Berlin 30, Europa-Center: „[…] der sich vom 11.1.68 bis zum 24.4.1968 in unserer stationären Behandlung befand. Es handelt sich um eine Schizophrenie mit manischen Zügen. […] Mehrere Monate lang war er depressiv und litt unter Selbstmordideen. Anfang November 1967 schlug die Stimmung in Manie um, er gab seine Stellung als Bürobote beim ‚Tagesspiegel' auf, nahm nacheinander verschiedene Tätigkeiten auf und stürzte sich in verschiedene aufwändige Unternehmungen, die jeweils mit einem finanziellen Desaster endeten. Mit strahlenden Augen und überschießender Beredsamkeit berichtete er von seinen zahlreichen Plänen, schweifte häufig in philosophische und psychologische Probleme ab, wobei er reichlich Fachterminologie benutzte. Er war voller Anklage gegen die Umwelt, besonders gegen den letzten Arbeitgeber und gegen die Eltern, mit denen er sich nicht mehr verstünde. Positives berichtete er von seiner wesentlich älteren Freundin, die ihm auch objektiv sicher einen gewissen Halt bietet. Er war vollkommen kritiklos, gab aber immerhin, als er mit der Irrealität seiner Ideen konfrontiert wurde, zu, dass er sich in einer manischen Phase befände und für sein Verhalten nichts könne. Orientierungs- oder Wahrnehmungsstörungen waren nicht festzustellen, auch waren keine Phoneme oder andere Halluzinationen zu eruieren.

Im weiteren Verlauf ist es zwar wiederholt infolge seines ungebärdigen und impulsiven Verhaltens zu Schwierigkeiten mit Mitpatienten gekommen, insgesamt aber war er doch zu tolerieren. Die manische Antriebssteigerung ging allmählich etwas zurück, verschwand allerdings nicht ganz. Depressive Schwankungen waren jetzt kaum zu beobachten. Nach mehreren Arbeitsversuchen in der Klinik und später im Johannesstift hatte er unmittelbar nach Ostern Arbeit in einer Spandauer Bäckerei gefunden. Es bleibt abzuwarten, ob er an dieser Stelle wird aushalten können. Verschiedene hochfliegende Pläne (als Reporter zu arbeiten, ein Studium zu beginnen) hat er immer noch nicht aufgegeben.

Wir behandelten mit Haloperidol, davon hatte er zuletzt täglich 3 mg, außerdem mit Quilonum (letzte Dosis drei Tabletten täglich, Lithiumspiegel nie über 0,45 mval). Die letzte Dosis sollte noch einige Zeit beibehalten werden.

Dr. Zeller, Dirigierender Arzt, Dr. Hoffmann, Assistenzarzt der Klinik"

Das war mein Zeugnis. Ich galt als schizophren. Aus einer psychotischen Episode in der Adoleszenz war eine sehr ernste Krankheit generiert worden. Alle meine jugendlichen Visionen galten als irreal und pathologisch. Meine Eltern waren der fes-

58

ten Überzeugung, dass ich krank war; vor allem war ich einerseits selbst davon überzeugt, andererseits aber nicht. Irgendein innerer Kern in mir war voller Hoffnung. Ich glaubte dennoch an mich. Ich gab mir Kredit. Glaube, Liebe, Hoffnung waren mir wohl substanziell erhalten geblieben. Vor allem wollte ich aber nicht arbeiten! Denn die Arbeit hatte mich krank gemacht.

4. Wege aus der Einengung

(M)Ein Leben ohne Arbeit

Ich hatte doch so viele Auswege bisher gehabt und nun keinen mehr. Ich war festgerannt. [...] Ich hatte keinen Ausweg, musste mir ihn aber verschaffen, denn ohne ihn konnte ich nicht leben. [...] – nun, so hörte ich auf, Affe zu sein. Ein klarer, schöner Gedankengang, den ich irgendwie mit dem Bauch ausgeheckt haben muss, denn Affen denken mit dem Bauch. Ich habe Angst, dass man nicht genau versteht, was ich unter Ausweg verstehe. Ich gebrauche das Wort in seinem gewöhnlichsten und vollsten Sinn. Ich sage absichtlich nicht Freiheit. Ich meine nicht dieses große Gefühl der Freiheit nach allen Seiten. Als Affe kannte ich es vielleicht und ich habe Menschen kennen gelernt, die sich danach sehnen. Was mich aber anlangt, verlangte ich Freiheit weder damals noch heute. Nebenbei: mit Freiheit betrügt man sich unter Menschen allzu oft. Und so wie die Freiheit zu den erhabensten Gefühlen zählt, so auch die entsprechende Täuschung zu den erhabensten.

Franz Kafka, Ein Bericht für eine Akademie

Nach weiteren vier Monaten entließ ich mich aus der Landesnervenklinik und ich war dann für ein knappes Jahr als Konditor bei „Bilka" – von den Berlinern damals „Groschen-Moschee" wegen seines Kuppelbaus genannt –, einem Kaufhaus in der Kantstraße, Ecke Joachimsthaler Straße, beschäftigt. Dort wurde ich in jeder Hinsicht aufgebaut, weil ich in ein wunderbares Milieu geriet, das vornehmlich an dem Backstubenleiter, einem sehr freundlichen großen und sehr dicken Mann lag, der – wie viele Konditoren bis zum heutigen Tag – „Patti" für Patissier genannt wurde. Da ich einen Bart trug, wurde ich „Bartelmann" genannt.

In dieser Zeit blühte ich wieder auf, bekam relativ viel Selbstvertrauen und empfand meine Tätigkeit nicht als Arbeit. Ich unterschied nicht Freizeit und Arbeitszeit. Wir waren ein gutes

Team an jungen Konditoren, waren miteinander befreundet und gingen oft direkt nach unserem Tagewerk Bowling spielen. Ich fühlte mich akzeptiert und bekam Selbstsicherheit und vor allem Lebensfreude. Ein Teil meines guten Befindens rührte außerdem daher, dass ich süchtig rauchte und damit meine Stimmung verbesserte. Nikotin ist ja ein hochpotentes Psychopharmakon, was auch antidepressiv wirkt. Patti lobte mich oft und sagte des Öfteren über meine Torten: „Bartelmann, det haben se jut jemacht!" Ich war in einer Art Hochstimmung. Ich habe mir von Kindesbeinen an immer selbst mit Erfolg suggeriert, dass ich, wenn ich beispielsweise Geld verdienen wollte, die entsprechende Tätigkeit mit größter Freude ausübte. So habe ich als Kind Prospekte in meiner Heimatstadt West-Berlin ausgetragen. Für 1000 Stück bekam ich 10 DM. Es gab damals noch keine Hausbriefkästen, so dass ich dafür treppauf, treppab laufen musste. Ich habe mich selbst überzeugt, dass ich für mein körperliches Training des „Bergsteigens" auch noch Geld bekomme.

Ich habe schon als Kind viel gelesen, so dass meine Mutter mich oft ermahnte, doch raus zu gehen, damit ich kein „Stubenhocker" werde. Eine meiner Lieblingslektüren war Mark Twains Roman *Die Abenteuer des Tom Sawyer*. In diesem Roman wird auf wunderbare Weise dargestellt, wie die Empfindung, ob etwas Arbeit oder ein Spiel ist, durch die Vorstellungs- oder Einbildungskraft gelenkt werden kann. Diese Geschichte hat meine Lebenseinstellung von Kindheit an dahingehend beeinflusst, mein Leben entsprechend einzurichten, möglichst immer mit einer spielerischen Komponente an meine Tätigkeiten heranzugehen.

Mark Twains Beschreibung der Vorstellung, ob etwas Arbeit oder Vergnügen ist

Die Passage in diesem Roman, die ich meine, ist besonders lohnend, selber zu lesen. Ich will sie hier kurz zusammenfassen: Tom wird von seiner Tante dazu verurteilt, seinen freien Samstag in Gefangenschaft bei Zwangsarbeit zu verbringen, um den Gartenzaun zu streichen. Als er damit beginnen sollte senkte sich tiefe Schwermut auf sein Gemüt. Der Gedanke, dass die ungebundenen Jungen auf allen möglichen feinen Expeditionen vorbeikämen und ihn furchtbar auslachen würden, weil er arbeiten musste, verschärfte seine unglückliche Stimmung beträchtlich. In diesem düsteren, hoffnungslosen Augenblick kam ihm eine grandiose, fabelhafte Idee. Während sein erster Spielkamerad vorbei kommt, tut er so, als würde er voller Begeisterung den Zaun streichen, und lässt sich überhaupt nicht stören. Sein Freund Ben versucht sehr vehement, ihn von der Arbeit abzuhalten und mit ihm spielen zu gehen. Tom streicht unbeirrt weiter, bis sein Freund ihn fragt, ob er mal streichen dürfe. Aber Tom lässt ihn eine ganze Zeit zappeln, bis Ben ihm sogar noch eine Belohnung dafür anbietet, dass er auch einmal streichen dürfe. Äußerlich widerwillig nimmt er die Belohnung und gibt dem Freund Farbtopf und Pinsel, während er sich innerlich freut. Sein Plan ist aufgegangen. Und während Ben in der Sonne den Zaun streicht und schwitzt, sitzt Tom daneben im Schatten und träumt vor sich hin. Immer wieder kommen weitere Jungen vorbei. Zuerst spotteten sie und gaben Tom dann einen Obolus, um den Zaun streichen zu dürfen. Am Nachmittag „suhlte" sich Tom, morgens noch ein bettelarmer Junge, buchstäblich im Reichtum. Die ganze Zeit hatte er behaglich gefaulenzt und eine Menge Gesellschaft gehabt. Den Zaun bedeckte eine dreifache Schicht Farbe. Wäre Tom nicht die Tünche ausgegangen, hätte er sämtliche Jungen des Orts bankrott gemacht. Tom hatte, so schreibt Mark Twain, ein wichtiges Gesetz des menschlichen Handelns entdeckt, dass man nämlich etwas nur schwer erreichbar machen muss, damit es begehrenswert ist.

Die Botschaft Mark Twains lautet: *Arbeit ist das, wozu man verpflichtet ist; Vergnügen das, wozu man nicht verpflichtet ist.*

Das war und ist mein Ausweg! Mich nicht zu zwingen, sondern zu wollen! Nicht ich muss etwas tun, sondern ich will es tun! Das Interesse am Leben zu haben. Neugier hebt die Stimmung. Das

Leben als eine Entdeckungsreise zu betrachten. Das Ziel ist nicht das Wichtige, sondern der Weg. Nachdem ich so eingesperrt, apathisch, depressiv und gefesselt gewesen war, suchte ich aus dieser Finsternis zu entkommen und zu spielen. Ich spielte mit meinen Kollegen Bowling und spielte für ein Jahr mit zunehmender Freude Konditor. Es machte mir Freude, meine Fähigkeiten als Konditor zu verwirklichen. Mit zunehmender Selbstsicherheit wollte ich an alte Träume anknüpfen und auf Reisen gehen.

Ich verließ Berlin im Frühjahr 1969 und war bis zum Herbst als Konditor an der Ostsee tätig. Die Konditorei befand sich direkt an der Strandallee, ganz dicht an der Ostsee. Ich war dort, wo man Urlaub macht, und so fühlte ich mich auch. Auch hier waren die Konditoren sehr freundlich, wir lachten viel, während wir unseren Kuchen backten, was ich als Spiel ansah. Da ich relativ viele Schulden hatte, trug ich noch morgens um fünf Uhr Zeitungen aus. Ich sah das als morgendliches Training an. Vom Erlös dieser Tätigkeit kaufte ich mir meine Zigaretten. Als die Sommersaison beendet war, suchte ich den Vertrieb der „Lübecker Nachrichten" auf und teilte dem Vertriebsleiter mit, dass ich leider meine Tätigkeit als Zeitungszusteller aufgeben müsse. Er zeigte sein Bedauern, woraufhin ich ihm scherzhaft sagte, dass ich gern noch bliebe, wenn man mir einen Job und eine Unterkunft gäbe. So geschah es.

Ich bekam einen Dienstwagen, einen VW-Käfer, mit dem ich in Lübeck und Schleswig-Holstein herumfuhr und Zeitungen auslieferte. Ich fuhr gern Auto und freute mich, die wunderschöne Landschaft kennen zu lernen. Einmal las ich in der Zeitung, die ich ausliefern musste, einen Artikel über den Beginn eines neuen Kurses des Abendgymnasiums. Ich meldete mich dort an und suggerierte mir mit großem Erfolg, dass der Besuch des Abendgymnasiums das reinste Vergnügen sei. Ich war fremd in dieser Stadt, hatte kein Geld und für meine damaligen Verhältnisse immer noch relativ viel Schulden. Ich habe mir gedacht, dass ich auf dem Abendgymnasium Freunde finden würde und ohne Geld zu einem großen Vergnügen kommen würde, weil dort interessante Dinge unterrichtet werden und ich meinen alten Makel, vom Gymnasium geflogen zu sein, aufheben würde.

Das Abendgymnasium: ein Spiel

Die Schule und den Lernstoff sah ich als geistiges Spiel an. Ich entwickelte mir selbst Lernspiele, so in Chemie das Periodensystem der Elemente als Quartett. Mathematik sah ich als ein Schachspiel an. Die Deutschstunden erschienen mir wir ein geistiger Rausch. Ich war high, lebte voller Freude und betrachtete alles, was ich tat, als interessante Beschäftigung. Ich lebte ein interessantes Leben. Von 18 bis 22 Uhr war Unterricht im Abendgymnasium. Ich ließ mich bei den „Lübecker Nachrichten" in die Rotation versetzen und war dort zwischen 23 und ungefähr 5 Uhr in der Rotation beschäftigt, wo ich Zeitungsballen stapelte und in die Lieferwagen einlud. Morgens um 6 Uhr ging ich dann schlafen und stand so gegen 12 Uhr auf. Nach dem Frühstück ging ich Rudern, um anschließend mit dem Schulstoff zu spielen. In den letzten eineinhalb Jahren bekam ich ein Stipendium und jobbte nebenbei in den Ferien im Hamburger Hafen als Schauermann und stapelte Zweizentnersäcke. Ich bekam für mein Fitnesstraining Geld und sah nach einigen Wochen dieser Tätigkeit sehr trainiert aus. Ich hatte durch das Abendgymnasium einen netten Freundeskreis. Ich kannte etliche Menschen beim Lübecker Theater und lebte ein wunderbares Leben. Ich bestand das Abitur schlussendlich recht gut – ich ließ mich sogar in drei Fächern noch freiwillig mündlich prüfen: Ich erlebte mein Leben als interessantes, wunderbares Spiel.

Nach dem Abitur fuhr ich für einige Monate als Kochs-Maat auf einem Frachtschiff zur See. Es fuhren auch immer einige Passagiere mit. Auf einer Reise nach Brasilien kam einer der Reisenden oft in die Kombüse und unterhielt sich mit mir, weil er sich ein wenig langweilte. Eines Tages fragte ich ihn, was er für die Reise bezahlt habe. Er nannte mir den entsprechenden Betrag, worauf ich ihm antwortete, dass ich in etwa das gleiche Geld an Gehalt bekäme und mich im Gegensatz zu ihm nicht langweilte und wir beide gleichermaßen diese schöne Reise nach Brasilien machten. In dieser Lebensstimmung habe ich mich mein Leben lang gehalten. Zweifellos wurde ich auch von Ängsten und schlechten Stimmungen heimgesucht, das gehört zum Leben dazu – aber ich habe jedes Mal meine gute Stimmung wiedergefunden. Ich lebte und lebe auf Kredit, was wörtlich heißt: Man glaubt.

Der Glaube kann Berge versetzen

So habe ich nach dem Abschluss des Abendgymnasiums Medizin studiert und bin Facharzt für psychosomatische Medizin und Psychotherapie geworden. Die deutsche Sprache zeichnet sich durch ihre Körper- und Sinnesnähe aus. Beruf leitet sich von Berufung her – zu etwas berufen sein. Wie ich eingangs schrieb, wäre mein Vater sehr gern Psychoanalytiker geworden, was ihm durch die Zeitläufte nicht vergönnt war. Ich fühlte mich wohl unbewusst von klein auf dazu berufen, Arzt zu werden, habe mich aber gleichzeitig in der Kindheit und Jugend erst einmal verweigert. Ich fühlte mich wohl erdrückt von meiner acht Jahre älteren Schwester, die ihr Abitur sehr gut abgeschlossen hatte. Ich bin sehr viele Umwege gegangen, um endlich den Beruf auszuüben, der mich fasziniert und den ich keinesfalls als Arbeit ansehe. Mit großem Interesse höre ich meinen Patienten zu und versuche ihnen dabei behilflich zu sein, sich selbst zu erkennen und die Einsicht zu vermitteln, dass ihre eigene Sichtweise den Weg zum inneren Glück oder Unglück bahnt. Wichtig ist, nicht seine Pflicht zu erfüllen, sondern mit Freude tätig zu sein. Selbstverständlich gibt es bei jeder Tätigkeit auch Mühe, ein müheloses Vergnügen gibt es nicht. Selbst im schönsten Spiel gibt es ausgeprägte unangenehme Gefühle, sei es beim Joggen oder Rudern oder bei komplexeren beruflichen Tätigkeiten.

Während meines Medizinstudiums hatte ich vor dem Physikum ein Praktikum als Krankenpfleger zu absolvieren. Ich schrieb Dr. Zeller an und fragte ihn, ob ich dieses Praktikum in der von ihm geleiteten Klinik durchführen könnte. Er stimmte zu, und ich konnte 1974 im Frühjahr ein zweimonatiges Praktikum in eben jener Klinik absolvieren. Es war eine ganz andere Psychiatrie, als ich sie selbst als Patient bis 1968 erlebt hatte. Es fanden zwischen den Pflegekräften und Ärzten sehr viele Gespräche mit den Patienten statt und es gab sehr viele Unternehmungen mit den Patienten. In den Teamsitzungen, die auch supervidiert wurden, kamen auch die psychodynamischen Hintergründe der Patienten zur Sprache; die bevorzugte Therapie war also nicht psychopharmakologisch ausgerichtet. Über einen Patienten, der in meinem Alter war, wurde sehr häufig diskutiert. Irgendwie kam er mir bekannt vor, bis mir klar wurde, dass ich 1964 einige Tage mit ihm gemeinsam in einem Zimmer in der psychiatrischen Universitätsklinik untergebracht gewesen war. Er war unterdessen ein chronischer Patient geworden. Man sprach bei solchen Patienten damals von der „Drehtürpsychiatrie" – sie kamen für einige Wochen in die Klinik, wurden entlassen und landeten nach einigen Wochen wieder in der Klinik. Das gibt es bis zum heutigen Tag. Ich war damals einerseits erschrocken, meinen damaligen Mitpatienten erneut zu treffen, andererseits war ich sehr froh, dass ich nicht mehr als Patient, sondern als Mitarbeiter in der Psychiatrie tätig war.

Nachdem ich meine Approbation als Arzt hatte und zunächst für ein Jahr als Assistenzarzt in einer urologischen Klinik tätig gewesen war, suchte ich Dr. Zeller erneut auf und bat ihn, mir die Krankenunterlagen meiner Klinikaufenthalte zu übersenden. Bei diesem Gespräch zeigte er sich hocherfreut über meine Entwicklung und äußerte, dass meine Geschichte auf ihn sozusagen literarisch wirke. Vielleicht dachte er an den psychologischen Roman von Karl Philipp Moritz *Anton Reiser*, der in vier Teilen zwischen 1785 und 1790 in Berlin erschienen war. Karl Philipp Moritz (1756–1793) war ein vielseitiger Schriftsteller des Sturm und Drang, der Berliner Aufklärung und der Weimarer Klassik, der auch der Frühromantik Impulse gab. Er hatte ein bewegtes Leben und war Hutmacherlehrling, Schauspieler,

Hofmeister, Lehrer, Redakteur, Schriftsteller, Philosoph und Kunsttheoretiker.

Diesen stark autobiografischen psychologischen Roman hat Moritz als Biografie eines begabten, sehr um Anerkennung bemühten Jugendlichen geschrieben, der als Lehrling eines Hutmachers die Aufmerksamkeit seiner Umgebung erregt. Nach der nicht beendeten Hutmacherlehre ist Reiser, gegen den Willen seines Vaters, als Schüler einer Lateinschule und des Gymnasiums als Stipendiat bemüht, die kleinbürgerliche Welt seiner Eltern zu überwinden. Aber das Leben als Stipendiat wird von Reiser als genauso erniedrigend erlebt wie zuvor das Leben im Haus seiner Eltern und während seiner Lehre. Gleichzeitig wird er jedoch durch den dringenden Wunsch nach Erfolg motiviert und sucht diesen in der Dichtkunst und im Leben am Theater. Karl Philipp Moritz inszeniert ein Spannungsfeld zwischen der beengenden Herkunft des Protagonisten und seinem Bestreben, um Erfolg und Anerkennung zu kämpfen. In diesem Sinne fungiert dieser Entwicklungsroman, der einen begabten jungen Menschen begleitet, als Zerrbild überkommener pädagogischer Konzepte und als Beispiel überzogener Empfindsamkeit eines Zöglings, die sich vor allem in seiner Neigung zur Hypochondrie und der Überempfindlichkeit gegenüber seiner Umwelt zeigt. Das Theater wird für Reiser zur Bühne der Selbstdarstellung, aber auch zum Schauplatz einer Empfindsamkeit, die Moritz in der Tradition von Goethes *Die Leiden des jungen Werthers* beschreibt. Die psychologischen Anteile des Romans werden genretypisch nach dem Vorbild pietistischer Selbsterforschung gestaltet, die in einer Verdammnis der eigenen Person endet. Ob Dr. Zeller nun an Anton Reiser dachte oder nicht, ich habe mich in vielen Passagen dieses Romanes wiedergefunden: Mein Leben lang habe ich mich um die Heilung meiner selbst bemüht, so wie ich mich später auch um die Heilung meiner Patienten bemühte und bemühe.

Rehabilitierung: doch nicht psychiatrisch krank!

Dr. Zeller sandte mir dann meine Krankenunterlagen und schrieb in seinem Brief vom 24. Juni 1983 folgendes an mich: „Lieber Herr Dunkel, ich möchte mein Versprechen, Ihnen die Epikrisen über Ihre Krankheit zu schicken, doch nunmehr einlösen, wenngleich auch mit Bedenken. Die Diagnose Schizophrenie war schlicht und einfach falsch. Im Grunde hat es sich um eine Pubertätskrise mit manischen und depressiven Zügen gehandelt. Dass gerade puberale Entwicklungskrisen immer wieder einmal vorübergehend stark schizoformes Gepräge tragen können, ist bekannt; deswegen sollte man bei einem Pubertierenden mit der Diagnose Schizophrenie zurückhaltend sein. Dies waren wir nicht. Dies ist ein grober Fehler. Es tut mir leid, dass ich eigentlich sehenden Auges dieses mitgemacht habe. Ob es sehr nützlich ist, sich so an der Hand von Papieren mit der Vergangenheit auseinanderzusetzen, ist fraglich. Ich möchte Ihnen eigentlich raten, dies nicht zu tun. Man soll die Vergangenheit ruhen lassen. Nur die Gegenwart ist real erfüllte Zeit. Ist diese gut, ist alles gut, und sie ist ja gut, und sie wird es so bleiben.

Mit freundlichen Grüßen Ihr Dr. Zeller (Chefarzt)"

Ich habe mich nicht an Dr. Zellers Empfehlung gehalten, sondern dann später eine psychoanalytische Ausbildung wahrgenommen. Überhaupt ist es sinnvoll, sich mit der Vergangenheit auseinanderzusetzen, natürlich nicht, um in der Vergangenheit zu verharren. Wenn man keine Zukunft mehr für sich sieht, ist die Hoffnung dahin und man wird altersstarr. Auf alle Fälle hatte ich mit diesem Schreiben eine äußere Bestätigung für meine eigene Sichtweise, nicht schwerer krank als alle anderen Jugendlichen meiner Generation gewesen zu sein. In den siebziger Jahren, als ich dann in Freiburg studierte, habe ich öfter an Demonstrationen teilgenommen; es war auch die Zeit, als das Demonstrieren unter einer großen Fraktion von Studenten zum guten Ton gehörte. Man wurde damals oft als krank bezeichnet. Nur war ich zu diesem Zeitpunkt nicht mehr hinter den Mauern der

Psychiatrie. Es gilt bis zum heutigen Tag immer noch als bedenklicher Makel, psychiatrisch erkrankt zu sein. Viele psychiatrische Diagnosen verwandeln sich früher oder später immer wieder in Schimpfwörter. Ein sehr berühmtes Schimpfwort ist die Hysterie; in Fachkreisen wirft man jemandem nur zu gern vor, er hätte eine narzisstische Störung und dergleichen mehr.

In unserer heutigen Kultur und Zivilisation können wir mit großer Bequemlichkeit leben. Mit allen wunderbaren technischen Möglichkeiten leben wir besser als jeder Renaissancefürst, was das praktische Leben anbelangt – aber nur, wenn wir uns keine Sorgen machen. Wir können uns unsere Welt schönreden oder verteufeln. Die Hölle oder der Himmel befinden sich in uns selbst. Um das Jesuswort abzuwandeln: Sorgt euch also nicht um morgen; denn der morgige Tag wird für sich selbst sorgen. Jeder Tag hat genug eigene Freude. Ich wollte und will im Leben froh und glücklich sein und freue mich daran, meinen Patienten dabei behilflich zu sein, aus ihrer eigenen Hölle herauszufinden, um allmähliche Zufriedenheit und mitunter Glück zu empfinden. Ich betrachte mich dabei als Reiseführer: Wir gehen den Weg gemeinsam. Beide brauchen dabei viel Geduld, die wir täglich neu erwerben dürfen. Oft erzähle ich meinen Patienten und mir das Märchen vom Hans im Glück und was sein eigentliches Glück ausmacht: die eigene Sichtweise!

5. Hans im Glück

Ein Märchen der Gebrüder Grimm

Faust: Nun gut, wer bist du denn?
Mephistopheles: Ein Teil von jener Kraft,
Die stets das Böse will und stets das Gute schafft.
Johann Wolfgang von Goethe, Faust I

Goethe nimmt mit diesem Paradox seines Mephisto, was bewusste und unbewusste Intention sei, Sigmund Freud vorweg. Bewusstes und Unbewusstes stehen sich als Antipoden gegenüber. Leben zeichnet sich durch Spannungen zwischen verschiedenen Polen aus. Plus und Minus, Gut und Schlecht. Mein Lieblingsmärchen ist das Märchen vom Hans im Glück. Was macht das Glück dieser Märchenfigur aus? Die Sichtweise! Hans hat immer wieder, wie jeder, das Gefühl des Verlustes, des Schmerzes, des Unglücks. Er bewegt sich zwischen den verschiedenen Lebenspolen. Aber er verwandelt sein jeweils erlittenes Unglück immer wieder in Glück, und das durch die Vorstellungskraft, die Fantasie. Die Fantasie ist die grundsätzliche kreative Möglichkeit des Menschen. Der Begriff Fantasie stammt aus dem Griechischen und bedeutet „Erscheinung", „Vorstellung", „Traumgesicht", „Gespenst". Häufig ist der Begriff mit dem Bereich des Bildhaften verknüpft, also den Erinnerungs- oder Vorstellungsbildern. Die Fantasie kann aber auch auf sprachliche und logische Leistungen, also Ideen bezogen werden. Im engeren Sinn als Vorstellungskraft oder Imagination ist mit Fantasie vor allem die Fähigkeit gemeint, eine Innenwelt zu erzeugen, die dann wiederum auf die Außenwelt wirkt. Wie Helmut Kohl gesagt haben soll: „Die Wirklichkeit ist komplizierter als die Realität!"

Hans im Glück beherrscht das große Glück der positiven Fantasie. Mit seiner Einbildungskraft gelingt es ihm immer wieder, aus erlittenem Ungemach in eine Vorstellung vom Glück zu gelangen. Allgemein wird angenommen, dass der Hans im Glück

ein Tölpel ist, der sein anfängliches Glück, nämlich den Goldklumpen, den er sich in seiner Lehre verdient hat, verschleudert.
So jedenfalls ist es die gängige Interpretation unserer Geld- und
goldbesessenen Gesellschaft. Dabei ist im kollektiven Bewusstsein selten bekannt, dass der hohe Wert des Goldes auf die Babylonier zurückgeht, die die Sonne als Gottheit verehrten und das
Gold als Abglanz der Sonne ansahen. Im Märchen wird die un-
nütze Last des Goldklumpens sehr gut dargestellt, weil der Hans
unter der Last des Goldklumpens fast zusammenbricht. (Viele
Menschen sind leider vom Geld besessen, aber sie besitzen es
nicht; ein furchtbares Beispiel war in jüngerer Vergangenheit der
schwäbische Unternehmer Adolf Merckle, der ein Milliarden-
vermögen verloren hatte und sich daraufhin umbrachte, obwohl
er sicher noch genügend Geld für ein Leben im Wohlstand gehabt hätte.) Die Gebrüder Grimm erzählen das Märchen folgen-
dermaßen:

„Hans hatte sieben Jahre bei seinem Herrn gedient, da sprach
er zu ihm: ‚Herr, meine Zeit ist herum, nun wollte ich gerne wieder heim zu meiner Mutter, gebt mir meinen Lohn.‘ Der Herr
antwortete: ‚Du hast mir treu und ehrlich gedient, wie der Dienst
war, so soll der Lohn sein‘ und gab ihm ein Stück Gold, das so
groß als Hansens Kopf war.“

Hans hatte nicht gearbeitet, sondern gedient! Man dient
einem Herrn und damit sich selbst, denn der Herr ist der erfah-
rene Meister, der den Diener oder Lehrling in seine Kunst ein-
weist. Es handelt sich hierbei um einen Austausch. Der Herr
tauscht mit dem lernenden Diener sein Wissen gegen dessen
Dienste aus. Wenn es gut geht, gibt es keine Enttäuschung. Im
Wort Tauschen steckt auch gleichzeitig der Begriff Täuschung.
Jedenfalls war der Herr nicht enttäuscht von Hans und entlohnte
ihn mit dem kopfgroßen Goldklumpen. „Hans zog sein Tüchlein
aus der Tasche, wickelte den Klumpen hinein, setzte ihn auf die
Schulter und machte sich auf den Weg nach Haus. Wie er so dahin ging und immer ein Bein vor das andere setzte, kam ihm ein
Reiter in die Augen, der frisch und fröhlich auf einem muntern

Pferde vorbei trabte. ‚Ach‘, sprach Hans ganz laut, ‚was ist das Reiten ein schönes Ding! Da sitzt einer wie auf einem Stuhl, stößt sich an keinen Stein, spart die Schuh und kommt fort, er weiß nicht wie.‘ Der Reiter, der das gehört hatte, hielt an und rief: ‚Ei Hans, warum läufst du auch zu Fuß?‘ ‚Ich muss ja wohl, da habe ich einen Klumpen heim zu tragen, es ist zwar Gold, aber ich kann den Kopf dabei nicht gerade halten: auch drückt mirs auf die Schulter.‘ " Nunmehr erkennt Hans, dass ihn der Goldklumpen im wahrsten Sinne des Wortes bedrückt. Er kann den Kopf nicht gerade halten, was eine eher schräge Sichtweise induziert. Er hat den „Klumpen" heimzutragen, was er nunmehr unerträglich findet. Der Ertrag seines Lohnes – der Goldklumpen – wird für ihn eher unerträglich, mehr eine Last als eine Lust.

„‚Weißt du was‘, sagte der Reiter, ‚wir wollen tauschen, ich gebe dir mein Pferd, und du gibst mir deinen Klumpen.‘ ‚Von Herzen gern‘, sprach Hans, ‚aber ich sage Euch, ihr müsst Euch damit schleppen.‘ Der Reiter stieg ab, nahm das Gold und half dem Hans hinauf, gab ihm die Zügel fest in die Hände und sprach: ‚Wenns nun recht geschwind soll gehen, so musst du mit der Zunge schnalzen und ‚hopp hopp‘ rufen.‘ Hans war seelenfroh, als er auf dem Pferde saß und so frank und frei dahin ritt. Über ein Weilchen fiels ihm ein, es sollte noch schneller gehen, und fing an mit der Zunge zu schnalzen und ‚hopp hopp‘ zu rufen. Das Pferd setzte sich in starken Trab, und ehe sichs Hans versah, war er abgeworfen und lag in einem Graben, der die Äcker von der Landstraße trennte. Das Pferd wäre auch durchgegangen, wenn es nicht ein Bauer aufgehalten hätte, der des Weges kam und eine Kuh vor sich her trieb. Hans suchte seine Glieder zusammen und machte sich wieder auf die Beine. Er war aber verdrießlich und sprach zu dem Bauern: ‚Es ist ein schlechter Spaß, das Reiten, zumal wenn man auf so eine Mähre gerät wie diese, die stößt und einen herabwirft, dass man den Hals brechen kann, ich setze mich nun und nimmermehr wieder auf. Da lob ich mir Eure Kuh, da kann einer mit Gemächlichkeit hinterhergehen und hat obendrein seine Milch, Butter und Käse jeden Tag gewiss. Was gäbe ich darum, wenn ich so eine Kuh hätte!' ,Nun', sprach der Bauer, ,geschieht Euch so ein großer Gefallen, so will ich Euch wohl die Kuh für das Pferd vertauschen.' Hans willigte mit tausend Freuden ein; der Bauer schwang sich aufs Pferd und ritt eilig davon. Hans trieb seine Kuh ruhig vor sich her und bedachte den glücklichen Handel. ,Hab ich nur ein Stück Brot, und daran wird mirs doch nicht fehlen, so kann ich, so oft mirs beliebt, Butter und Käse dazu essen: hab ich Durst, so melk ich meine Kuh und trinke Milch. Herz, was verlangst du mehr?' "

Von der Enttäuschung zur optimistischen Täuschung – ein guter Tausch!

Nachdem Hans vom Pferd gefallen war, war er enttäuscht; aus dem glücklichen Reiter war ein verdrießlicher Hans geworden: Nachdem er sich vorher vorgestellt hatte, als Reiter glücklicher zu sein als der goldbeladene Fußgänger, war er enttäuscht. Das Glück als glücklicher Reiter hatte sich verflüchtigt. Aber aus dem Sturz generierte er eine neue Chance. Er tauschte erneut; Pferd gegen Kuh, Unglück gegen Glück. Der Sturz vom Pferd führte zur Verdrießlichkeit, einer Art Unglück, aber das führte zu einem neuen Glück: dem glücklichen Handel. Und was machte ihn so glücklich? Die Vorstellungskraft! Er gab sich Kredit. Er glaubt daran, dass es ihm zukünftig mit der Kuh gut gehen werde: „Hab ich nur ein Stück Brot, und daran wird mirs doch nicht fehlen, so kann ich, so oft mirs beliebt, Butter und Käse dazu essen: hab ich Durst, so melk ich meine Kuh und trinke Milch. Herz, was verlangst du mehr?", heißt es. Er ist nicht glücklich darüber, dass er satt ist, sondern dass er potenziell immer genug zu essen und zu trinken haben wird. Er ist optimistisch, wie es Jesus in der Bergpredigt postuliert hat: Er sorgt sich nicht. Das macht sein Glück aus. Er hat eine positive Vorstellungskraft. Die Vorstellung gibt ihm Kraft. Er bleibt nicht im Jammer, im Schmerz und in der Verdrießlichkeit stecken, sondern richtet sich von seinem Sturz nicht nur leibhaftig auf, sondern auch psychologisch, indem er eine neue, dauerhafte glückliche Chance sieht.

„Als er zu einem Wirtshaus kam, machte er Halt, aß in der großen Freude alles, was er bei sich hatte, sein Mittag- und Abendbrot, rein auf und ließ sich für seine letzten paar Heller ein halbes Glas Bier einschenken. Dann trieb er seine Kuh weiter, immer nach dem Dorfe seiner Mutter zu. Die Hitze war drückender, je näher der Mittag kam, und Hans befand sich in einer Heide, die wohl noch eine Stunde dauerte. Da ward es ihm ganz heiß, so dass ihm vor Durst die Zunge am Gaumen klebte. ‚Dem Ding ist zu helfen‘, dachte Hans, ‚jetzt will ich meine Kuh melken und mich an der Milch laben.‘ Er band sie an einen dürren Baum und stellte, da er keinen Eimer hatte, seine Ledermütze unter: aber so sehr er sich auch bemühte, es kam kein Tropfen Milch zum Vorschein. Und weil er sich ungeschickt dabei anstellte, so gab ihm das ungeduldige Tier endlich mit einem der Hinterfüße einen solchen Schlag vor den Kopf, dass er zu Boden taumelte, und glücklicherweise kam gerade ein Metzger des Weges, der auf einem Schubkarren ein junges Schwein liegen hatte. ‚Was sind das für Streiche!‘, rief er und half dem guten Hans auf. Hans erzählte, was vorgefallen war. Der Metzger reichte ihm seine Flasche und sprach: ‚Da trinkt einmal, und erholt Euch. Die Kuh will wohl keine Milch geben, das ist ein altes Tier, das höchstens noch zum Ziehen taugt oder zum Schlachten.‘ ‚Ei, ei‘, sprach Hans und strich sich die Haare über den Kopf, ‚wer hätte das gedacht! Es ist freilich gut, wenn man so ein Tier ins Haus abschlachten kann, was gibts für Fleisch! Aber ich mache mir aus dem Kuhfleisch nicht viel, es ist mir nicht saftig genug. Ja, wer so ein junges Schwein hätte! Das schmeckt anders, dabei noch die Würste.‘ ‚Hört, Hans‘, sprach der Metzger, ‚Euch zu Liebe will ich tauschen und will euch das Schwein für die Kuh lassen‘. ‚Gott lohn Euch Eure Freundschaft!‘, sprach Hans und übergab ihm die Kuh und ließ sich das Schweinchen vom Karren losmachen und den Strick, woran es gebunden war, in die Hand geben. Hans zog weiter und überdachte, wie ihm doch alles nach Wunsch ginge: begegnete ihm ja eine Verdrießlichkeit, so würde sie doch gleich wieder gut gemacht."

Hier haben wir die Hauptbotschaft für das Glück des jungen Mannes: Begegnet ihm eine Verdrießlichkeit, so wird sie doch gleich wieder gut gemacht. Das heißt, Glück im Unglück zu haben, aus einer Niederlage eine neue Chance zu entwickeln. Irgendwo habe ich folgendes Grafitto gelesen: „Aus Fehlern wird man klug, drum ist einer nicht genug." Somit wird man durch Fehler, also Erfahrungen, immer klüger und klüger, vorausgesetzt, man bleibt nicht im Kummer über den begangenen Fehler stecken, sondern lernt daraus. Hans wurde aus seinem Fehler klug! Er hatte die Kuh falsch eingeschätzt und tauscht erneut und verwandelt erneut eine Enttäuschung in eine neue – für ihn konstruktive und positive – Täuschung: Er meint, dass die alte Kuh nicht so gutes Fleisch gebe wie das junge Schwein. Aber folgen wir unserem glücklichen Helden weiter: „Es gesellte sich danach ein Bursch zu ihm, der trug eine schöne weiße Gans unter dem Arm. Sie boten einander die Zeit, und Hans fing an von seinem Glück zu erzählen und wie er immer so vorteilhaft getauscht hätte. Der Bursch sagte ihm, dass er die Gans zu einem Kindtaufschmaus brächte. ,Hebt einmal', fuhr er fort und packte sie bei den Flügeln, ,wie schwer sie ist, die ist aber auch acht Wochen lang genudelt worden. Wer in den Braten beißt, muss sich das Fett von beiden Seiten abwischen.' ,Ja', sprach Hans und wog sie mit der einen Hand, ,die hat ihr Gewicht, aber mein Schwein ist auch keine Sau.' Indessen sah sich der Bursch nach allen Seiten ganz bedenklich um, schüttelte auch wohl mit dem Kopf. ,Hört', fing er darauf an, ,mit Eurem Schweine mags nicht so ganz richtig sein. In dem Dorfe, durch das ich gekommen bin, ist eben dem Schulzen eins aus dem Stall gestohlen worden; ich fürchte, ich fürchte Ihr habts da in der Hand. Sie haben Leute ausgeschickt, und es wäre ein schlimmer Handel, wenn sie Euch mit dem Schweine erwischten: das Geringste ist, dass Ihr ins finstere Loch gesteckt werdet.' Dem guten Hans ward bang; ,Ach Gott', sprach er, ,helft mir aus der Not, Ihr wisst hier herum bes-

ser Bescheid, nehmt mein Schwein da und lasst mir Eure Gans.'
‚Ich muss schon etwas aufs Spiel setzen', antwortete der Bursche,
‚aber ich will doch nicht schuld sein, dass Ihr ins Unglück ge-
ratet.' Er nahm also das Seil in die Hand und trieb das Schwein
schnell auf einem Seitenweg fort: der gute Hans aber ging, seiner
Sorgen entledigt, mit der Gans unter dem Arme der Heimat zu.
‚Wenn ichs recht überlege,' sprach er mit sich selbst, ‚habe ich
noch Vorteil bei dem Tausch: erstlich den guten Braten, hernach
die Menge von Fett, die herausträufeln wird, das gibt Gänsefett-
brot auf ein Vierteljahr: und endlich die schönen weißen Federn,
die lasse ich mir in mein Kopfkissen stopfen und darauf will ich
wohl ungewiegt einschlafen. Was wird meine Mutter eine Freude
haben!'

Hier haben wir wieder die Kernaussage des Märchens: dass
das Glück oder das Unglück zu einer wesentlichen Komponente
von der Vorstellungskraft abhängt. Hans glaubt der Erzählung des
jungen Burschen, dass das Schwein, welches Hans besitzt, gestohlen sei und er dadurch ins Unglück gestürzt werden könnte. Daraufhin tauscht dieser das Schwein gegen die Gans und stellt sich
erneut wieder vor, dass er – wie mit dem Schwein und auch vorher mit dem Gold oder dem Pferd – zukünftig gut leben werde.
Er glaubt daran, dass es ihm gut gehen werde. Wir können erkennen, dass Hans überzeugt ist, dass der Glaube Berge versetzen kann. Aber ihm geht es nicht darum, Berge zu versetzen, sondern zufrieden oder glücklich zu sein und sich keine Sorgen zu
machen. Und das bedeutet den inneren, übermächtigen und be-
drückenden Berg des negativen Denkens zu überwinden durch
die Fantasie. „Als er durch das letzte Dorf gekommen war, stand
da ein Scherenschleifer mit seinem Karren: sein Rad schnurrte
und er sang dazu: ‚Ich schleife die Schere und drehe geschwind,
und hänge mein Mäntelchen nach dem Wind.' Hans blieb stehen
und sah ihm zu; endlich redete er ihn an und sprach: ‚Euch gehts
wohl, weil Ihr so lustig bei Eurem Schleifen seid.' ‚Ja', antwortete der Scherenschleifer, ‚das Handwerk hat einen güldenen Boden. Ein rechter Schleifer ist ein Mann, der, so oft er in die Tasche

greift, auch Geld darin findet. Aber wo habt Ihr die schöne Gans gekauft?' ‚Die hab ich nicht gekauft, sondern für mein Schwein eingetauscht.' ‚Und das Schwein?' ‚Das hab ich für eine Kuh ge-kriegt.' ‚Und die Kuh?' ‚Die hab ich für ein Pferd bekommen.' ‚Und das Pferd?' ‚Dafür hab ich einen Klumpen Gold, so groß als mein Kopf, gegeben.' ‚Und das Gold?' ‚Ei, das war mein Lohn für sieben Jahre Dienst.' ‚Ihr habt Euch jederzeit zu helfen gewusst', sprach der Schleifer, ‚könnt Ihrs nun dahin bringen, dass Ihr das Geld in der Tasche springen hört, wenn Ihr aufsteht, so habt Ihr Euer Glück gemacht.' ‚Wie soll ich das anfangen?', sprach Hans. ‚Ihr müsst ein Schleifer werden, wie ich; dazu gehört eigentlich nichts als ein Wetzstein, das andere findet sich schon von selbst. Da hab ich einen, der ist zwar ein wenig schadhaft, dafür sollt Ihr mir aber auch weiter nichts als Eure Gans geben; wollt Ihr das?' ‚Wie könnt Ihr noch fragen?', antwortete Hans. ‚Ich werde ja zum glücklichsten Menschen auf Erden: habe ich Geld, so oft ich in die Tasche greife, was brauche ich da länger zu sorgen?', reichte ihm die Gans hin und nahm den Wetzstein in Empfang. ‚Nun', sprach der Schleifer und hob einen gewöhnlichen schweren Feldstein, der neben ihm lag, auf, ‚da habt Ihr noch einen tüchtigen Stein dazu, auf dem sichs gut schlagen lässt und Ihr Eure alten Nägel gerade klopfen könnt. Nehmt ihn und hebt ihn ordentlich auf.'"

Hans fühlt sich nun im wahrsten Sinne des Wortes stein-reich. Mithilfe des Steins könnte er wieder Dienste versehen – als Scherenschleifer – und dadurch immer wieder Geld erzeugen. Geld ist ebenfalls vom Glauben abhängig: vieles galt bei den ver-schiedenen Völkern zu verschiedenen Epochen schon als Geld: Kaurimuscheln, Felle, Mühlsteine, während und nach dem Zweiten Weltkrieg Zigaretten. Alle müssen daran glauben, dass Geld Verwandlungskraft hat für Sachleistungen und Dienstleis-tungen. Auch hier ist die Fiktion, die Vorstellungskraft ganz ent-scheidend.

„Hans lud den Stein auf und ging mit vergnügtem Herzen wei-ter; seine Augen leuchteten vor Freude. ‚Ich muss in einer Glücks-haut geboren sein', rief er aus. ‚Alles, was ich wünsche, trifft mir ein, wie einem Sonntagskind.' Indessen, weil er seit Tagesanbruch auf den Beinen gewesen war, begann er müde zu werden: auch plagte ihn der Hunger, da er allen Vorrat auf einmal in der Freude über die erhandelte Kuh aufgezehrt hatte. Er konnte endlich nur mit Mühe weitergehen und musste jeden Augenblick Halt machen; dabei drückten ihn die Steine ganz erbärmlich. Da konnte er sich des Gedankens nicht erwehren, wie gut es wäre, wenn er sie gerade jetzt nicht zu tragen brauchte. Wie eine Schnecke kam er zu einem Feldbrunnen geschlichen, wollte da ruhen und sich mit einem frischen Trunk laben; damit er aber die Steine im Niedersitzen nicht beschädigte, legte er sie bedächtig neben sich auf den Rand des Brunnens. Darauf setzte er sich nieder und wollte sich zum Trinken bücken, da versah ers, stieß ein klein wenig an, und beide Steine plumpsten hinab. Hans, als er sie mit seinen Augen in die Tiefe hatte versinken sehen, sprang vor Freuden auf, kniete dann nieder und dankte Gott mit Tränen in den Augen, dass er ihm auch diese Gnade noch erwiesen und ihm auf eine so gute Art und ohne dass er sich einen Vorwurf zu machen brauchte, von den schweren Steinen befreit hätte: das einzige wäre ihm nur noch hinderlich gewesen. ,So glücklich wie ich', rief er aus, ,gibt es keinen Menschen unter der Sonne'. Mit leichtem Herzen und frei von aller Last sprang er nun fort, bis er daheim bei seiner Mutter war."

Aus der Last wird durch Fantasie die Lust

In den Schlusszeilen heißt es wörtlich, dass er von aller Last befreit ist, so dass er voller Lust ist. Es heißt nicht in diesem Märchen, wie so oft am Schluss: „Und wenn sie nicht gestorben sind, so leben sie noch heute glücklich und zufrieden." Er ist befreit und daheim. Tiefenpsychologisch steht die Mutter in diesem Märchen für den Tod! Hans geht ganz ohne Besitz „heim". Aber er ist dabei glücklich. In meiner Tätigkeit als Arzt habe ich, besonders während meiner Tätigkeit in der Gerontopsychiatrie, relativ viele Menschen sterben sehen. Nicht viele wirkten glücklich – aber es gab auch einige Glückliche. Im Märchen wird immer wieder betont, dass Hans bei jedem Tausch zunächst glücklich war. Deshalb hat das Märchen auch zu Recht seinen Titel. Die Kernbotschaft des Märchens ist das Glück und wie man glücklich werden kann: durch die Einbildungs- oder Vorstellungskraft. Die inneren Bilder sind immense Kräfte. Wir brauchen uns nur eine Situation zu vergegenwärtigen, die uns besonders erfreut oder besonders verärgert. Wir werden merken, dass wir uns während dieser Vorstellung in unserer Empfindung deutlich verändern. Je nach der Situation, die Ärger auslöst, werden wir eine schnellere Herzfrequenz bemerken können, während der Vorstellung eines angenehmen Ereignisses, so zum Beispiel sexueller Vorstellungen, werden wir feststellen, inwieweit sich entsprechende Organsysteme verändern. Hier ist es wichtig, darauf hinzuweisen, dass innere Bilder, also Einbildungen, eine immense Wirkmächtigkeit haben. Die induzierten Einbildungen spielen eine wesentliche Rolle in unserem Leben. Sie werden allgemein sehr ernst genommen und in wirtschaftlicher und finanzieller Hinsicht hoch bewertet. Wenn wir auf unsere multimediale Welt schauen, so wird deutlich, dass Bilder in ganz starkem Maß beherrschend sind. Die sogenannte virtuelle Welt (ein anderer Begriff für Unwirklichkeit, auch ein Begriff für die „unwirkliche Bilderwelt") ist ein bedeutender Wirtschaftszweig, der nie infrage gestellt wird. Die Traumfabrik Hollywood ist ein sehr wichtiger Wirtschaftsfaktor – und somit für uns alle die Realität schlechthin –, und doch geht es hier im wahrsten Sinne des Wortes um Einbildungen, die aber ungeheuer wirkmächtig sind.

Die Macht der Fantasie

Fantasie ist wichtiger als Wissen, denn Wissen ist begrenzt.
Albert Einstein

Wenn wir im Kino sitzen und die Filmbilder auf uns einwirken lassen, so wissen wir zwar unterschwellig immer, dass hier die Illusion wirkmächtig ist, gleichzeitig geben wir uns aber diesen Bildern so intensiv hin, dass wir im wahrsten Sinne des Wortes gespannt sind (vorausgesetzt, der Film ist „spannend"). Diese Spannung lässt sich psychophysiologisch sehr gut messen. Man kann Probanden an den sogenannten Lügendetektor anschließen. Hier werden dann die Herzfrequenz und die Herzaktivität mit dem EKG, die Muskelspannung mit dem Elektromyographen, die Hirnströme mit dem EEG, der Hautwiderstand und Weiteres gemessen. Obwohl nur im Kinosessel sitzend, reagieren die meisten Probanden vegetativ so, als würden sie selbst die Vorgänge erleben, die auf der Leinwand dargestellt werden. Es wird dadurch also augenscheinlich, wie stark äußere Kinobilder in wirkmächtige Einbildungen verwandelt werden. Die Gelehrten der frühen Neuzeit nahmen die Einbildung oder die Fantasie ernst. Sie gestanden den Einbildungen vielfach erheblichen Wirklichkeitscharakter zu und sprachen dabei auch von Imagination. Dieses Wort ist heute geläufiger in seiner englischen Version als Image, worauf jeder Politiker großen Wert legt. In der Renaissance ist die Einbildung nicht immer etwas „nur" Eingebildetes gewesen. Sie war damals eine Kraft von sehr großer Wirkung und galt als etwas sehr Reales. Sie war ein wertvolles philosophisch-naturwissenschaftliches Konstrukt, verwandt mit Begriffen wie Fantasie, Idee, Schöpferkraft und Gedächtnis. Sie war ein physiologisches Prinzip von erheblicher Bedeutung und diente – in moderner Sicht – zur Erklärung der unterschiedlichsten Erscheinungen, nicht unähnlich denjenigen von Sympathie und Antipathie.

In der Medizin ist die Einbildungskraft als *Placebo* gut untersucht – ein Begriff aus dem Lateinischen und wörtlich übersetzt so viel wie: *Ich werde gefallen*. Als Placebos werden üblicherweise medizinische Scheinpräparate wie etwa Zuckertabletten bezeichnet, die der Arzt dem Patienten gibt, um ihm den Glauben zu vermitteln, dass diese Scheinpräparate eine naturwissenschaftliche biochemisch-medizinische Wirksamkeit haben. Aber nicht nur Medikamente oder Pseudomedikamente, sondern auch verschiedene Gewohnheiten und Utensilien, die mit der Medizin assoziiert werden, zum Beispiel weiße Kittel oder Operationen, bei denen nicht die Operation durchgeführt wird, wie sie mit dem Patienten vor der Operation besprochen wurde – bei all dem spricht man vom Placeboeffekt. Der allerwichtigste Punkt dabei ist, dass Placebos nur dann wirken, wenn der Patient an sie glaubt. Vorausgesetzt, dieser Glaube ist vorhanden, erweisen sich Placebos bei erstaunlich gleich bleibenden 35 Prozent der Patienten als genauso wirksam wie beispielsweise Morphium bei der Schmerzlinderung. Das belegt unser Ausgeliefertsein und unsere Abhängigkeit von Gefühlen.

In der Stammesgeschichte des Menschen haben Gefühle eine wichtige Funktion. Die Hirnregionen, die die verschiedenen Gefühlszustände erzeugen, liegen überwiegend in den evolutionär alten Strukturen des Stammhirns und den neokortikalen Hemisphären des Gehirns. Diese Zwischenposition ist aber nicht als ein hierarchischer Baustein in der Hirnentwicklung zu verstehen; die Verbindungen der emotionalen Strukturen zu den darüber und darunter lokalisierten sind so eng, dass man sie symbolisch wie eine Klammer sehen könnte, die alle Verstandesleistungen, die Emotionen und die Triebe zusammenheftet. So entsteht in unserem subjektiven Erleben die Untrennbarkeit aller Gedanken, Vorstellungen und Verhaltensweisen von ihren emotionalen Begleitreaktionen, und diese sind somit deren integraler Bestandteil. Ein Zuviel (Angst, Trauer, Depressionen) wie auch ein Zuwenig an Emotionen stört das Zusammenleben mit anderen Menschen empfindlich und kann zu individuellen und sozialen Katastrophen führen.

Gefühle sind Reaktionsmuster auf positiv verstärkende oder aversive körperexterne oder -interne Reize. Gefühle werden immer auf der Dimension angenehm–unangenehm (Annäherung–Vermeidung) und der Dimension erregend–deaktivierend erlebt. Mit den Emotionen gehen die Motivationen einher, beide sind nur graduell voneinander abzugrenzen. Emotionen treten in der Regel als Reaktionen auf positiv verstärkende Reize (Freude) oder deren Fehlen (Frustration, Wut) oder aber als Reaktion auf bestrafende aversive Reize (Angst) oder deren Ausbleiben

(Erleichterung) auf. Diese Gefühlssysteme bestimmen den psychischen Wert eines von außen kommenden Reizes.

Von den Gefühlen muss man die Stimmungen abgrenzen. Die primären Gefühle oder Emotionen (Freude, Trauer, Furcht, Wut, Überraschung und Ekel) sind angeborene Reaktionsmuster bei Tieren und Menschen, die in allen menschlichen Kulturen gleich ablaufen. Man kann immer wieder beobachten, dass es innerhalb verschiedener Tiergruppen permanente Auseinandersetzungen um die soziale Rangfolge gibt. Diese sozialen Kämpfe bedeuten erheblichen Stress. Sehr gut konnte man während langjähriger Feldforschungen diesen sozialen Stress mit seinen endokrinologischen Auswirkungen bei Pavianen beobachten und messen. Im Lauf der üblichen sozialen Auseinandersetzungen wurden sehr unterschiedliche Verhaltensmuster und entsprechend andersartige endokrinologische Reaktionen innerhalb der hierarchischen Struktur der verschiedenen Tiere beobachtet und gemessen. Sehr aufschlussreich sind die Unterschiede zwischen dominanten und unterlegenen Pavian-Männchen bezüglich der Sekretion von verschiedenen Hormonen bei Stress.

Die Forscher fanden allgemein niedrige Cortisol-Basalwerte bei den dominanteren Männchen. Ein zu hoher Cortisolwert weist bei Tier und Mensch allgemein auf massiven Stress hin. Das heißt, dass dominante Tiere klar zwischen neutralen und drohenden Aktionen eines Rivalen unterscheiden. Sie können die Situation im Griff behalten, wenn ein Rivale droht, indem sie den Kampf selbst aufnehmen. Sie kehren den Sieger hervor und entwickeln eine Art Triumphgefühl. Und wenn sie tatsächlich einmal eine Niederlage erleiden, sind sie nicht sonderlich geduckt, sondern reagieren ihre Frustration sehr heftig an irgendeinem unbeteiligten Tier ab. Man könnte das bei den Tieren so interpretieren, dass eine gute Selbstwerteinschätzung eine bessere endokrinologische Situation und eine entsprechend bessere Gesundheit mit sich bringt.

Wichtig ist also bei Tier und Mensch die unbewusste und bewusste Bewertung einer Situation. Der Hans im Glück ist deshalb als glücklich zu bezeichnen, weil er seine jeweilige

Lebenssituation für sich gut bewertet; er reagiert durch seine Bewertung placebohaft. Es gefällt ihm. Hans begegnet einem Reiter und tauscht (sehr klug) den Goldklumpen gegen ein Pferd, was für seine Zwecke – nämlich nach Hause zurückzukehren – viel wichtiger ist als das Gold. Als er dann reitet, stürzt er – wie es jedem Reiter mehrfach geschieht – vom Pferd. Er ist im wahrsten Sinne des Wortes enttäuscht, denn er hatte sich getäuscht, dass er problemlos reiten könne. Enttäuschungen gehören zum Lebensprozess und bringen uns zu tiefen Einsichten, die wir teuer bezahlen müssen. Und so geht das Märchen weiter, Hans tauscht: Das Leben ist Austausch – Handel und Wandel, bis dann Hans zur Mutter nach Hause zurückkehrt und noch nicht mal mehr den Schleifstein besitzt, den er zum Schluss des Märchens eingetauscht hatte und der ihm in den Brunnen gefallen war. Er kehrt also ganz ohne Besitz nach Hause zur Mutter zurück; und wie es im Märchen betont wird: Er kehrt glücklich zur Mutter zurück!

Was macht sein Glück aus? Die Vorstellungskraft. Er bewertet jede Situation immer wieder positiv; er verwandelt ein Unglück recht bald in ein Glück, indem er sich vorstellt, dass er künftig gut leben wird. Wie es im Märchen wörtlich heißt: „Hans überdachte, wie ihm doch alles nach Wunsch ginge: begegnete ihm ja eine Verdrießlichkeit, so würde sie doch gleich wieder gut gemacht." Hans spielt gedanklich seine Erlebnisse durch. Er ist ein Spieler. Er erfreut sich des Lebensspiels. Er ist kein arbeitender Mensch, kein Homo faber, sondern ein spielender Mensch, ein Homo ludens! Vielen meiner Patienten versuche ich, das Märchen vom *Hans im Glück* für sie selbst einzurichten, so auch meinem Patienten Herrn Grote.

Herr Grote: Aus der Niederlage ein besseres Comeback – wie *Hans im Glück*

Herr Grote, ein Mann von etwa 50 Jahren, war zu mir gekommen, weil er mit seinem beruflichen Leben abgeschlossen hatte. Er sah für sich keinen Sinn mehr darin, in dem Unternehmen, in dem er einschließlich seiner Lehrzeit ungefähr 30 Jahre lang tätig gewesen war, noch irgendeine Tätigkeit ausfüllen zu können. Sein Unternehmen war eine Fusion mit einem anderen Unternehmen eingegangen und es waren erhebliche Veränderungen vorgenommen worden, die Herrn Grotes bisherige Führungsaufgaben im mittleren Management völlig veränderten. Er war völlig erschöpft, permanent müde, litt unter Kopfschmerzen und ständiger Übelkeit. Vor allem hatte er pausenlos vegetative Angstzustände, die ihm ein flaues Gefühl in der Magengrube verursachten. Er war überhaupt nicht arbeitsfähig, so dass ich ihn für mehrere Monate arbeitsunfähig schreiben musste. Er hatte den Plan, von der Firma entlassen zu werden, in der berechtigten Hoffnung, mit einer höheren Abfindung aus dem Unternehmen scheiden zu können. Er hatte deshalb einen sehr kompetenten Rechtsanwalt aufgesucht, der auf solche Fälle spezialisiert ist und von dem er wusste, dass dieser bei entsprechenden Fällen – auch aus seiner Firma – immer Erfolg hatte. Ansonsten war der Patient völlig depressiv und sah keinerlei Hoffnung für sich. Er war latent suizidal, zumal seine letzte Partnerin die Beziehung wegen seiner Depressivität, die für sie nicht mehr auszuhalten war, beendet hatte.

Herr Grote saß ganz grau erscheinend mir gegenüber, so dass ich das Gefühl hatte: Entweder zieht er mich hinunter oder ich baue ihn auf. In mir tauchte innerhalb meines Gefühls eine enorme Wut auf, die ich als das Gefühl des Patienten identifizierte, die sich hinter seiner Depressivität verbarg. Ich wollte dieses Gefühl für ihn nutzbar machen. Ich sagte zu ihm, dass er nun lange genug den ganzen Tag in seinem Bett verbracht und sich dabei einen Actionfilm nach dem andern angeschaut habe. „ Sie dürfen jetzt selbst in Aktion treten, indem sie beginnen, auf eine angemessene Art und Weise Sport zu treiben", sagte ich. „Sport ist für mich Mord", entgegnete er. „Mein Vater hat mich in meiner Jugend immer gezwungen, Tennis zu spielen, weil er Vorsitzender des Tennisclubs war. Seit meinem Auszug aus dem Elternhaus habe ich jeglichen Sport vermieden. Sie werden mich nicht dazu bewegen können." Während er das sagte, wirkte er erstmals ein wenig lebendig und saß aufrechter auf seinem Sessel. „Sie dürfen mich nicht mit Ihrem Vater verwechseln, der bin ich nicht. Ich bin Ihr Arzt und versuche, Ihnen dabei behilflich zu sein, aus Ihrer schweren Depression herauszukommen. Sie fühlen sich niedergeschlagen, wie ein Boxer, der k. o. geschlagen wurde. Sie sind so schwer verwundet, dass Sie sich völlig handlungsunfähig fühlen, wie ein schwer Leidender. Ich kann Ihre Haltung nachvollziehen, sehe es aber als meinen Auftrag an, Ihnen dabei behilflich zu sein, wieder zu Kräften zu finden. Was Sie dann mit Ihren wiedergefundenen Kräften machen, werden Sie selbst herausfinden." „Ich habe mich jetzt in diese sparsame Lebensform hineingefunden und komme so einigermaßen über die Runden. Jeder weitere Schritt darüber hinaus macht mir Angst und ein tiefes Unbehagen. Wenn Sie mich nicht in Ruhe lassen, sehe ich Sie als meinen größten Feind an."

Während er das sagte, wurde er immer wütender. Mir war es gelungen, ihm seine unbewusste Wut zurückzugeben. „Sie verwechseln da etwas", erwiderte ich. „Ihr größter Feind bin nicht ich, sondern Sie selbst, wenn Sie sich so aufgeben. Ich bin Ihr freundschaftlich verbundener Arzt, den Sie in Ihrer verzweifelten Stimmung und Lebenssituation aufgesucht haben, damit ich Ihnen helfe." „Mir ist nicht mehr zu helfen", entgegnete das etwa 50-jährige trotzige Kind, das mir da gegenübersaß. „Es geschieht meinen Eltern ganz recht, dass mir die Finger abfrieren, weil sie mir keine Handschuhe anziehen, sagte der kleine Junge", so mein Kommentar. Herr Grote lachte zum ersten Mal, seit ich ihn kennen gelernt hatte. „Sie freuen sich doch so sehr an der Bewegung, sonst würden Sie doch nicht so gern Action-Filme anschauen", fuhr ich fort. „Sie dürfen die Hauptrolle übernehmen und sich selbst bewegen. Sie sind der Star. Zuschauen ist Leben aus zweiter Hand", so versuchte ich ihn aus der Reserve zu locken. „Nehmen Sie sich doch ein Beispiel an der Dramaturgie der alten Eastern, die Sie so gern sehen. Da läuft das nach dem immer gleichen Strickmuster, dass der Held des Films erst einmal richtig verprügelt wurde und sich dann zu einem Karatemeister begibt, um sich aufzubauen. Ich bin Ihr Karatemeister und helfe Ihnen bei Ihrem Aufbau, so dass Sie eine gute Kampftechnik bekommen. Zu Beginn treiben Sie moderaten Sport, damit Sie überhaupt erst einmal aus Ihrer Depression und Ihrer allgemeinen Jammerhaltung herauskommen. Sie beginnen mit ganz kleinen Einheiten", erklärte ich ihm. „Sie gehen täglich, Ihrem Atemvermögen entsprechend, einen kleinen Weg bergauf. Sie wohnen doch am Fuß des Taunus; genießen Sie die schöne Landschaft und erfreuen Sie sich an Ihrem allmählichen Wachstum. Danach ein heißes Bad, einen schönen Tee, eine Zeit der Ruhe, mit Betrachtung neuer Action-Filme, und danach die zweite Runde. Das wäre jetzt Ihr Aufbauprogramm! Ich habe vor einigen Jahren selbst so angefangen und jogge inzwischen täglich ungefähr eine Stunde. Je älter ich werde, desto fitter werde ich. Und ich bin etwa 15 Jahre älter als Sie, während Sie 30 Jahre älter als ich wirken!" Das saß. Ich hatte ihn an seiner Eitelkeit getroffen. „Wir können auch gern unsere weiteren Therapiegespräche während eines zügigen Spaziergangs führen, damit Sie auf den Geschmack der Eigenbewegung kommen", schlug ich ihm vor. „Das will ich auf keinen Fall", entgegnete er.

Ich hatte aber einen Stachel gesetzt, das war ersichtlich. Wir führten noch etliche Gespräche dieser Art, bis er tatsächlich sein Training aufnahm. Er heuerte dafür einen Personal-Trainer an, der mit ihm jeden zweiten Tag ein Outdoor-Training machte. In den Tagen dazwischen trainierte er allein. Mit diesem täglichen Sport löste sich seine depressive Stimmung immer mehr auf und er wurde insgesamt aktiver und hoffnungsvoller. Es leuchtete ihm ein, nachdem ich ihm umrissen hatte, dass wir Menschen Jäger sind, die sich wie beispielsweise die Hunde und Wölfe sehr gern bewegen, und dass wir uns aufgrund unserer eigenen Domestikation die Bewegungsfreude abtrainiert haben, diese aber allmählich wiedergewinnen können. Der erste Schritt zur Rehabilitation war getan. Nun begann der schwierige Teil, ihn wieder in seinen Beruf zurückzuführen, und das voller Freude. Es war kein leichtes Unterfangen, weil sein Plan völlig anders war und weil er auch gute Chancen hatte, mit einer Abfindung aus dem Unternehmen zu scheiden.

Er schaute sich jetzt nicht mehr so viele Action-Filme an, sondern las ausführlich die Zeitungen und verfolgte politische Sendungen im Fernsehen, hörte auch entsprechende Rundfunksendungen. Er hielt mir während der Therapie-Sitzungen ausführliche Vorträge über wirtschaftliche und politische Zusammenhänge. Es wurde deutlich, dass er ehemals, nach seiner Banklehre, mit großer Freude Volkswirtschaft studiert hatte. „Ich lerne viel von Ihnen aufgrund Ihrer exzellenten Vorträge. Wenn Sie so weitermachen, muss ich Ihnen ein Honorar für unsere Sitzungen bezahlen", sagte ich zu ihm. „Ich kann aber leider das wunderbare Wissen, das Sie mir da vermitteln, nicht nutzen. Insofern ist unser Privatissimum eine Art Glasperlenspiel. Ich würde Ihnen empfehlen, wieder in den Ring zu steigen, Ihre Tätigkeit wieder aufzunehmen und Ihr Wissen in Ihrem Unternehmen für sich zu nutzen. Sehen Sie das Unternehmen, das Sie nun schon so viele Jahre kennen, als eine Bühne an, ein Theaterstück voller Action, und Sie sind der Geheimagent, der für sich mit Freude kämpft und eine wunderbare Schachpartie spielt, bei der Ihr Gewinn darin besteht, dass Sie wieder Lebensfreude und sukzessive einen Aufstieg im Unternehmen gewinnen können. Aber vor allem ist es ein Action-Film, in dem Sie die Hauptrolle spielen. Ihre Gage ist die Lebensfreude, die Ihnen in den letzten Monaten verloren gegangen ist!" „Sie sind ein Teufel, der die Kunst der Verführung beherrscht!", rief er aus. „Aber meine Angst ist zu groß, als dass ich in das Geschäft zurückkehren könnte." Er war sichtlich blass geworden. Die Angst war ihm ins Gesicht geschrieben. „Die haben momentan gar keine Funktion für mich, das geht nicht!" „Gerade das ist Ihre Chance! Gehen Sie hin und fordern Sie eine verantwortungsvolle Tätigkeit ein, die Ihrer bisherigen Position entspricht. Die Firma ist dann im Zugzwang. Ihr Vorgesetzter muss seiner Verpflichtung nachkommen, Sie Ihren Kenntnissen und Ihrem Gehalt entsprechend einzusetzen. Ich kann Sie davon abgesehen auch nicht mehr weiterhin arbeitsunfähig schreiben, Sie müssen wegen Ihrer Versicherung ohnehin in der nächsten Woche zu einem ärztlichen Gutachter gehen, der sich sicher nicht mehr für eine Verlängerung der Arbeitsunfähigkeit ausspricht, und dann bekommen Sie kein Krankentagegeld mehr."

Geld ist ein häufiges Motiv, in Bewegung zu kommen, so auch besonders bei Herrn Grote, der nicht nur ehrgeizig, sondern überhaupt geizig war. Ich legte nach: „Gehen Sie einfach hin. Erst einmal werden Sie gar keine besondere Tätigkeit zugetragen bekommen. Schauen Sie sich die Gruppendynamik Ihres Unternehmens an, studieren Sie die Psychologie Ihrer Vorgesetzten. Spielen Sie Schach mit lebenden Menschen. Sie können nur gewinnen. Wenn es nicht gelingt, so können Sie immer noch mit einer Abfindung das Unternehmen verlassen."

Der Patient verließ mich nach dieser Stunde sehr nachdenklich. Er hatte Feuer gefangen. Schließlich kehrte er in der nachfolgenden Woche doch in sein Unternehmen zurück. Das Vorhaben gelang. Er trat nach außen auf eine ruhige und fordernde Art auf und betrachtete mit großem Interesse die Reaktionen seiner Vorgesetzten. Jetzt nutzte er mein Wissen als Supervisor und ließ sich von mir psychodynamische Strukturen seiner Vorgesetzten erklären. Er lernte praktische Psychologie. Er hatte aus seiner Krise das Beste gemacht: Er hat dazugelernt und geht mit konstruktiver Kampfesfreude in seine Firma.

Dieser Fall liegt schon einige Zeit zurück. Herr Grote schreibt mir gelegentlich noch eine E-mail und berichtet mir von seiner zunehmenden Lebensfreude und auch seinen beruflichen Erfolgen. Vor allem hat er an Selbstsicherheit gewonnen, die ihn sogar wieder dazu brachte, eine neue Beziehung zu einer Partnerin aufzunehmen.

6. Das Leben, ein Spiel – auf Leben und Tod

Denn um es endlich auf einmal heraus zu sagen, der Mensch spielt nur, wo er in voller Bedeutung des Worts Mensch ist, und er ist nur da ganz Mensch, wo er spielt.
Friedrich Schiller,
Über die ästhetische Erziehung des Menschen, 15. Brief.

Berauscht euch! – Gedicht in Prosa
Man muss immer berauscht sein, das ist alles; das ist die einzige Frage. Um die schreckliche Last der Zeit nicht zu spüren, die eure Schultern bricht und euch zur Erde beugt, müsst ihr euch ohne Unterlass berauschen. Aber woran? An Wein, an Poesie, oder an Tugend, woran ihr wollt, nur berauscht euch! Und wenn ihr manchmal erwacht auf den Stufen eines Palastes, im grünen Gras eines Grabens, und die Trunkenheit ist schon vermindert oder geschwunden, dann fragt den Wind, die Welle, den Stern, den Vogel, die Uhr; fragt alles was flieht, alles was seufzt, alles was rollt, alles was singt, alles was spricht, fragt, wie spät es ist. Und der Wind, die Welle, der Stern, der Vogel, die Uhr werden euch antworten, es ist Zeit, sich zu berauschen; um nicht von der Zeit gequält zu werden, ist es Zeit sich zu berauschen; um nicht gequälte Sklaven der Zeit zu sein, berauscht euch, berauscht euch ohne Unterlass mit Wein, mit Poesie, mit Tugend, womit ihr wollt.
Charles Baudelaire

Den Zustand des Rausches, der dem Spiel zugeordnet werden kann, kann man nicht durch Arbeit erreichen, denn Arbeit ist Fremdbestimmung, das Spiel ist eigenmotiviert und erzeugt ein Freiheitsgefühl. Wir leben in und mit Illusionen. Im Begriff Illusionen versteckt sich das lateinische Verb *ludere*. Es bedeutet „spielen". Das deutsche Wort spielen leitet sich vom althochdeutschen *spil* für „Tanzbewegung" ab. Das Spiel ist eine

Tätigkeit, die ohne bewussten Zweck zum Vergnügen, zur Entspannung, allein aus Freude an ihrer Ausübung ausgeführt wird. Wenn man das Gedankenspiel betrachtet, so ist keine äußerliche Tat zu erkennen, und doch ist der denkende Mensch täglich in der äußerlichen Untätigkeit gedanklich tätig.

Ein Großteil der kognitiven Entwicklung und der Entwicklung von psychomotorischen Fähigkeiten findet durch Spielen statt, beim Menschen wie auch bei zahlreichen Tierarten. Es ist etwas Wunderbares, den Liebestanz der Schwäne zu beobachten, wie sie – ritualisiert – gemeinsam im Wasser miteinander tanzen. Eine Primaballerina schwebt. Sie übt täglich, so wie Eichhörnchen in täglicher Lebensübung über die Äste der Bäume schweben. Leben ist Energieumsatz. So wird Kraft entwickelt.

Viele erschöpfte Patienten fragen immer wieder, wie sie denn endlich wieder zu Kräften kommen. Regelmäßig antworte ich, meist mit Freude: „Durch freudige Übung!" Begriffe wie Askese und Exerzitien leiten sich von Übung ab. Wenn man aus der Übung gekommen ist, darf man wieder erneut beginnen. Immer wieder erzähle ich meinen Patienten meinen Standardwitz und kann jedes Mal am meisten darüber lachen: Ein Mann mit einem Geigenkasten steigt in ein Berliner Taxi und fragt den Taxifahrer: „Wie komme ich am schnellsten in die Philharmonie?" „Üben, junger Mann, üben, üben!", antwortet der Taxifahrer lakonisch.

Im Gegenteil zum Spiel steht der Ernst – todernst sagt man. Hunde jagen einander im Spiel; hier ist es die reine Freude, es wird nicht tödlich – im Gegensatz zur Jagd, wenn ein Beutetier erlegt wird. Man hat sich daran gewöhnt, Tätigkeiten eines Menschen oder eines Tieres als ernst zu bezeichnen, wenn sie zweckgebunden sind. In der Zweckgebundenheit dienen die Tätigkeiten unmittelbar der Existenzsicherung, Suchtbefriedigung, Schadensabwendung oder Schmerzvermeidung. Trotz allem kann die Tätigkeit der Tiere, aber auch vieler Menschen, freudevoll ausgeführt werden. Es ist nicht mühselig, sondern spielerisch: man beobachte viele Tiere bei der Nahrungssuche, die Eichhörnchen, Katzen oder Vögel. Es sieht nicht mühselig aus, sondern es hat einen geschmeidigen, spielerischen Charakter. Ein geübter Jongleur, Zauberkünstler, Pianist, eine Sängerin – alle beherrschen ihr Metier scheinbar mühelos.

In seiner Erzählung *Über das Marionettentheater* lässt Heinrich von Kleist seinen Ich-Erzähler den Marionettenspieler fragen, welchen Vorteil Marionetten gegenüber lebendigen Tänzern hätten. Der Marionettenspieler antwortet: „Zuvörderst ein negativer, mein vortrefflicher Freund, nämlich dieser, dass sie sich niemals zierte. – Denn Ziererei erscheint, wie Sie wissen, wenn sich die Seele in irgendeinem andern Punkte befindet, als in dem Schwerpunkt der Bewegung. Da der Maschinist nun schlechthin, vermittelst des Drahtes oder Fadens, keinen andern Punkt in seiner Gewalt hat, als diesen: so sind alle übrigen Glieder, was sie sein sollen, tot, reine Pendel, und folgen dem bloßen Gesetz der Schwere; eine vortreffliche Eigenschaft, die man vergebens bei dem größesten Teil unsrer Tänzer sucht."

Am Ende dieser Erzählung beschreibt Kleist einen Fechtkampf zwischen einem Menschen und einem Bären: „Der Bär stand, als ich erstaunt vor ihn trat, auf den Hinterfüßen, mit dem Rücken an einem Pfahl gelehnt, an welchem er angeschlossen war, die rechte Tatze schlagfertig erhoben, und sah mir ins Auge: das war seine Fechterpositur. [...] Ich fiel, da ich mich ein wenig von meinem Erstaunen erholt hatte, mit dem Rapier auf ihn aus; der Bär machte eine ganz kurze Bewegung mit der Tatze und parierte den Stoß. Ich versuchte ihn durch Finten zu verführen; der Bär rührte sich nicht. Ich fiel wieder, mit einer augenblicklichen Gewandtheit, auf ihn aus, eines Menschen Brust würde ihn ohnfehlbar getroffen haben: der Bär machte eine ganz kurze Bewegung mit der Tatze und parierte den Stoß. [...] Der Ernst des Bären kam hinzu, mir die Fassung zu rauben, Stöße und Finten wechselten sich, mir triefte der Schweiß: umsonst! Nicht bloß, dass der Bär, wie der erste Fechter der Welt, alle meine Stöße parierte; auf Finten (was ihm kein Fechter der Welt nachmacht) ging er gar nicht einmal ein: Aug in Auge, als ob er meine Seele darin lesen könnte, stand er, die Tatze schlagfertig erhoben, und wenn meine Stöße nicht ernsthaft gemeint waren, so rührte er sich nicht."

Das Leben: ein todernster Kampf

Der Kampf zwischen Artgenossen um ihre Vormachtstellung ist, bei Mensch und Tier, todernst. Ich habe einmal in Südafrika zwei Zebras miteinander kämpfen sehen: Der Kampf wurde mit einer Brutalität ausgeführt, die mir bis dahin nicht vorstellbar schien. Auch bei männlichen Katzen kann man diesen Todernst erkennen, wenn sie um ihre Vormachtstellung kämpfen. Es ist dann oft ein Spiel auf Leben und Tod. So kann das Leben grundsätzlich angesehen werden: ein Spiel, welches am Ende das Leben kostet. Jede Sekunde des Lebens ist ein Überlebenskampf! Man spricht von Kampffreude und sogar von Kampfkunst.

Ein wunderbares Beispiel der vollendeten Kampfkunst kann man bei den Shaolin-Mönchen bewundern, die bis ins höchste Alter in täglicher freudevoller Übung eine fantastische Selbstbeherrschung verwirklichen. Die Liebe zum Leben ist Eros. Platon sah für seine „bewusste schöpferische Auseinandersetzung mit der Natur und der Gesellschaft" die Muße als Grundbedingung. Von der Antike bis ins Mittelalter galt: Nur wer sich alltäglichen Mühen und Arbeitszwängen entzieht, hat Zeit, seinen Bedürfnissen zu frönen, und den Kopf frei für neue Erkenntnisse und kreatives Handeln. Unter Zwang entsteht keine Kreativität. Sagt man einem Kind, dass es jetzt nun endlich schlafen soll, so wird es immer wacher und aufgeregter. Weltweit werden Kinder gedrillt, schlafen zu müssen, damit sie in der Schule am nächsten Tag leistungsfähig sind.

Jedem Kind sind Neugier und Lust zum Spiel angeboren. Sie gelten entwicklungspsychologisch gesehen als Hauptantriebkraft der frühkindlichen Selbstfindung und späteren Sozialisation des Menschen. Der Mensch reflektiert, erforscht und erkennt die Welt zuerst im Kinderspiel. Es kann auch einen heiligen Ernst des Spieles geben: Das Spiel enthält dann kultische und religiöse

Züge. Unser heutiges Theater ist aus dem Kult entstanden. In der griechischen Mythologie erfanden die Götter das Spiel. Hermes, Götterbote, Gott der Diebe und der Kaufleute, der Seelenwäger und Seelenführer ins Reich der Toten, soll den Würfel zum Zweck des Spielens entwickelt haben. Die Olympischen Spiele in Griechenland fanden Zeus zu Ehren statt. Und doch gab es bei den Olympischen Spielen auch massiven Spielbetrug.

Im Spiel können wir uns berauschen

Wenn man heutzutage an Rausch denkt, kommt sofort die Assoziation zu Drogen. Alltäglich Alkohol und Nikotin; außerhalb der Legalität Heroin, Kokain. Alle diese Drogen wirken – wie auch Sex – am Belohnungszentrum des Gehirns, dem *Nukleus accumbens*. Wenn dieser durch die verschiedenen Drogen getriggert wird, dann wird darüber vermehrt der Neurotransmitter Dopamin ausgeschüttet, der maßgeblich daran beteiligt ist, dass wir uns gut oder sogar rauschhaft fühlen. Aber auch Neugierverhalten und vor allem das Spiel können einen Rauschzustand erzeugen.

Der Psychologe Mihaly Csikszentmihalyi entwickelte Mitte der siebziger Jahre die Psychologie des *Flow*. In seinem Buch *Das Flow-Erlebnis. Jenseits von Angst und Langeweile im Tun aufgehen* beschreibt er den Zustand des *Flow*, eine Art Rauschzustand, der sich nur dann einstellt, wenn der Mensch das Freiheitsgefühl des Spiels hat. *Flow* (engl. „fließen, rinnen, strömen") bedeutet das Gefühl des völligen Aufgehens in einer Tätigkeit. Im Deutschen kann man das einen Schaffens- oder Tätigkeitsrausch nennen, eine Funktionslust. Csikszentmihalyi beschreibt den *Flow* wie folgt: Die Aktivität eines Menschen, der sich im Flow-Zustand befindet, hat deutliche Ziele. Die Tätigkeit während des *Flow* hat ihre Zielsetzung in sich selbst. Man ist fähig, sich auf sein Tun zu konzentrieren. Anforderung und Fähigkeit stehen im ausgewogenen Verhältnis, so dass keine Langeweile oder Überforderung aufkommt. Man hat das Gefühl von Kontrolle über seine

Aktivität und ein Gefühl der Mühelosigkeit. Die Sorgen um die eigene Person verschwinden. Das Gefühl für Zeitabläufe ist verändert. Handlung und Bewusstsein verschmelzen. *Flow* ist etwas anderes als „fun" oder „kick", also anders als ein kurzer Nervenkitzel, also nicht nur eine rasch abflauende, aufgeputschte Erregung, sondern eine länger andauernde Euphorie. *Flow* kann als Zustand beschrieben werden, in dem Aufmerksamkeit, Motivation und die Umgebung in einer Harmonie zusammentreffen. Der Zustand ist zu vergleichen mit der *Unio Mystica* der Mystiker oder dem Ozeanischen Gefühl, wie Sigmund Freud es bezeichnete. Es ist ein Gefühl der Versenkung, der Einheit, der Freude.

Um sich bei einer Tätigkeit in den Flow-Zustand zu versetzen, muss der Mensch diese Tätigkeit auch gern ausführen. Gleichzeitig muss die Anforderung so hoch sein, dass sie seine volle Konzentration erfordert. Sie darf jedoch nicht so hoch sein, dass er überfordert ist, denn dann ist die wichtige subjektiv empfundene Mühelosigkeit nicht mehr gegeben. Durch das Eintreten in eine solche Phase entsteht eine Selbstvergessenheit, weil die Aufgabe die ganze Aufmerksamkeit erfordert. Alle Bewegungsabläufe werden in harmonischer Einheit durch Körper und Geist mühelos erledigt. Diesen Zustand kann man beispielsweise auch schon bei einfachsten Yoga-Übungen oder bei regelmäßigen Sportausübungen erzielen. Die Tätigkeit, die man gerade ausführt, geht wie von selbst. Die Tätigkeit wird wegen der Tätigkeit ausgeführt, also wegen des guten Gefühls und weil es Freude bereitet und nicht wegen bestimmter zweckgebundener Ziele. Arbeit ist dagegen eine Tätigkeit, die man wegen der materiellen „Belohnung" ausführt, also um Geld zu verdienen. Die moderne Psychophysiologie und Neurobiologie hat grundlegende Erkenntnisse darüber zusammengetragen, dass die Arbeit an sich kein gutes Gefühl erzeugt – man stellt sich damit nicht selbst und unmittelbar zufrieden. Nur das, was freiwillig und spielerisch geschieht, erzeugt ein gutes Gefühl. Arbeit ist Zwang: Du musst! Gegen den Zwang entwickelt sich Widerstand. Spielen will man! Nur mit dem, was man will, ist man identifiziert; nur so ist man mit sich selbst eins und fühlt sich gut!

Alle Säugetiere, und so auch der Mensch, verfügen über ein sogenanntes Belohnungszentrum. Alle Phasen der Lust spielen sich hauptsächlich in einem kleinen Hirnareal ab: im Nukleus accumbens, dem sogenannten „Belohnungssystem". Die Evolution hat diesem Nervenknoten eine entscheidende Rolle zugeteilt. Er verbindet lebenswichtige Vorgänge wie Essen, Trinken und Sex mit einem Lustgefühl. Der Nukleus accumbens ist eine Kernstruktur im unteren basalen Vorderhirn. Er spielt eine entscheidende Rolle im „Belohnungssystem" des Gehirns sowie bei der Entstehung von Sucht. Der Nukleus accumbens gehört zum mesolimbischen System, das sehr stark in emotionale Lernprozesse eingebunden ist. Hierzu wurden verschiedene Experimente durchgeführt. Affen wurden für ein bestimmtes Verhalten mit süßem Saft belohnt – also mittels einer operanten Konditionierung. Man stellte fest, dass nach einiger Zeit allein die Ausführung des erlernten Verhaltens die Affen glücklich machte. In anderen Experimenten mit gleichem Aufbau konnte gezeigt werden, dass die dopaminergen Neurone auf einen bestimmten (mit einer Belohnung verbundenen konditionierten) Reiz hin so lange feuerten, bis die Belohnung erfolgte. Die mesolimbische Bahn fördert durch Glücksgefühle das Verstärken bestimmter Verhaltensmuster, die mit Belohnung in Verbindung stehen. Dazu ist im Ensemble mit anderen Nervenbotenstoffen vor allem Dopamin wichtig und notwendig. Dopamin sorgt jedoch nicht selbst für den Kick, sondern setzt gleichsam hinter alles Erlebte ein Ausrufezeichen: Das hier, was du gerade tust, dieser Ort, dieser Geschmack, dieser Geruch! – das ist immens wichtig, sagt der Dopaminschub dem Spieler. Das „Belohnungszentrum" verknüpft die Umstände der Tätigkeit mit der Psychomotorik. Schöne Erlebnisse lösen über das Dopamin, Adrenalin und Serotonin eine wohlige Gefühlskaskade im Belohnungszentrum des Gehirns aus. Im Volksmund gilt das Dopamin als das Glückshormon, das dann auch beim intensiven Flow-Erlebnis ausgeschüttet wird.

Der niederländische Kulturhistoriker Johan Huizinga untersucht in seinem Werk *Homo ludens* die Rolle des Spiels in allen

Bereichen der Kultur, besonders in Recht, Wissenschaften, Kunst und Philosophie. Das Spiel wird als zentraler, selbstständiger Kulturfaktor erwiesen und die Neigung zum Spiel als Ursprungsort aller großen kulturellen Bildungen angesehen. Huizinga grenzt allerdings seine Auffassung ausdrücklich von der kurzschlüssigen Hypothese ab, die Kultur überhaupt gehe im Zuge eines Entwicklungsprozesses aus Spiel hervor. Er möchte vielmehr zeigen, dass Kultur in Form von Spiel entsteht. Kultur wird seiner Ansicht nach anfänglich gespielt. In ihren Spielen bringt die soziale Gemeinschaft ihre Deutung des Lebens und der Welt zum Ausdruck. Dies ist nicht so zu verstehen, dass Spiel in Kultur umschlägt, vielmehr dass der Kultur in ihren ursprünglichen Phasen etwas Spielmäßiges eigen ist, ja dass sie in den Formen und der Stimmung eines Spiels aufgeführt wird.

Roger Callois, ein französischer Ludologe – welch ein wunderbares Wort für einen Spielforscher –, hat sechs fundamentale Regeln eines Spiels definiert:

Es gibt eine freiwillige Zusammenkunft der Spieler. Spielen ist unproduktiv und ein räumlich und zeitlich begrenztes „Ereignis". Organisierte Spiele haben ein durch ein Regelwerk festgelegten Ablauf. Man lebt während des Spiels in einer fiktiven Wirklichkeit. Das Spiel hat einen offenen Ablauf und ein ungewisses Ende. Er unterscheidet Agon (Wettkampf), Alea (Zufall), Mimikry (Maske) und Ilinx (Rausch). Unsere Gesellschaft und viele Menschen sind im Agon verstrickt, mit oft katastrophalen Konsequenzen, wie folgendes Fallbeispiel illustrieren kann:

Herr Fantomas, in einen tödlichen Wettkampf verstrickt

Bei diesem Patienten ist es ganz evident, dass ich ihm diesen Fantasienamen gegeben habe, wie allen anderen Patienten dieses Buches auch. Dieser Name verweist auf seine unbewusste Problematik. Er lebte als Phantom. Sein ganzes Leben war fantastisch, allerdings nicht im allzu positiven Sinn. Er war ein sehr erfolgreicher Jurist und lebte für die Jurisprudenz. Er lebte für seinen Beruf und opferte sich dafür auf. Aber er war dabei nicht glücklich und empfand seine Tätigkeit im negativen Sinn als Arbeit. Er fühlte sich immer getrieben. Wenn er mit seinen Mandanten im Gespräch war, schweiften seine Gedanken oft ab, so dass er oft nachfragen musste. Auch beim Studium der Gerichtsakten war er meist unkonzentriert und wie abwesend. In seiner beruflichen Karriere hatte er sowohl in der Schule als auch im Studium beste Abschlüsse gemacht, aber immer war er nur auf den zweiten Platz gekommen. Er fühlte sich überall als Zweiter, nie kam er auf den ersten Platz. Auch in seiner Jugend, als er sehr aktiver Sportler war, kam er meist nur auf den zweiten Platz. Sieger wurde er nie. Für seine Mandanten kämpft er dagegen so erfolgreich, dass er ein sehr gefragter Jurist in seinem Fachgebiet ist. Er arbeitete sehr viel, aber gequält, und fühlte sich ständig überanstrengt.

Wir kamen recht bald auf des Rätsels Lösung, warum Herr Fantomas sich so getrieben und arbeitssüchtig fühlte. Er lebte nicht sein eigenes Leben, sondern das Leben eines Phantoms. Seine Mutter kam aus einer angesehenen Juristenfamilie, die seit fünf Generationen erfolgreiche Juristen in der weit verzweigten Familie aufwies. Sie hatte einen Zwillingsbruder, der auch eine sehr erfolgreiche Karriere als Jurist begonnen hatte und im internationalen Recht für eine Weltorganisation tätig war. Dieser Onkel des Patienten war das große Idol seiner Mutter. Diese hatte aber ein ambivalentes Verhältnis zu ihrem Bruder: Sie verehrte ihn und war gleichermaßen neidisch auf ihn. Sie wollte den Bruder übertrumpfen, aber nicht sie selbst, sondern ihr Sohn, mein Patient, sollte ihn übertrumpfen. Die Mutter hatte Herrn Fantomas auf eine sehr feine indirekte Art sein Leben lang so manipuliert, dass er ebenfalls Jurist werden und ebenfalls ins internationale Recht einsteigen sollte, auch seine Sportarten waren die des Onkels gewesen, der im Gegensatz zu seinem Neffen immer Sieger geworden war.

Herr Fantomas hatte sogar denselben Vornamen wie sein Onkel und lebte gleichsam als Phantom; es war nicht sein

Leben, das er führte. Er war eine „Als-ob-Persönlichkeit" und war für sich selbst nicht authentisch. Das war ihm bisher alles nicht bewusst gewesen und wurde ihm im Laufe der Psychotherapie allmählich offenbar.

Er war immer verzweifelter geworden und hatte mich deshalb aufgesucht, nachdem er einen jüngeren Partner in seine Kanzlei aufgenommen hatte, mit dem er sich gedanklich ständig auseinandersetzte. Es war für ihn ein Zwang, den Partner ständig mit Argusaugen zu beobachten und vor allem zwanghaft zu konstatieren, wie effizient und wie viel der jüngere Partner arbeitete. Er befand sich mit ihm in einem inneren Wettkampf, wer nun der bessere Arbeiter auf dem gemeinsamen Gebiet war. Ständig hatte er Angst, dass der Partner ihn überholen könnte, besser wäre, und dass die Mandanten nur noch zum Partner wollten. Der Partner war innerhalb der unbewussten Übertragung Herrn Fantomas der aktuelle Onkel geworden.

Mir fiel das Märchen vom Hasen und dem Igel ein. Herr Fantomas war der Hase, während sein Introjekt, der Onkel, und sein Partner Herr und Frau Igel waren, die immer riefen: „Ich bin all hier!" Zur Erinnerung an das Märchen der Gebrüder Grimm: Der Hase und der Igel verabredeten einen Wettkampf, wer von beiden der Schnellste sei. Der Igel manipulierte das Geschehen, indem er sich selbst an das eine Ende der Wettkampfstrecke positionierte und seine Frau – als Herrn Igel verkleidet – an das andere Ende der Ackerfurche, die die Rennstrecke bildete. Immer wenn der Hase ankam, rief ein Igel, für den Hasen dieselbe Figur, dass er schon hier war und der Hase der ewig Zweite blieb. Im Märchen ist der Hase nach 74 Runden totgehetzt. Herr Fantomas war kurz davor, sich aus dem Spiel zu hetzen. Ich erzählte ihm das Märchen und die Bedeutung des Märchens für ihn. Er verstand es und begann allmählich aus diesem inneren tödlichen Wettkampf auszusteigen. Im Wesentlichen half ihm meine Metapher, dass er die Ackerfurche nicht mehr als Wettkampfstrecke ansehen sollte, sondern als sein Lebensfeld, das er mit Freude bestellen könnte.

Er antwortete, dass er verstehe, sich selber grundsätzlich um-
zupflügen. Er begann, sein todernstes Spiel zu verstehen und
Spielfreude zu entwickeln.

Es gibt viele Spielformen. In unserer Gesellschaft wird wenig gespielt, sondern gearbeitet

Man kann viele Spielformen unterscheiden: beispielsweise Be-
wegungsspiele, zu denen unter anderem die Ball-, Kugel-, Kegel-,
Versteck- und Fangspiele gehören. Es gibt außerdem Ruhespiele,
die der Schärfung der Beobachtung und der Aufmerksamkeit
und der Betätigung des Geistes dienen. Es gibt Gesellschafts-
spiele, wozu Karten- und Brettspiele gehören. Die Wettkampf-
spiele dienen dem Messen mit den Fähigkeiten anderer. Die Wett-
kampfspiele haben wir verinnerlicht; wir befinden uns meistens
im Wettkampf mit uns selbst, indem wir ein Ideal von uns haben,
dem wir uns ständig unterwerfen und in dem wir uns ständig mit
uns selbst messen.

Bei den Funktionsspielen steht die Freude an der Bewegung
im Vordergrund. Die Informationsspiele befriedigen unser Neugierverhalten, was auch zu einer vermehrten Dopaminausschüt-
tung führt. Viele Informationsspiele können als Lernspiele dienen. Wenn wir am Strand eine Sandburg bauen, so betreiben wir
ein Konstruktionsspiel.

Sehr wichtig, vor allem bei unserem Bestreben, nicht mehr
arbeiten zu wollen, ist das Illusionsspiel, das „Als-ob-Spiel". Ich
bilde mir etwas ein. Ich spiele, als ob ich ein anderer wäre. Das ist
im Grunde das, was der Schauspieler tut und was in das Rollen-
spiel übergeht, das kindliche „Vater-Mutter-Kind-Spiel".

Meist hat das Spielen einen zwanglosen Charakter, doch kann
der sogenannte Spieltrieb des Menschen in eine Sucht ausarten.
Auch kann aus jedem Spiel Ernst werden, wie der altbekannte
Kalauer es formuliert: „Aus Spiel wurde Ernst, und Ernst lernt
jetzt laufen." So ist das Betreiben von Fußball nicht als spielerisch
zu werten, wenn es dem Berufsspieler vornehmlich zum Geld-

erwerb dient. Dann ist das Arbeit, weshalb es dem Ausübenden mitunter an der Spielfreude mangelt.

Seit der uns bekannten Existenz von Spielen ist ersichtlich, dass Menschen auch um Sachwerte, anfangs um Naturalien, mit Aufkommen der ersatzweisen Zahlungsmittel um Geld gespielt haben. Mit diesem Vermögenseinsatz war der Begriff Wette geschaffen. Es entwickelten sich allerdings nicht nur die Anlässe, bei denen gespielt wurde, sondern auch die Formen des Spiels und die Einsätze. Manche Germanenstämme setzten Weib und Kind ein, ja setzten sich sogar selbst mit Verschreiben ihres Leibs und ihrer Seele aufs Spiel, was in Einzelfällen bis in die Sklaverei führte, also zur Leibeigenschaft. Im Grunde ist jedes Spiel ein Lernspiel. Ähnlich sieht es mit dem Sprachspiel aus, ein Begriff, der jedem vertraut ist. Gleichwohl ist das Spiel eine der bedeutendsten Möglichkeiten kindlicher Förderung und therapeutischer Bemühungen. Im Altertum nahmen die großen öffentlichen Kampfspiele die oberste Stelle ein, aber auch gesellige Spiele – vor allem bei den Griechen (bei Trinkgelagen der „Weinklatsch" Kottabos) – hatten ihren Platz im Alltag. Es ist zu vermuten, dass die großen Feldherren seinerzeit den Göttern des Glücks folgten; sie machten ihre Kriegsstrategien oft vom Ausgang eines zuvor erfolgten Spiels abhängig. Nach alten Überlieferungen gab es königliche Lotto-Generaldirektoren. Oft wurden Kriege mittels ausgerufener Lotterien finanziert, denen damals der heutige Glücksspielcharakter fehlte. In frühgeschichtlicher Zeit waren Spiele häufig von der Magie bestimmt. Der Wurf eines Loses oder eines Würfels war meist als ein Versuch zu werten, den göttlichen Willen oder Unwillen zu ermitteln.

Der Mythos des Sisyphos – ein absurdes Spiel

Wenn man so will, ist jedes Spiel absurd. In der Benennung der Absurdität des Spiels ist eine Wertung enthalten. Lassen wir die Wertung beiseite, und schauen wir uns Albert Camus' Essay *Der Mythos des Sisyphos* als ein Theaterspiel an, so wie Samuel

Becketts berühmtes Theaterspiel *Warten auf Godot*. Im *Mythos des Sisyphos* entwickelt Camus seine Philosophie des Absurden. Für ihn befindet sich der Mensch in einer absurden Situation. Das Absurde besteht in seiner Sicht in dem Spannungsverhältnis zwischen der Sinnwidrigkeit der Welt einerseits und der Sehnsucht des Menschen nach einem Sinn oder nach sinnvollem Handeln. Ich gestatte mir, wie es heute nahezu jeder Theaterregisseur tut, Camus' Essay ein wenig umzuformulieren, damit die spielerische Lebensfreude (noch) besser dargestellt wird: So sehen wir, wie Sisyphos' angespannter Körper sich anstrengt, den gewaltigen Stein anzuheben, ihn hinaufzuwälzen und mit ihm wieder und wieder und wieder einen Hang zu erklimmen, wir sehen das Gesicht, die Wange, die sich an den Stein presst, wir sehen, wie die eine Schulter den erdbedeckten Koloss abstützt, wie ein Fuß sich gegen ihn stemmt und der Arm die Bewegung aufnimmt, wir erleben die ganz menschliche Sicherheit zweier erdbeschmutzter Hände. Schließlich ist nach dieser Anstrengung, die sich in einem Raum ohne Himmel und einer Zeit ohne Tiefe abspielt, das Ziel erreicht. Und nun sieht Sisyphos, wie der Stein innerhalb weniger Augenblicke in die Welt hinabrollt, aus der er ihn wieder hoch auf den Gipfel wälzen darf – und das ist das Entscheidende, er darf, er will, aber er muss nicht! Er geht in die Ebene hinunter. Während er hinuntergeht, sammelt er Kräfte. Er lockert sich auf. Er atmet durch, entspannt sich, frei von der Last. Die Last wird zur Lust. Diese Stunde, die gleichsam ein Aufatmen ist und ebenso wiederkehrt wie die vorangegangene Kraftanstrengung, ist eine besonders schöne, bewusste Stimmung, eine Stimmung des Flow. In diesen Augenblicken, in denen er den Gipfel verlässt und Kraft sammelt, ist er seinem Schicksal der Mühe überlegen. Er ist stärker als sein Fels. Wenn der Abstieg an manchem Tag von Schmerz dominiert wird, so kann er doch auch von Freude begleitet sein.

Ich stelle mir Sisyphos vor, wie er zu seinem Stein zurückkehrt und der Schmerz von Neuem beginnt. Glück und Absurdität sind Kinder ein und derselben Erde. Sie sind untrennbar. Darin besteht die verborgene Freude des Sisyphos. Sein Fels ist seine Sache. Der absurde Mensch sagt Ja, und seine Anstrengung hört nicht mehr auf. Er weiß sich als Herr seiner Tage. In diesem Augenblick, in dem der Mensch sich seinem Leben zuwendet, betrachtet Sisyphos, der zu seinem Stein zurückkehrt, die Reihe unzusammenhängender Handlungen, die sein Schicksal werden, als von ihm geschaffen, als sein eigenes, von ihm kreiertes Lebensspiel. Sisyphos findet, dass alles gut ist. Dieses sein eigenes Universum, das keinen Herrn mehr kennt, selbstbewusst ist und voller Selbstvertrauen, kommt ihm weder unfruchtbar noch wertlos vor. Jedes Gramm dieses Steins, jedes mineralische Aufblitzen in diesem in Nacht gehüllten Berg ist eine Welt für sich. Der Kampf gegen Gipfel vermag ein Menschenherz auszufüllen. Wir müssen uns Sisyphos als einen glücklichen Menschen vorstellen (etwas modifiziert nach Camus).

Herr Laug, durch Kränkung krank

Dieser Patient hatte mich hauptsächlich wegen schwerer Rückenschmerzen vor längerer Zeit aufgesucht. Die Schmerzen waren so ausgeprägt, dass ich ihn deshalb in eine psychosomatische Klinik einweisen musste. Nach der Entlassung aus der Klinik ging es ihm deutlich besser, und nach einigen Wochen mit weiterer ambulanter Psychotherapie hatte er erst einmal die Therapie bei mir beendet, nicht zuletzt deshalb, weil er es aufgrund seiner familiären und beruflichen Anforderungen zeitlich nicht schaffte, noch diesen zusätzlichen Termin einzuhalten.

Er hatte zunächst eine Banklehre gemacht und dann noch anschließend BWL studiert und war seit etlichen Jahren im mittleren Management einer Bank tätig. Seine Rückenschmerzen hatten begonnen, nachdem er mehrere Jahre sehr erfolgreich in einer Abteilung der Bank tätig gewesen war, die dann aufgrund von Umstrukturierungsmaßnahmen aufgelöst wurde. In der neuen Tätigkeit fühlte er sich nicht wohl, vor allem konnte er es nicht verstehen, dass diese Abteilung, die so erfolgreich

– nicht zuletzt durch seinen großen Einsatz – war, aufgelöst worden war. Er hatte den Sinn dieser Maßnahme nicht verstanden. Er fühlte sich damals ohnmächtig wütend, dass unter der Führung eines neuen Vorstandes seine Abteilung nur deshalb aufgelöst wurde, weil dieser am grünen Tisch ein neues Konzept entwickelt hatte, in das diese Abteilung nicht hineinpasste. Es konnte ihm verdeutlicht werden, dass er sich, wie so oft in seiner Kindheit durch beide Eltern, ungerecht behandelt fühlte und seine ohnmächtige Wut unbewusst zurückhielt und deshalb die ausgeprägten Rückenschmerzen entwickelte, weil seine Rückenmuskulatur aufgrund dieser Zurückhaltung bretthart und aufgrund multipler Triggerpoints im gesamten Rücken schmerzhaft geworden waren. Jetzt suchte er mich erneut auf, weil er wieder Rückenschmerzen entwickelt hatte und darüber hinaus von einem tiefen Gefühl der Sinnlosigkeit überwältigt war.

Er war resigniert und grübelte ständig, was er tun könnte, wenn er von seiner Bank entlassen würde. Er war Anfang 50 und meinte, überhaupt keine Chancen auf dem Arbeitsmarkt in seiner Position zu haben. Er war besessen von der Angst, entlassen zu werden. Die jetzige Krise war dadurch ausgelöst worden, dass er vor einigen Monaten eine schlechte Beurteilung durch seinen Vorgesetzten bekommen hatte, was er als eine Intrige verstand, weil seine Leistungen objektiv beurteilt sogar noch besser als zuvor waren. Intellektuell war ihm klar, dass diese negative Beurteilung durch einen Vorgesetzten induziert war, der innerhalb der Hierarchie der Bank zwei Etagen über ihm war und der oft mit Untergebenen so umging, um diese klein zu halten.

Ich konnte mit Herrn Laug sehr schnell aufgrund seiner bisherigen Psychotherapieerfahrung klären, dass er sich erneut ohnmächtig wütend fühlte und diese Wut wieder gegen sich selbst richtete. Erneut sprach ich mit ihm ausführlich darüber, dass er sich ähnlich verprügelt fühlte wie damals als Kind. Seine Mutter war sehr jähzornig und schlug ihn oft. „Sie fühlen sich wieder wie als Kind ungerecht behandelt, geschlagen und ohnmächtig wütend. Als Kind konnten Sie nicht zurückschlagen. Aber jetzt könnten Sie es, wenn Sie sich mit dem Betriebsrat und mithilfe eines Anwalts für Arbeitsrecht gegen die ungerechte Beurteilung zur Wehr setzten", sagte ich zu ihm. „Um Gottes Willen, dann haben die mich ja noch mehr auf dem Kieker und dann ist meine Entlassung schon so gut wie beschlossen!", rief er ängstlich aus. „So leicht ist das mit Ihrer Entlassung in Ihrer Position nach so langer Betriebszugehörigkeit bei Ihrer Bank nicht", entgegnete ich. „Im Gegenteil", fuhr ich fort, „je weniger Sie sich zur Wehr setzen, desto weniger respektiert man Sie und desto mehr haut man auf Sie drauf. Das ist ein biologisches Prinzip. Natürlich müssen Sie mit feinsten Waffen kämpfen, also mit juristischem Degen, und nicht affektiv wütend herumschlagen. Aber momentan wenden Sie Ihre Aggressionen gegen sich selbst, indem Sie diese zurückhalten und wieder Ihre Rückenschmerzen haben, und andererseits sind Sie autoaggressiv, indem Sie ständig darüber nachgrübeln, dass Sie entlassen werden. Das ist ohnehin eine gedankliche Verdrehung. Eigentlich möchten Sie den Vorgesetzten aus dem Hochhaus Ihrer Bank hinunterstürzen. Das wagen Sie noch nicht einmal zu denken, so dass Sie dann unbewusst dieser Grübelzwang beherrscht, dass Sie entlassen werden könnten. Es ist nichts anderes als in Ihrer Kindheit, wenn Ihre Mutter Sie geschlagen hatte und Sie sie am liebsten ermordet hätten, den Gedanken verdrängt und dafür Ihren Tick entwickelt haben."

Als Kind hatte er einen Tick, indem er den Kopf immer verdrehte, wofür er oft gehänselt wurde, und außerdem biss er seine Fingernägel bis aufs Blut ab. „Das behaupten Sie so, vielleicht stimmt es ja auch nach Ihrer Theorie, aber die wollen mich sowieso abschießen, und wenn ich mich jetzt wehre, dann werden die alles tun, um mir unentwegt Fehler anzuhängen, so dass ich mich vor lauter Angst nicht mehr konzentrieren kann und dann wirklich Fehler mache", sagte er verzweifelt. „Sie sind wie ein Jagdhund, den man zur Jagd tragen muss", versuchte ich ihn zu provozieren. Ich hatte ihn gekitzelt und er biss an. „Sie haben recht, morgen setze ich mich mit dem Betriebsrat in Verbindung und außerdem versuche ich Kontakt mit dem Anwalt für Arbeitsrecht aufzunehmen, den Sie mir genannt haben", sagte er halb ängstlich, halb kämpferisch.

Wir führten in der Folge viele Dialoge dieser Art, wobei mein Ziel darin bestand, diesem Patienten die Freude an der Kampfkunst wieder zu vermitteln. Er hatte in seiner Jugend eine asiatische Kampfkunst erlernt und es damals auch zu einer Meisterschaft gebracht. Es gelang ihm aber nicht, diese sportliche Kampfkunst psychologisch in sein Leben zu integrieren. In diesem Sport war er sehr gut, wie auch fachlich und beruflich. Aber außerhalb des Sports hatte er die kindlich-ängstliche Haltung vor seiner Mutter noch nicht aufgegeben. Unbewusst war er von Angst beherrscht.

Das Ziel der jetzigen Therapie bestand jetzt darin, ihm endlich behilflich zu sein, ihm die Freude am Lebenskampf zu vermitteln und nun speziell mit seinem Vorgesetzten in den Ring zu steigen. „Wenn Sie so weitermachen wie bisher, dann machen Sie Ihrem Namen Ehre: Sie werden bald ausgelaugt sein, Herr Laug", sagte ich. „Auf gar keinen Fall wird das geschehen", entgegnete er, „ich mache den Vorgesetzten platt!" Mit Begeisterung las er auf mein Anraten die Essays von Wolf Wondratschek über den Boxsport *Im Dickicht der Fäuste*. Vor allem der Kampf von Max Schmeling gegen Joe Louis hatte es ihm angetan, als dieser den amerikanischen Bomber mit K. o. besiegte, obwohl niemand Max Schmeling eine Chance eingeräumt hatte, niemand außer Max Schmeling selbst. Und er hatte sie genutzt!

Das Examen – ein Spiel

Peter hatte mich im Winter 2009 aufgesucht, weil er vor seinem Staatsexamen seines Jurastudiums ausgeprägte Angst hatte. Er war damals 29 Jahre alt und schon seit 18 Semestern immatrikuliert. Er war bereits einmal durch das Staatsexamen gefallen; er hatte nur noch die eine Möglichkeit, es zu bestehen – wenn er beim zweiten Mal durchfiel, hatte er keine weitere Chance mehr, weil es die Prüfungsordnungen so vorgeben.

Er hatte etliche Zeit damit verbracht, sich vor dem zweiten Versuch des Examens zu drücken, vor etwa einem Jahr hatte er einen Anlauf gemacht, sich dann aber doch nicht zur Prüfung angemeldet, weil er Angst hatte, erneut durchzufallen und somit alles zu verspielen. Er hatte dann wieder begonnen, Haschisch zu konsumieren, was er etwa seit dem 16. Lebensjahr mit vielen Unterbrechungen immer wieder in starkem Maße getan hatte und auch jetzt noch tat. Er wollte jetzt mit meiner Hilfe doch noch das Staatsexamen angehen. Er hatte meine Adresse von einer früheren Patientin bekommen, die ihre Examensängste mit meiner Hilfe verloren hatte und schlussendlich ihre Examina bestand. Peter war sich auch nicht mehr so sicher, ob er unbedingt mit Jura für immer zufrieden werden könnte, aber er wollte die bisher investierte Mühe doch nicht gänzlich umsonst in die Jurisprudenz eingebracht haben und das Studium zum Abschluss bringen.

Ihm stand die Angst ins Gesicht geschrieben. Bei Peter war eine starke neurotische Angst zu konstatieren. Er hatte das Studium und das Examen als sein inneres großes Ziel aufgebaut, und wenn er es nicht erreichte, wäre er „bei sich selbst durchgefallen“. Der ehemals äußere Konflikt, Schularbeiten machen zu müssen und das Ziel der Schule zu erreichen, wie es ihm in seiner Sozialisation implantiert worden war, war jetzt – wie bei uns allen, mehr oder weniger ausgeprägt – verinnerlicht. Er hatte die Freude am Lernen verloren; die Angst vor dem Misserfolg des Studienerfolgs war um ein Vielfaches größer als irgendeine Freude oder Neugierde oder Interesse am Jurastudium. Das Ziel – also das Examen – war vorherrschend. Peter war überwältigt von diesem Ziel und davon, das Ziel nicht erreichen zu können. Unbewusst schlug er psychologisch auf sich ein.

Was ich hier so kurz verdichtet dargestellt habe, versuchte ich Peter zu verdeutlichen, wofür er sehr empfänglich war. Es wurde ihm deutlich, dass er nur noch zielorientiert lebte und vor dem Ziel den Weg nicht mehr sehen konnte, mit all seinen Schönheiten. Ich erzählte ihm den Witz, wie die Familie Dummy im Auto sitzt und den Crash-Test erwartet. Die Kinder fragen von hinten: „Wann sind wir denn endlich da?" Der Vater deutet auf die Mauer und erwidert: „Dort, meine lieben Kinder!" Es wurde also das Thema unserer ersten Stunden, Peter zu verdeutlichen, dass es viele Lebensmöglichkeiten außerhalb der Jurisprudenz gibt und dass das Leben vor allem interessant und freudevoll gelebt werden sollte, weil es nur dann ein schönes Leben sein könnte. Ich zitierte aus Goethes *Faust*, dem zweiten Teil, die Sorge:

Sorge:
Würde mich kein Ohr vernehmen,
Müsst' es doch im Herzen dröhnen;
In verwandelter Gestalt
Üb' ich grimmige Gewalt:
Auf den Pfaden, auf der Welle,
Ewig ängstlicher Geselle,
Stets gefunden, nie gesucht,
So geschmeichelt wie verflucht! –
Hast du die Sorge nie gekannt?

Nachdem ihr Faust geantwortet hat, spricht die Sorge weiter:

Sorge:
Wen ich einmal mir besitze,
Dem ist alle Welt nichts nütze:
Ewiges Düstre steigt herunter,
Sonne geht nicht auf noch unter,
Bei vollkommen äußern Sinnen
Wohnen Finsternisse drinnen,
Und er weiß von allen Schätzen
Sich nicht in Besitz zu setzen.

Glück und Unglück wird zur Grille,
Er verhungert in der Fülle,
Sei es Wonne, sei es Plage,
Schiebt er's zu dem andern Tage,
Ist der Zukunft nur gewärtig,
Und so wird er niemals fertig.

Und schließlich Fausts wunderbare Antwort:

Faust:
Hör auf! so kommst du mir nicht bei!
Ich mag nicht solchen Unsinn hören.
Fahr hin! Die schlechte Litanei,
Sie könnte selbst den klügsten Mann betören.

Fausts Antwort ist genau die Botschaft, die Jesus in der Bergpredigt vermittelt: „Sorgt euch also nicht um morgen; denn der morgige Tag wird für sich selbst sorgen. Jeder Tag hat genug eigene Plage." Als Erstes diskutierten wir Peters Haschischkonsum. Wir klärten erst einmal ausführlich, aus welchen mehr oder weniger unbewussten Motiven er Haschisch rauchte. Er schilderte mir, dass er sich mithilfe der Droge immer sehr gut habe zurückziehen und seine Ruhe finden können. Allerdings gab er auch zu, dass die unerwünschten Wirkungen beträchtlich waren, so dass er dadurch eine erhebliche Beeinträchtigung seiner Willensstärke erlitt und auch nicht mehr mit so großer Freude und so intensiv seinen Sport betrieb. Er fuhr sehr gern mit dem Mountainbike und spielte leidenschaftlich Handball. Auch hätte er oft ein Gefühl einer Dumpfheit und auch einen allgemeinen Interesseverlust.

Ich erklärte ihm, dass das Haschisch, wie andere Rauschmittel auch, über das sogenannte Belohnungssystem im Mittelhirn wirke, den Nukleus accumbens. Ich erklärte ihm, was ich im Kapitel über das Spiel beschrieben habe, dass das Lustgefühl, das er durch den Haschischkonsum erreicht, unter anderem durch die Ausschüttung des Dopamins im Nukleus accumbens bewirkt wird. Ich teilte ihm mit, dass er dieses Lustgefühl auch erreiche, indem er Sport treibe und auch ansonsten sein Leben spielerisch angehe. „Das Spiel ist die Möglichkeit, Ihre Angst vor dem Examen zu verlieren", sagte ich. „Sie sollten das Examen als einen Wettkampf ansehen, den sie unbedingt gewinnen werden und wollen. So, wie Sie bis jetzt auch bezüglich des Haschischkonsums im Wettkampf mit sich selbst waren, sich dabei aber immer besiegt und niedergeschlagen haben, so können Sie jetzt Ihre Angelegenheiten konstruktiv für sich regeln. Sehen Sie Jura als ein Spiel an, mit dessen Spielregeln Sie sich jetzt umfassend vertraut machen. Dafür brauchen Sie einen klaren Kopf. Das Haschisch verhindert und beeinträchtigt den klaren Kopf. Beschließen Sie, mit dem Haschisch Schluss zu machen, weil Sie sich damit vernichten und besiegen, während Sie andere Lebensziele, wie beispielsweise das Juraexamen, zunichtemachen!"

„Das ist ein interessanter Gedankengang, der mir sehr einleuchtet und mir gefällt", sagte Peter. „Ich werde ab morgen nie wieder Haschisch zu mir nehmen und mich aufbauen. Ich weiß das schon lange, dass das Haschisch zerstörerisch auf mich wirkt. Ich habe es auch schon mehrfach mit Erfolg aufgegeben, bin dann aber immer wieder durch Kontakt mit ‚Haschischfreunden' rückfällig geworden. Das werde ich in Zukunft nicht mehr tun." „Empfehlenswert wäre, wenn Sie sich einen Tagesplan für die nächsten Wochen bis zum Examen machen. Treiben Sie als Erstes nach dem Aufwachen etwa eine halbe Stunde Sport, und dann lernen Sie etwa drei Stunden für ihr Examen, um dann wieder etwa eine Stunde Sport zu treiben, mit einer anschließenden Pause von etwa eineinhalb Stunden. Am Nachmittag können Sie dann erneut etwa vier Stunden – selbstverständlich mit mehr oder weniger kleinen oder großen Pausen – für das Examen lernen, um dann abends noch einmal Sport zu treiben. Begeben Sie sich in eine Art inneres Trainingscamp, und gehen Sie es als ein Spiel an, das Sie unbedingt gewinnen werden."

In der Folgezeit setzte Peter diese Ideen um. Er ließ das Haschisch sein, wobei er in den ersten zwei Wochen mehr Zeit mit Sport als mit Lernen verbrachte, um dann aber mehr und mehr zu lernen. Er nahm auch noch einmal ein Repetitorium wahr, wobei er sich in einen inneren Wettkampf mit dem Repetitor begab. Die Lernaufgaben konnte er immer mehr als ein Spiel betrachten, als eine Art Schachspiel. Wir trafen uns einmal in der Woche zu unseren Therapiestunden, in denen er mir wieder mitteilen konnte, dass er immer seltener unter Angst litt. Er sagte einmal, dass er auch deshalb keine Angst zu haben brauche, weil er schon einmal durchgefallen sei, und dennoch sei sein Leben weitergegangen – und auch nicht schlecht.

Das Leben und das Examen als ein Spiel anzusehen hat ihm die Angst genommen und die Lebensfreude in sein Leben zurückgebracht. Es wurde ihm deutlich, dass seine Sichtweise entscheidend war, was er mit großem Erfolg nachvollziehen konnte. So geradlinig, wie hier beschrieben, ging diese Entwicklung natürlich nicht, er hatte zu Anfang auch immer wieder Rückfälle in seine Ängste, die aber immer schwächer und seltener auftraten. Wenn er zu sehr von Ängsten heimgesucht wurde, dann fuhr er längere Zeit mit seinem Mountainbike und „strampelte sich die Angst regelrecht ab".

Etliche Male schilderte er mir die juristischen Probleme, die er im Laufe der Examensvorbereitungen durchnahm. Er war dann regelrecht fasziniert von den geschilderten Fällen, so dass seine Ausführungen für mich richtig interessant wurden. Einmal stürzte er mit seinem Mountainbike, so dass er unter erheblichen Schmerzen litt, weswegen er für anderthalb Wochen keinen Sport mehr treiben konnte. Er war darüber aber nicht unglücklich, weil er bis dahin oft zu extrem Sport getrieben hatte und über seine Leistungsgrenze hinausgegangen war. Er freute sich jetzt sogar über die indirekt selbst verordnete Ruhe und konnte seine übergroße Erwartungshaltung an sich selbst, immer übermäßig viel leisten zu müssen, ein wenig modifizieren.

„Ehrgeiz ist auch Geiz, wobei Geiz im Mittelalter eine der sieben Hauptsünden war", sagte ich zu ihm. „Sie geizen nach Ehre vor Ihrem eigenen Gewissen. Ihr Gewissen ist übermäßig streng, es fehlt Ihnen hier noch das spielerische Moment. Sie laufen Gefahr, es todernst zu nehmen. Dann verkrampfen Sie sich und stürzen, und möglicherweise nicht nur vom Fahrrad, weil Sie diese Haltung in allen Lebensbereichen einnehmen!"

Ihm wurde klar, dass er sich unbewusst immer mit seinem zwei Jahre älteren Bruder im Wettkampf befunden hatte. Bis zu seinem Abitur war er auch immer besser in der Schule als der Bruder. Allerdings hatte der Bruder dann nach dem Abitur sehr schnell Karriere gemacht, wodurch sich Peter erdrückt fühlte. Das hatte unbewusst zu einer Art inneren Resignation bei ihm geführt und seinen Haschischkonsum verstärkt. Außerdem war auch seine Freundin sehr stringent in ihrem Studium gewesen, so dass er sich immer als der Schlechtere fühlte und somit unbewusst eine Gegenposition gegen den Erfolg einnahm. Er spielte nicht mehr mit! Die Spielfreude war ihm abhandengekommen.

Während er sich jetzt auf sein Examen vorbereitete und immer mehr die Angst vor dem Examen verlor und sich an seinem alltäglichen Leben freuen konnte, war die Spielfreude und somit auch die grundsätzliche Lebensfreude in sein Leben zurückgekehrt. Immer wieder konnte er sich sagen, dass das Leben ohne Jura auch lebenswert wäre, zumal er auch bei seinem Bruder in dessen Tätigkeit einsteigen konnte. Er lebte nicht mehr nach dem „Alles-oder-Nichts-Prinzip", so wie er bisher sein Leben und sein Examen einschätzte. Darüber hinaus hatte er aber auch auf meine Interventionen hin sich alltägliche autosuggestive Sätze vorgebetet, wie beispielsweise: „Mir geht es mit jedem Tag in jeder Hinsicht immer besser und besser!" Sowie: „Ich schaffe es, ich schaffe es ..."

Wir hatten über diese innere Möglichkeit der Selbstbeeinflussung sehr oft gesprochen, wobei ich ihm klar machen konnte, dass er – wie wir alle uns mehr oder weniger unbewusst auf diese Art und Weise immer selbst beeinflussen, ohne dies oft so explizit zu denken. Freud hat an irgendeiner Stelle seines Werkes geschrieben, dass man das Gold der Psychoanalyse mit dem Kupfer der Suggestion legieren müsse, was ich schon viele Jahre mehr oder weniger unbewusst praktiziere. Peter konnte mir dazu mitteilen, dass er diese Selbstbeeinflussung eigentlich auch immer beim Sport angewandt hatte.

In den folgenden Wochen übte er sich immer mehr in seinen inneren Wettkampf ein und freute sich des Lebens. Etwa zwei Wochen vor dem Beginn seines Examens verabschiedete er sich von mir und war überzeugt, das Examen schaffen zu können.

Voller Freude las ich dann seine E-Mail, die er mir einige Monate später zusandte:

„Sehr geehrter Herr Dunkel, seit Längerem wollte ich mich schon melden, nun habe ich mal daran gedacht. Ich habe mein Staatsexamen erfolgreich hinter mich gebracht, und auch sonst geht es mir sehr gut. Die Dinge mit meiner Freundin haben sich nicht so entwickelt wie erhofft, aber auch hier hat mir ein endgültiger Schlussstrich sehr gutgetan. Wie es aussieht, verschlägt es mich nun für mindestens 12 Monate nach Brasilien, wo ich eine Stelle als wissenschaftlicher Mitarbeiter im Bereich Urheber- und Lizenzrecht an einer Universität in Rio antrete. Also doch Jura, und ich freue mich sogar darauf! Vielen Dank für die Unterstützung und Ihnen alles Gute! Peter"

7. Arbeit ist Mühe und Qual

Und zum Weibe sprach er: Ich will dir viel Mühsal schaffen, wenn du schwanger wirst; unter Mühen sollst du Kinder gebären […] Und zum Manne sprach er: Weil du gehorcht hast der Stimme deines Weibes und gegessen von dem Baum, von dem ich dir gebot und sprach: Du sollst nicht davon essen –, verflucht sei der Acker um deinetwillen! Mit Mühsal sollst du dich von ihm nähren dein Leben lang. Dornen und Disteln soll er dir tragen, und du sollst das Kraut auf dem Felde essen. Im Schweiße deines Angesichts sollst du dein Brot essen, bis du wieder zu Erde werdest, davon du genommen bist. Denn du bist Erde und sollst zu Erde werden.
1. Mose 3,16–19

Die Arbeit ist eine Schmach, weil das Dasein keinen Wert an sich hat.
Friedrich Nietzsche

In unserer Zeit dreht sich alles um die Arbeit. Man hat sich angewöhnt, Arbeit als den Sinn des Lebens anzusehen. Es wird grundsätzlich zwischen Arbeits- und Freizeit unterschieden. Man freut sich auf den Feierabend und lebt auf den Lebensabend hin, der dann – sofern er vom gehalts- oder lohnabhängigen Arbeitnehmer einigermaßen gesund erreicht wird – von der Rentnerunruhe beherrscht ist. Man wird für die Rente von Staats wegen versichert, schließt Lebensversicherungen ab, die nicht das Leben versichern, sondern die Nachgebliebenen absichern, weil sie erst einen richtigen Gewinn beim Todesfall einbringen. Schlussendlich gewinnt man immer – den Tod! Aber bis dahin? Bis dahin ist es – das Leben – Mühe und Arbeit gewesen, mit vielleicht kurzen Momenten des Glücks?

Im Alten Testament war Arbeit auf jeden Fall eine Strafe, und sie ging mit der Vertreibung aus dem Paradies einher. Arbeit und Sklaventum bildeten in der Antike eine untrennbare Einheit. In der Biologie kennt man Parasiten und Schmarotzer. Die menschliche Entwicklung geht evolutionär aus der Biologie hervor. Der Mensch ist ein sehr wandlungsfähiges Lebewesen, wenn nicht sogar das wandlungsfähigste. So hat die Menschheit das Parasitentum zur Vervollkommnung gebracht, indem er das Sklavenwesen und, damit verbunden, die Arbeit erfand.

Es wird definiert, was Arbeit ist

Es ist eine Frage der Definition, was Tätigkeit und was Arbeit ist. Wie wichtig das Wort ist und wie verwandt Wort und Tat sind, das beschreibt Goethe im *Faust*: „Geschrieben steht: Im Anfang war das Wort! Hier stock ich schon! Wer hilft mir weiter fort? Ich kann das Wort so hoch unmöglich schätzen, ich muss es anders übersetzen, wenn ich vom Geiste recht erleuchtet bin. Geschrieben steht: Im Anfang war der Sinn. Bedenke wohl die erste Zeile, dass deine Feder sich nicht übereile! Ist es der Sinn, der alles wirkt und schafft? Es sollte stehn: Im Anfang war die Kraft! Doch, auch indem ich dieses niederschreibe, schon warnt mich was, dass ich dabei nicht bleibe. Mir hilft der Geist! Auf einmal seh ich Rat und schreibe getrost: Im Anfang war die Tat!"

Ich selbst – und jeder für sich – definiert, ob ich etwas tun will oder ob ich etwas tun muss. Psychoanalytisch formuliert, bin ich eine Einheit und nicht zwiespältig, wenn ich das, was notwendig ist, tun will und nicht meine, es tun zu müssen. Unbewusstes und Bewusstsein sind identisch. Auf jeden Fall gehorchen wir. Wem oder was gehorchen wir? Dem Wort!

Jacob Grimm hat unter erheblicher Arbeit seinen ersten Artikel des berühmten Wörterbuchs der Gebrüder Grimm dem Stichwort „Arbeit" angedient. Die Gebrüder Grimm herrschen in der Nachfolge der Bibel mit Wörtern über uns – und wir beherrschen uns selbst durch Gedanken und Worte und widersprechen uns durch Taten. Sigmund Freud spricht in seinen frühesten Aufsätzen vom „Gegenwillen". Es geht um den Befehl, den inneren oder äußeren. Arbeit ist ein Befehl, kein freier Wille.

Unser Leben ergibt sich aus Arbeit. Jacob Grimm befragte bei der Bearbeituung seines Artikels „Arbeit" alles nach Ursprung und Wandel. Er verweist auf die gotischen Nachweise *arbaits* und *arbaidjan*. Das polnische *rabota* und das lateinische *labor* finden sich unter dem Stichwort „Arbeit". Arbeit lastete ursprünglich nur auf dem Knecht, so beim Ackerbau. Später sei „die thätigkeit der menschen unknechtischer und freier" geworden und die Arbeit habe sich „auf leichtere und edle geschäfte" ausgedehnt. Bald ist Arbeit „das gearbeitete, das zu arbeitende". Handwerker und Tagelöhner arbeiten. Es gibt im Grimmschen Wörterbuch die Kopfarbeit, die geistige, die gelehrte tintenfleißige Arbeit, die sogar süß sein oder, wie Goethe bei der Besteigung des Vesuvs stöhnt, als „saure arbeit" gewertet werden könne. Alles und alle arbeiten, sogar die Natur arbeitet: „Das tobende meer, die wellen sind in arbeit", gärende Stoffe, der Wein, das Bier arbeiten. Das Grimm'sche Wörterbuch beschließt den Artikel „Arbeit" mit dem bekannten Psalm in Luthers berühmter Übersetzung: „Unser leben wehret siebenzig jar, und wenn's köstlich gewesen ist, so ist's mühe und arbeit gewesen."

Wir haben alle mit unserer Muttersprache die Grimm'schen Definitionen völlig verinnerlicht, dass alles Arbeit sei, und haben nach den Gebrüdern Grimm weitere Arbeitswörter gefunden, die ich hier nicht alle abarbeiten will: Arbeitsamt, Arbeitsagentur, Arbeitgeber, Reichsarbeitsdienst, Arbeitsgerät; die Ausbeutung der Arbeiterklasse, Akkordarbeit, Angst um den Arbeitsplatz, die Arbeiterbewegung. Allerdings, was bei den Gebrüdern Grimm nicht steht: Beamte arbeiten nicht. Sie werden auch von Ärzten nicht arbeitsunfähig, sondern dienstunfähig geschrieben. Ärzte schreiben auch niemanden krank, wie es irrtümlich immer heißt, sondern eben arbeitsunfähig. Es wird deutlich, dass die Gebrüder Grimm nahezu jegliche Tätigkeit zur Arbeit gerinnen ließen, was wir alle bis zum heutigen Tag verinnerlicht haben. Bei so viel und ausschließlicher Arbeit kann und muss man grimmig werden, und wenn nicht grimmig, dann überfällt einen der Ingrimm und man wird krank.

Arbeit war in der Antike Strafe und Schändung

Im Alten Testament finden sich viele Zitate, die die Eindeutigkeit der Arbeit als Strafe, Schändung oder Mühsal nicht unbedingt untermauern. Die Vertreibung aus dem Paradies ging allerdings eindeutig mit der Erfindung der Arbeit einher. Arbeit war sowohl Strafe als auch Schändung. Eine Schande war es, arbeiten zu müssen! Das bewusste kollektive Gedächtnis der Menschheit ist leider sehr kurz. Man hat vergessen, dass Arbeit und Sklaventum eine Einheit bildeten.

Das Wort „Sklave" hat verschiedene mögliche Wurzeln: Es wird vom griechischen Verb *skyleúo*, nämlich „Kriegsbeute machen", oder vom lateinischen *sclavus* für die ethnische Gruppe der seit dem Mittelalter sogenannten Slawen – rumänisch *şchiau* – abgeleitet. Die arbeitsscheuen Nationalsozialisten, die den Arbeitslosen Arbeit in den Arbeits- und Konzentrationslagern verschafften, plakatierten am Eingang des Konzentrationslagers von Buchenwald in Gusseisen den Schriftzug „Arbeit macht frei". Erneut traurige Berühmtheit bekam dieser gusseiserne Schriftzug dadurch, dass er gestohlen und zersägt wurde. Und das geschah etwa 20 Jahre nach dem Zusammenbruch des DDR-Regimes, dem sogenannten Arbeiter- und Bauernstaat, in dem es offiziell keine Arbeitslosigkeit gab. Dieser Staat war bekanntlich ein riesiges, sehr gut bewachtes Massengefängnis. Honecker, der die Gefängnismauer federführend bauen und sie dann von höchster Stelle aus 28 Jahre bewachen ließ und selbstverständlich keinerlei Schuldgefühl artikulierte, war ja selbst im Gefängnis gewesen. Ein interessantes Beispiel dafür, dass man das oft weitergibt, was man selbst erlitten hat!

In der DDR gab es sogar eine Auszeichnung: „Held der Arbeit". Sie wurde „echten Werktätigen" verliehen, meistens solchen Vorzeigemalochern wie Bergleuten oder Maschinenbauern, die ihre Norm übererfüllt hatten. Es gab auch die vielen „Tage des … (wahlweise) Bauarbeiters, Chemiearbeiters, Lehrers". Die Auszeichnung „Held der Arbeit" wurde von der Herrschenden Klasse auch vielen Funktionären verliehen. Arbeiteten diese?

Oder ließen sie nicht lieber – wie immer in der schriftlich über-
lieferten Geschichte – andere arbeiten?

Macht Arbeit frei?

Alle Menschen streben nach Glück, oder zumindest nach Zufrie-
denheit. Auf jeden Fall sind Menschen, wie alle Säugetiere, aber
auch Reptilien und so ziemlich alles, was da kreucht und fleucht,
Lustsucher. Bei den Menschen, die ich in meinem bisherigen
Leben kennen gelernt habe – und es waren sehr viele –, habe ich
feststellen müssen, dass sie, zumindest temporär, wenig Lust zur
Arbeit hatten. Deshalb teilt man in unserer Zeit wohl auch die
Lebenszeit in Arbeits- und Freizeit ein. Zeit ist eine subjektive
Dimension, wie fast alles.

Ein für mich sehr wichtiger Vordenker in dieser Hinsicht ist
der Soziologe Norbert Elias. In seiner Untersuchung über die Zeit
schreibt er Folgendes: „Die beiden polar entgegengesetzten Zeit-
theorien haben einige Grundannahmen miteinander gemein. In
beiden Fällen stellt sich die Zeit als eine Naturgegebenheit dar,
nur eben in dem einen Falle als eine ‚objektive‘, unabhängig von
allen Menschen existierende Gegebenheit und im anderen Falle
als eine bloß ‚subjektive‘ in der Natur des Menschen angelegte
Vorstellung. In dieser Konfrontation einer subjektivistischen
und einer objektivistischen Theorie der Zeit spiegelt sich eine
der Grundeigentümlichkeiten der traditionellen philosophischen
Erkenntnistheorie. Als selbstverständlich wird unterstellt, dass
es einen universellen, sich ständig wiederholenden Ausgangs-
punkt, eine Art von Anfang des Erkennens gibt. Ein einzelner
Mensch, so erscheint es, tritt ganz für sich allein vor die Welt hin,
das Subjekt vor die Objekte, und beginnt zu erkennen. Die Frage
ist dann nur, ob bei der Bildung menschlicher Vorstellungen, wie
der von der Einbettung aller Ereignisse in den Strom der Zeit,
die Natur des Subjekts oder die der Objekte den Vorrang haben.
[…] Menschliches Wissen ist das Ergebnis des langen, anfangs-
losen Lernprozesses der Menschheit. Jeder einzelne Mensch, wie

groß auch sein innovatorischer Beitrag sein mag, baut auf einem schon vorhandenen Wissensschatz auf und setzt ihn fort."

Die subjektiv empfundene Zeit, sowohl in der Freizeit als auch in der Arbeitszeit, kann als langweilig, ätzend, tödlich, freudig, wunderbar, schön oder schrecklich usw. empfunden werden.

Arbeit war in der Antike den Sklaven vorbehalten

Die Sklaven der Antike – ohne das Sklaventum sehr differenziert zu untersuchen – hatten mit wenigen Ausnahmen für die gesamte Lebenszeit ihre Freiheit verloren: Es ging ihnen damit höchstwahrscheinlich schlechter als jedem freien Tier. Eines der ältesten Dokumente der Menschheitsgeschichte, der Gesetzeskodex des babylonischen Königs Hammurabi (1728–1686 v. Chr.), eingehauen in einen Dioritblock, der heutzutage in einem der vielen Pariser Museen zu bewundern ist, enthält im Paragraphen 278ff. folgende Bestimmung: „Wenn jemand einen Sklaven oder eine Sklavin gekauft und vor Ablauf eines Monats die *bennu*-Krankheit sie befällt, soll er sie dem Verkäufer zurückgeben und der Käufer das Silber, das er bezahlt hat, zurückerhalten." Bei der *bennu*-Krankheit handelt es sich höchstwahrscheinlich um eine Epilepsieerkrankung. Der Sklave, der krank und somit nicht arbeitsfähig ist, hat keinen Wert mehr. Er ist faul, wie eine Pflanze oder ein verwesendes Tier. Er ist wertlos und kann zurückgegeben werden. Die Wirtschaft der Antike lebte von den Sklaven. Sklaverei ist der Zustand, in dem Menschen als Eigentum anderer behandelt werden, um Zugriff auf ihre Arbeitskraft zu erlangen. Bei der Sklaverei im engen Sinne der Geschichtsschreibung war das Recht, Sklaven zu erwerben, zu verkaufen, zu mieten, zu verschenken und zu vererben, gesetzlich verankert. Die Sklavengesetze regelten die privat- und strafrechtlichen Gesichtspunkte der Sklavenhaltung und des Sklavenhandels; darüber hinaus bestimmten sie auch, welche Rechte den Sklaven zugestanden wurden. In vielen Sklavenhaltergesellschaften behielten die Sklaven eine gewisse Rechtsfähigkeit und konnten zum Beispiel die Gerichte anrufen oder Eigentum erwirtschaften, das es ihnen eventuell erlaubte, durch Selbstkauf die Freiheit zu erlangen. Sklaverei konnte erblich sein.

Auf Sklaverei beruhende Gesellschaftsformen waren bis zum 19. Jahrhundert weltweit verbreitet. Sklaverei setzt sich trotz ihres Verbotes auch im 21. Jahrhundert stellenweise fort.

Die ideologische Begründung der Sklaverei und damit der Arbeit im christlichen Abendland

In fast allen Epochen wurde das Halten von Sklaven ideologisch untermauert. Die Griechen teilten die Menschheit in Griechen und Barbaren ein. Somit war es ihnen selbstverständlich und gerecht, Barbaren zu Sklaven zu machen. Aristoteles definiert den Sklaven von Natur aus als Besitzstück und meint, dass Sklaven in der Lage sind, von selbst Befehle zu antizipieren und nicht nur auf Befehle anderer hin zu handeln. Als solche vorauseilend gehorchende Werkzeuge haben sie eine Seele, zu deren voller, vernünftiger Ausbildung sie jedoch nicht fähig sind. Deswegen sei es besser für den Sklaven, überlegenen Menschen als Sklaven zu dienen. Cicero spricht später von Juden und Syrern als „Menschen, die zu Sklaven geboren wurden", und er meint, dass es einigen Nationen gut tue, wenn sie sich in einem Zustand totaler politischer Unterwerfung befänden.

In dieser Rechtsauffassung ist das Neue Testament der Bibel entstanden. Die neutestamentlichen Schriften gehen von der Existenz von Sklaven als Teil der gottgewollten Ordnung aus, in der die Menschen eben einen unterschiedlichen Status haben und sich damit arrangieren müssen, wollen sie dem Willen Gottes nicht zuwiderhandeln. Mit päpstlichen Bullen im 15. Jahrhundert wurde es Christen erlaubt, Sarazenen, Heiden und andere Feinde des Christentums zu versklaven und ihren Besitz zu nehmen, mit dem Argument, dass damit die Christianisierung der Heiden gefördert werde.

Arbeit als alttestamentliche Strafe – Sinnerfüllung des Lebens durch Arbeit in der Neuzeit

Man unterscheidet in der Ethnologie heiße und kalte Kulturen. In den kalten Kulturen werden Traditionen über viele hundert Generationen gleich gehalten. Die Elterngenerationen brennen den Kindergenerationen die Stammesrituale und -regeln buchstäblich in die Haut ein. Es wird mit Schmerzen operiert, durch Beschneidungen, Einritzungen, Branding – am deutlichsten erinnert man sich an den Schmerz. Der Begriff Gewissensbiss bringt es auf den Punkt. Das eigene Gewissen ist so bissig, wie es ehemals die Autoritätsfiguren waren. In heißen Kulturen beißt die Jugend die Elterngeneration immer massiver. Sie beißt zurück. Wir haben eine ganze Epoche, die wir den Protestantismus nennen. Insbesondere bezüglich des Arbeitsbegriffs hat der Protestantismus, und hier vornehmlich Calvin und der nach ihm benannte Calvinismus protestiert. Meiner Ansicht nach hat Calvin insbesondere gegen Jesus protestiert, und zwar gegen die Bergpredigt.

Calvins Prädestinationslehre

Calvin argumentierte mit seiner Prädestinationslehre wie folgt: Da die Absichten Gottes den Menschen verborgen bleiben, müsse jeder im Sinne einer tugendhaften Lebensführung handeln, also so, als ob er von Gott auserwählt sei. Unbändiger Fleiß, individueller und wirtschaftlicher Erfolg können in der Folge als Zeichen für den Gnadenstand gewertet werden. Andererseits hat der Mensch keinerlei Einfluss auf die göttliche Entscheidung. Ob jemand nach dem Tod in der Hölle landet oder zum Himmel auffährt, wurde bereits zu Anbeginn der Zeit festgelegt. Was der Mensch nun versucht, ist, sich selbst durch seine Tugendhaftigkeit Gewissheit darüber zu verschaffen, dass er auserwählt sein müsse. Die Prädestinationslehre der Calvinisten führte zu einer Verweltlichung des Gottesdienstes, welcher nicht auf die Kirche beschränkt blieb, sondern im täglichen Leben seinen Ausdruck fand. Mit Bezug darauf wird von der innerweltlichen Askese – der Begriff Askese ist ein vom altgriechischen Verb *askein* („üben", „sich befleißigen") abgeleitetes Wort. In der Antike bezeichnete er eine Übungspraxis im Rahmen seelischer Selbstschulung aus religiöser oder philosophischer Motivation gesprochen, welche Sparsamkeit und Enthaltsamkeit verlangt. Erfolg durch Arbeit zeugt von der Prädestination des Individuums, welcher somit zum erstrebenswerten Ideal wurde; wer nicht arbeitet, verschleudert eine Gnadengabe, wer einem Bettler etwas gibt, hält ihn davon ab selber in den Genuss der Arbeit zu gelangen. Im Gegensatz zu anderen Religionen kann die Gnade Gottes nicht durch transzendente Handlungen (Beten, Beichte) erlangt werden, sondern ist vorherbestimmt. Die Prädestination lässt sich zwar nicht positiv beeinflussen, drückt sich jedoch im Diesseits durch Erfolg aus. Misserfolg aber zeigt an, dass jemand nicht zu den Auserwählten, sondern zu den Verdammten gehört.

Der „Protestantismus-These" des deutschen Soziologen Max Weber zufolge hat der Calvinismus im Verlauf des 18. Jahrhunderts die Arbeitsmoral und -ethik in England, den Niederlanden, der Schweiz und einigen Gegenden Deutschlands und vornehmlich in den sich konstituierenden USA maßgeblich beeinflusst und legitimiert. Er setzt einen Maßstab bei der Nützlichkeit menschlichen Handelns an, wobei der wirtschaftliche Erfolg im Vordergrund steht: Zeitvergeudung sei die schlimmste Sünde, wozu auch übermäßig langer Schlaf oder Luxus zählen. Arbeit sei der von Gott vorgeschriebene Selbstzweck des Lebens. Hier hat sich etwas verwirklicht, das eine vollständige Umkehrung der Bergpredigt bedeutet. Die calvinistische Haltung des 16. Jahrhunderts wurde immer mehr verinnerlicht.

Der Adel ließ arbeiten und repräsentierte

Der Adel arbeitete nicht! Der Adel *diente* seinem jeweiligen Herrscher auf Ehre bis in den Tod! Der Adel sah Arbeit als eine Schande an. Er repräsentierte, und das mit höchster Verschwendung, – die Literatur dazu ist unübersehbar, im Wesentlichen sei auf Norbert Elias' Hauptwerk *Über den Prozess der Zivilisation* verwiesen – so wie es heute unsere bürgerlichen Politiker noch maßloser mit dem Geld des Souveräns, also des Steuer zahlenden Volkes tun. Der Adel hielt viele seiner Diener wie Nutztiere und ließ sie unter widrigsten Lebensverhältnissen arbeiten. Die deutschen Fürsten verkauften ihre „Landeskinder" als Soldaten nach Amerika und finanzierten mit dem erlösten Geld ihre Kunstsammlungen und Schlösser und Parks. In Frankreich erhoben sich schließlich die Massen dagegen und wälzten sich zur Bastille – der Walzer hat aus diesem Wälzen der Massen seinen Ursprung! Viele Repräsentanten des Adels wurden während der Französischen Revolution enthauptet. Das Bürgertum begann in der Folge dieser Revolution, den Adel in seiner Vormachtstellung mit dem 19. Jahrhundert allmählich abzulösen. Wodurch? Durch Arbeit! Die Arbeit wurde geadelt. Der nicht arbeitende Adel verarmte allmählich und verlor allmählich immer mehr an Macht. Die Nachfolger des Adels sind heute in der Bundesrepublik Deutschland gleichsam die Staatsbeamten des Bundes und der Länder: Sie arbeiten nicht, sondern sie dienen, weshalb Beamte von Ärzten auch nicht arbeitsunfähig, sondern dienstunfähig geschrieben werden, wenn sie ihren Obliegenheiten aus Krankheitsgründen nicht nachkommen können.

Der amerikanische Traum: Lebensglück durch Arbeit

Bis heute wirkmächtig ist die naturrechtliche Begründung in der Präambel der amerikanischen Verfassung, die im 18. Jahrhundert im Geiste der Aufklärung von sehr vielen Puritanern mit dem vollen Bewusstsein der existierenden Sklaverei in Nordamerika unterschrieben wurde. Die erste deutsche Übersetzung der Unabhängigkeitserklärung wurde einen Tag nach ihrer Verabschiedung von der deutschsprachigen Zeitung *Pennsylvanischer Staatsbote* in Philadelphia veröffentlicht. Sie gab diesen Text wie folgt wieder: „Wir halten diese Wahrheiten für ausgemacht, dass alle Menschen gleich erschaffen wurden, dass sie von ihrem Schöpfer mit gewissen unveräußerlichen Rechten begabt wurden, worunter Leben, Freiheit und das Streben nach Glückseligkeit sind. Dass zur Versicherung dieser Rechte Regierungen unter den Menschen eingeführt worden sind, welche ihre gerechte Gewalt von der Einwilligung der Regierten herleiten; dass, sobald eine Regierungsform diesen Endzwecken verderblich wird, es das Recht des Volkes ist, sie zu verändern oder abzuschaffen und eine neue Regierung einzusetzen, die auf solche Grundsätze gegründet und deren Macht und Gewalt solchergestalt gebildet wird, als ihnen zur Erhaltung ihrer Sicherheit und Glückseligkeit am schicklichsten zu seyn dünket."

Ein berühmter Nachfahr einer Sklavenfamilie unserer Zeit, ist der sogenannte „Größte": Muhammad Ali, früher Cassius Clay. Der Nachname Clay war der Name des Sklavenbesitzers seiner Vorfahren. Dieser Boxer, dessen größter Kampf wohl gegen die USA war, als er sich weigerte in den Krieg gegen Vietnam zu ziehen und deshalb bestraft wurde, sagte, dass Christus der Gott der weißen Herrenrasse sei. In den USA wurde die Sklaverei offiziell erst 1865 abgeschafft.

Aus der Strafe im Alten Testament geht bei Karl Marx das Recht auf Arbeit hervor

Karl Marx und Friedrich Engels postulierten 1848 in ihrem Kommunistischen Manifest „das Recht auf Arbeit" – nachdem Arbeit zuvor erzwungen wurde, sollte man nun ein Recht darauf haben. Dieses Manifest des Rechts auf Arbeit ist aber nur unter den gesellschaftlichen Bedingungen zu verstehen, die Marx und Engels zu ihren Lebzeiten vorfanden. Die Mehrzahl der Bevölkerung im 19. Jahrhundert in Mitteleuropa lebte im Elend, ähnlich, wie wir es heute in den Entwicklungsländern und den sogenannten Schwellenländern sehen. Marx schreibt an anderer Stelle: „Die kommunistische Revolution richtet sich gegen die bisherige Art der Tätigkeit, beseitigt die Arbeit [...] Die bloße

Befreiung der Arbeit ist bereits eine Errungenschaft der kapitalistischen Gesellschaft. Der Kommunismus aber kann die ‚Sorge' des Bürgers und die Not des Proletariers nur aufheben, indem er ‚die Ursache beider', nämlich die ‚Arbeit' selbst aufhebt." Marx versteht unter „Arbeit" jene Tätigkeit, die in der Warenproduktion einen Mehrwert hervorbringt oder „Kapital produziert". In diesem Sinn verstanden, bedeutet Arbeit, dass dem arbeitenden Individuum eine freie, allseitige Entwicklung versagt wird. Unter dieser Voraussetzung ist es für Marx klar, dass die Befreiung des Individuums zugleich die Negation der Arbeit ist. Die „Arbeit" soll der „Selbstbetätigung" Platz machen. Dahinter steht letzthin der Wunschtraum von einem paradiesischen Zustand, in dem sich der freie Mensch seine freie Betätigung jeweils selbst aussuchen kann, ohne sich auf eine bestimmte ausschließliche Form derselben festlegen zu müssen.

Die allmähliche Adelung der Arbeit im 19. Jahrhundert

Das Bürgertum arbeitete. De puritanische Geist in seinen vielfältigen Variationen hatte sich durchgesetzt. Arbeit galt bei den protestantischen Bürgern als höchste Tugend. Friedrich Nietzsche, der Vordenker Sigmund Freuds, beschreibt in *Die fröhliche Wissenschaft* den Umschwung dieser Wertvorstellung, die sich im 19. Jahrhundert immer mehr vollzog und heute unser Selbstverständnis ist: „Muße und Müßiggang. – Es ist eine indianerhafte, dem Indianer-Blute eigentümliche Wildheit in der Art, wie die Amerikaner nach Gold trachten: und ihre atemlose Hast der Arbeit – das eigentliche Laster der neuen Welt – beginnt bereits durch Ansteckung, das alte Europa wild zu machen und eine ganz wunderliche Geistlosigkeit darüber zu verbreiten. Man schämt sich jetzt schon der Ruhe; das lange Nachsinnen macht beinahe Gewissensbisse. Man denkt mit der Uhr in der Hand, wie man zu Mittag isst, das Auge auf das Börsenblatt gerichtet, – man lebt wie einer, der fortwährend etwas ‚versäumen könnte'. ‚Lieber irgend etwas tun als nichts' – auch dieser Grundsatz ist eine Schnur, um aller Bildung und allem höheren Geschmack den Garaus zu machen. Und so wie sichtlich alle Formen an dieser Hast der Arbeitenden zugrunde gehen: so geht auch das Gefühl für die Form selber, das Ohr und Auge für die Melodie der Bewegungen zugrunde [...] Denn das Leben auf der Jagd nach Gewinn zwingt fortwährend dazu, seinen Geist bis zur Erschöpfung auszugeben, im beständigen Sich-Verstellen oder Überlisten oder Zuvorkommen: die eigentliche Tugend ist jetzt, etwas in weniger Zeit zu tun als ein anderer. Und so gibt es nur selten Stunden der erlaubten Redlichkeit: in diesen aber ist man müde und möchte sich nicht nur ,gehen lassen', sondern lang und breit und plump sich hinstrecken. [...] Oh über diese Genügsamkeit der ,Freude' bei unsern Gebildeten und Ungebildeten! Oh über diese zunehmende Verdächtigung aller Freude! Die Arbeit bekommt immer mehr alles gute Gewissen auf ihre Seite: der Hang zur Freude nennt sich bereits ,Bedürfnis der Erholung' und fängt an sich vor sich selber zu schämen. ,Man ist es seiner Gesundheit schuldig' – so redet man, wenn man auf einer Landpartie ertappt wird. Ja es könnte bald so weit kommen, dass man einem Hange zur Vita contemplativa [das heißt zum Spazierengehen mit Gedanken und Freunden] nicht ohne Selbstverachtung und schlechtes Gewissen nachgäbe. – Nun! Ehedem war es umgekehrt: die Arbeit hatte das schlechte Gewissen auf sich. Ein Mensch von guter Abkunft verbarg seine Arbeit, wenn die Not ihn zum Arbeiten zwang. Der Sklave arbeitete unter dem Druck des Gefühls, dass er etwas Verächtliches tue – das ,Tun' selber war etwas Verächtliches."

Sigmund Freud, ein Geistesarbeiter – aber eben Arbeiter

Der Bürger und Atheist Freud, Sohn eines verarmten Kaufmanns – ein Kind des 19. Jahrhunderts –, will hoch hinaus, will Erkenntnis und mithilfe der Erkenntnis reich und berühmt werden. Und wie will er das verwirklichen? Durch Arbeit! Der Adel des 19. Jahrhunderts wurde immer mehr vom „Geldadel" abgelöst, der sich nicht zu schade für die Arbeit war. Nach Freud ist Gesundheit „Arbeits- und Liebesfähigkeit". Man beachte die Reihenfolge: erst die Arbeit, dann das Vergnügen! Diese Haltung ist heutiges Selbstverständnis geworden, wobei durch die Priorität der Arbeit die Liebesfähigkeit vielfach verloren gegangen ist, vor allem die Liebe zu sich selbst.

Die Pflicht und die Arbeit stehen vor aller Liebe. Das ist die Maxime des 19. Jahrhunderts, bei bürgerlichen Protestanten, Katholiken und dem Juden Freud – eine Sichtweise, die unser heutiges Selbstverständnis darstellt und überhaupt nicht hinterfragt wird. Arbeiten zu müssen ist ein Axiom, ein Gesetz, das nicht hinterfragt werden darf. Der aufstrebende Bürger Sigmund Freud spricht sogar von Trauerarbeit. Bei Freud werden also auch die Emotionen der Arbeit untergeordnet. Alles ist Arbeit geworden.

In seinem Essay *Trauer und Melancholie* führt Freud diesen Begriff Trauerarbeit in die Psychoanalyse ein. Vielleicht hatte er die sogenannten Klageweiber im Sinn, die im Orient gegen Bezahlung klagen, weinen und trauern. Freud meint mit der Trauerarbeit einen intrapsychischen Vorgang, der auf den Verlust eines Beziehungsobjekts folgt und wodurch es dem Subjekt gelingt, sich fortschreitend von diesem abzulösen. Die Existenz einer intrapsychischen Trauerarbeit wird nach Freud durch den Mangel an Interesse für die Außenwelt bezeugt, der sich mit dem Objektverlust einstellt: Die ganze Energie des Subjekts scheint durch seinen Schmerz und seine Erinnerungen absorbiert, bis … „das Ich, gleichsam vor die Frage gestellt, ob es dieses Schicksal teilen will, […] sich durch die Summe der narzisstischen Befriedigungen, am Leben zu sein, bestimmen [lässt], seine Bindung an das vernichtete Objekt zu lösen".

Damit diese Ablösung erfolgen kann, die schließlich neue Besetzungen ermöglicht, wird eine psychische Aufgabe notwendig: „Jede einzelne der Erinnerungen und Erwartungen, in denen die Libido an das Objekt geknüpft war, wird eingestellt, überbesetzt und an ihr die Lösung der Libido vollzogen. In diesem Sinne kann man sagen, dass die Trauerarbeit darin besteht, ‚den Tod zu töten‘". Freud hat die Abstufung aufgezeigt zwischen der normalen Trauer, der pathologischen Trauer (das Subjekt hält sich für schuldig an dem eingetretenen Tod, verneint diesen, glaubt sich beeinflusst oder besessen von den Verstorbenen, von einer Krankheit befangen, die dessen Tod nach sich gezogen hat) und der Depression. Etwas vereinfacht kann man nach Freud sagen, dass bei der pathologischen Trauer der Ambivalenzkonflikt in den Vordergrund rückt. Bei der Depression kommt eine weitere Dimension hinzu: Das Ich identifiziert sich mit dem verlorenen Objekt. Das verlorene Objekt, eine Elternfigur, die uns zur Arbeit angehalten hat!

In den psychiatrischen Kliniken gibt es seit den zwanziger Jahren des 20. Jahrhunderts bis zum heutigen Tage die Arbeitstherapie. Was seit der Antike und dem Mythos von der Vertreibung aus dem Paradies zufolge als Strafe galt, ist nunmehr zur Therapie deklariert worden. Es stellt eine gewisse Perversion dar, wenn depressive Patienten, die sich aufgrund ihres überstrengen Gewissens krank gearbeitet haben, nun aus therapeutischen Gründen arbeiten sollen.

Es gilt für die „Kategorie Arbeit" das, was Karl Popper in *Die offene Gesellschaft und ihre Feinde* intendierte, als er sich für die Demokratie einsetzte: Der aus freiem Willen selbstbestimmt und eigenverantwortlich handelnde Mensch ist eine allgemeingültige Grundbedingung für die „bewusste schöpferische Auseinandersetzung mit der Natur und der Gesellschaft". Sklaven, Zwangsarbeiter oder im Kadavergehorsam verhaftete Soldaten nehmen im Rahmen eng gesetzter Aufträge oder Befehle die Rolle fremdbestimmter „Arbeitsmittel" und „Waffen" ein, die ihren Macht- und Befehlshabern mit Körperkraft und Intelligenz nützliche Dienste erweisen. Gemäß der „Kategorie Arbeit" sahen die Römer in ihren Sklaven keine Menschen, sondern sprechende Werkzeuge.

Arbeit ist Stress

Da Arbeit häufig als innere oder äußere Fremdbestimmung aufgefasst wird, empfindet der Mensch sie häufig als Stress, was dann zum Burn-out-Syndrom führen kann. Unter Burn-out (engl.: to burn out = ausbrennen) versteht man die negativen Folgen emotionaler Überbeanspruchung mit gemütsmäßiger Erschöpfung, innerer Distanzierung und schließlich Leistungsabfall. Eigentlich ist es ein Stress-Syndrom. Die Betroffenen setzen sich selbst unter Druck mit einem zu großen Pensum in einem zu eng gesteckten Zeitraum. Sehr viele Menschen sprechen davon, sich gestresst zu fühlen. Im Folgenden stelle ich das Phänomen Stress in seinen biopsychosozialen Grundzügen dar.

Im allgemeinen Sprachgebrauch hat sich in unserer Zeit für hohe Aktivierung, und hierbei eher übermäßige, schädliche Belastung der Begriff Stress eingebürgert. Grundsätzlich gibt es physischen Stress, wie zum Beispiel übergroße Hitze oder Kälte. Aber in unserer zivilisierten Welt sind wir vornehmlich mit Stressoren psychosozialer Art konfrontiert, die nicht leicht zu durchschauen sind.

Die Stressforschung untersucht Auswirkungen emotionaler Vorgänge auf physiologische Prozesse. Man hat sowohl bei Tieren als auch beim Menschen in erregenden, also stressenden Situationen vielfältige Veränderungen von Körperfunktionen gefunden: verminderte Magen- und Darmtätigkeit, stärkere Durchblutung und höhere Leistungsfähigkeit der Herz- und Skelettmuskulatur, Steigerung von Blutdruck, Atem- und Herzschlagfrequenz, Anstieg der Zahl der roten Blutkörperchen und des Zuckergehalts im Blut sowie verlangsamte Blutgerinnung. In der Stressforschung wird gefolgert, dass alle diese Auswirkungen die Fähigkeit des Individuums erhöhen, sich aktiv mit kritischen Umweltsituationen auseinanderzusetzen – sie bereiten es also auf Kampf oder Flucht vor und der Organismus stellt sich auf einen höheren Stoffwechsel ein. Das Vegetativum dient der Regelung der unbewussten, vom Willen weitgehend unabhängigen inneren Lebensvorgänge und deren Anpassung an die Erfordernisse der Umwelt. Stress ist somit die unspezifische Reaktion des Menschen auf irgendeine Anforderung.

Alle Anforderungen haben eines gemeinsam: Sie erhöhen die Notwendigkeit einer Wiederanpassung, um die Normalität wieder herzustellen. Es wird unterschieden zwischen Eustress und Disstress. Eustress ist angenehmer oder heilsamer Stress, der unabdingbar für ein gutes Leben ist, während der unangenehme Disstress zur Krankheit führen kann. Was im allgemeinen Sprachgebrauch als Stress bezeichnet wird, meint eigentlich den sogenannten Disstress.

Wenn wir, sei es mehr biologisch, sei es vornehmlich psychosozial bedingt, einen Angriff mehr oder weniger unbewusst wahrnehmen, so werden sofort biologische Strukturen im Zwischenhirn aktiviert. Sobald eine Belastung einsetzt, werden augenblicklich das Sympathikus-Nebennierenmark- sowie das Hypophysen-Nebennierenrinden-System aktiviert. Beide Systeme geben Hormone an das Blut ab. Innerhalb kürzester Zeit steigen dadurch Puls, Blutdruck und Atmung, die Skelettmuskulatur wird besser durchblutet etc.

Die akute Stressreaktion steigert mithin die Leistungsfähigkeit beträchtlich und erhöht damit die Chancen, die Situation zu meistern. Diese Bereitstellung oder Verbrennungsmöglichkeit von Energie dient dazu, ein Höchstmaß an Bewegung zu gewährleisten. Im Zentrum der Energiebereitstellung steht die Skelettmuskulatur, die uns in die Lage versetzt, zu kämpfen oder zu fliehen.

In der Gegenschockphase kommt es zur Gegenregulation gegen diese vegetativen Reaktionen. Die Sequenz von Nebennierenrinden-Hormonen wird verstärkt. In der Widerstandsphase kommt es zur Anpassung an die belastende Bedingung und zu einem Verschwinden der Symptome. Allerdings ist der Widerstand gegen andere Belastungen verringert. War die Belastung jedoch zu lange oder zu stark, dann kommt es zur Erschöpfung.

Für das Phänomen Stress lassen sich nun folgende Mechanismen darstellen: Wenn man – auch von seiner unbewussten Einstellung her – aktiv ist, ist man ständig sympathikoton, also angespannt. Die parasympathische – also entspannende – Einstellung wird dann vernachlässigt. Dementsprechend ist der angespannte Mensch vegetativ immer in einem hoch aktiven Zustand. Der ständige Stress bedeutet auch, dass sich der Betreffende in einer ständigen Kampf- oder Fluchtbereitschaft befindet. Dementsprechend ist er von seiner vegetativen Haltung her sympathikoton, was erhebliche Auswirkungen auf sein gesamtes Organsystem hat. Sowohl kontrollierbare als auch unkontrollierbare psychische Belastungen sind somit entscheidend an der Herausformung der unser Denken, Fühlen und Handeln bestimmenden neuronalen Verschaltungen beteiligt. Stress entsteht auch durch die aktive oder gedankliche Auseinandersetzung einer Person mit ihrer Umwelt. Zur Abgrenzung verschiedener Stressarten unterscheidet man Interaktionen einer Person mit Aufgaben oder Verpflichtungen, mit anderen Menschen, zukünftigen Ereignissen und früheren Erlebnissen (zum Beispiel ein Misserfolg bei der Arbeit). Im Allgemeinen versucht der Mensch, diese Interaktionen so zu gestalten, dass seine Ziele, Bedürfnisse oder Lebenspläne auch erreicht werden. Dafür gibt es den Begriff Kontrolle. Diese ist gegeben, wenn man die Umweltbedingungen und sein Handeln so organisieren kann, dass die angestrebten Ziele – zum Beispiel Wohlbefinden, soziale Anerkennung – erreicht werden.

Aus unterschiedlichsten Gründen geht diese Kontrolle oft verloren. Dann entsteht Stress. Es gibt verschiedene Arten von Kontrollverlust und damit auch verschiedene Formen von Stress. Personen-Umwelt-Interaktionen können übermäßig lange andauern, erfolglos oder aversiv verlaufen oder zu selten oder gar nicht stattfinden. Sehr überspitzt formuliert, entsteht psychosozialer Stress vornehmlich im eigenen Denken.

Eine sehr häufige Stressform ist die Arbeitsüberlastung. Diese entsteht dann, wenn man sich bei der Realisierung seiner sozialen Rollen übermäßig lange mit Aufgaben und Verpflichtungen auseinandersetzt, also sehr viele Alltags- oder Berufsanforderungen erfüllt oder erfüllen muss. Hier wird besonders die quantitative Überlastung hervorgehoben. Ein sehr häufiger Stressfaktor sind soziale Belastungen während der Arbeit. Hier äußern sich belastende Interaktionen mit anderen Personen in sozialen Konflikten und sozialer Zurückweisung. Von einem sozialen Konflikt spricht man, wenn zwei oder mehr Personen, die voneinander abhängig sind, gleichzeitig gegensätzliche oder unvereinbare Absichten verfolgen und versuchen, diese zu verwirklichen. Daraus ergeben sich chronische Stressreaktionen, weil diese Konflikte überwiegend mit negativer Kritik, Zurückweisung oder Abwertung verbunden sind.

Des Weiteren kann ein Mangel an sozialer Anerkennung ein erheblicher Stressfaktor sein. Im Zusammenleben der Menschen steht ihr Wunsch nach Anerkennung und sozialen Kontakten im Mittelpunkt. Wird dieses Bedürfnis nicht befriedigt, kann dies zu chronischem Stress führen. Positive, erwartete und erwünschte Folgen eigenen Handelns – zum Beispiel Anerkennung für erbrachte Leistungen – treten nicht ein. Dementsprechend fühlen sich diese Menschen unbewusst gestresst und die weiter oben geschilderten psychosomatischen Reaktionen treten ein.

Da wir Menschen in starkem Maße fähig sind, uns etwas vorzustellen und uns durch diese Vorstellungen in psychische Stimmungen zu versetzen, sind auch belastende Erinnerungen ein erheblicher Stressor. Durch die gedankliche Auseinandersetzung einer Person mit traumatischen Ereignissen der Vergangenheit kommt es zu belastenden Erinnerungen, die als chronische Folgebelastungen dieser traumatischen Ereignisse gelten können. In der Stressforschung wird angenommen, dass bildhafte Vorstellungen und Erinnerungen an das traumatische Ereignis ausgeprägte Stressreaktionen auslösen können. Die Erinnerungen werden in diesem Fall zu Stressoren und können sich, ähnlich wie Besorgtheit, unwillkürlich aufdrängen. Desgleichen können Sorgen und Besorgnis ein massiver Stressor sein. Sorgen ergeben sich durch die kognitive Auseinandersetzung mit Ereignissen, die in der Zukunft auftreten können, zum Beispiel Arbeitsplatzverlust oder, dass man die Arbeit nicht bewältigen kann. Die Besorgnis bezieht sich auf aversiv bewertete Ereignisse, die möglicherweise in der Zukunft stattfinden werden. Sorgenvolle Gedanken drängen sich meist unfreiwillig auf.

Aus diesen Darstellungen kann man ableiten, dass unsere jeweilige subjektive Wirklichkeit zum größten Teil in unserer Vorstellung stattfindet. Aufgrund unserer Interpretation der Realität fühlen wir uns entweder entspannt und ausgeglichen oder eben gestresst. Bei allen aufgezeigten psychosozialen Stressmodellen laufen die dargestellten psychosomatischen Reaktionen unbewusst ab. Häufig sind es auch Menschen mit Leistungswillen und Idealismus, die ihren beruflichen Aufgaben zwar gerecht werden wollen, dann aber verbittert feststellen müssen, dass die erwarteten Erfolge und Anerkennungen ausblieben, ganz zu schweigen von einem Minimum an Lob. So werden Misserfolge im Arbeitsfeld als Kränkungen und als persönliche Niederlagen erlebt. Das führt schließlich im Lauf der Zeit zu Beeinträchtigungen des Selbstwertgefühls, zu Kommunikationsstörungen, schließlich zum Leistungseinbruch, ängstlich-depressiven Erschöpfungszuständen und zu psychosomatischen Funktionsstörungen – Herz-Kreislauf, Magen-Darm, Rückenbeschwerden und allgemeine Schmerzsyndrome.

Nicht wenigen Burn-out-Betroffenen macht im übrigen Leben auch eine zunehmende Sinnleere zu schaffen. Bei fehlendem Sinnbezug drohen aber noch rascher Erschöpfung, Entfremdung und Erholungsunfähigkeit. Manche Menschen überschätzen auch ihre berufliche Qualifikation und damit ihre Fähigkeiten und sind getrieben von einem bisweilen blinden Ehrgeiz, dessen Keim nicht selten schon in jungen Jahren von ehrgeizigen Eltern gelegt wurde, die ihre eigenen Grenzen durch den Erfolg ihres Kindes zu sprengen versuchten. Es sind ehemalige Wunschkinder: Sie wollen sein, wie von den Eltern gewünscht, und verwünschen sich unbewusst selbst. So hat für manche „Ausgebrannte" ihr Beruf, ihre Position, das Projekt, an dem sie arbeiten, eine besondere, meist unbewusste einzigartige Bedeutung: Selbstverwirklichung, Selbstbestätigung, vielleicht sogar Selbsterhöhung als Selbstbehandlungsmaßnahme gegen eine schlechtes Selbstwertgefühl, als Therapie gegen Entmutigung, Nichtbeachtung, Überforderung, Kränkungen und Demütigungen. Oder auch das Gefühl, eigentlich nur durch Leistung und Anpassung geliebt, geschätzt oder zumindest akzeptiert zu werden. Nach und nach wird das Überengagement auch durch eine sich langsam, aber unerbittlich ausbreitende Erschöpfungsphase gleichsam ausgebremst: Jetzt entstehen verminderte Belastbarkeit, wachsende Stimmungslabilität und vor allem eine bisher nicht gekannte Erholungsunfähigkeit. Auch eine zunehmende Infektanfälligkeit gehört dazu, meist ständige banale Erkältungen und Grippeinfekte. Die Betroffenen werden müde und leiden unter einer alles durchdringenden Mattigkeit oder chronischen Müdigkeit. Am Ende leiden sie unter Erschöpfbarkeit und schließlich regelrechter Kraftlosigkeit. Das Ganze mündet in einen Endzustand, der durch Resignation, Entmutigung, verringerte Frustrationstoleranz, leichte Kränkbarkeit, Niedergeschlagenheit, schließlich sogar durch Minderwertigkeits- und Versagensgefühle gekennzeichnet ist. Die Sichtweise der Betroffenen ist pessimistisch und negativistisch. Einige der schwerwiegendsten Konsequenzen aber betreffen den Arbeitsplatz.

Natürlich reagiert jeder anders, aber immer wieder zu hören sind folgende Charakteristika: Desillusionierung, Gefühl von Widerwillen, Ärger, Versagen, vielleicht auch Entmutigung; Gleichgültigkeit; Schuldgefühle; negative Einstellung mit wachsendem Widerstand, täglich zur Arbeit zu gehen; ständiges Auf-die-Uhr-Schauen im Dienst; Fluchtfantasien und Tagträume; Überziehen von Arbeitspausen, verspäteter Arbeitsbeginn, vorverlegter Arbeitsschluss und wachsende Fehlzeiten; Verlust von positiven Gefühlen gegenüber Patienten bei Ärzten, Mandanten bei Anwälten, Schülern bei Lehrern, Kunden bei Verkäufern: Vorsicht, Feind, ein Kunde kommt! Zunehmend wird nur noch das Notwendigste getan. Es gibt vermehrt tadelnde, negative, reizbare oder gar aggressive Einstellung gegenüber den anderen. Diskussionen mit Mitarbeitern und Vorgesetzten werden vermieden. Die Betroffenen sind immer öfter mit sich selber beschäftigt und werden zunehmend unbeweglich. Es besteht wachsender misstrauischer Widerstand gegen jegliche Veränderungen.

Herrn Itzigs Famillionärsspiel

Seit etwa fünf Jahren litt Herr Itzig zunehmend unter Kopfschmerzen. Er ist in einem weltweit operierenden Unternehmen zweiter Mann der Finanzverwaltung und betreut Milliardengeschäfte. Diesen Posten hat er seit etwa fünf Jahren inne, nachdem er zuvor mehrere Jahre in einem anderen Unternehmen mit Millionen gehandelt hatte. Sein größter Deal in der jetzigen Firma lag einmal bei 14 Milliarden! Mein erster innerer Reflex war sofort, seine furchtbaren Kopfschmerzen dahingehend zu interpretieren, dass ihm das Milliardenspiel Kopfschmerzen bereiten könnte. Aber damit lag ich völlig falsch, was mir recht bald klar wurde, nachdem mir Herr Itzig mit leuchtenden Augen von seiner Tätigkeit und seiner Ausbildung erzählte.
Seine Milliardengeschäfte sah er als Monopoly- oder Schachspiel an. Von Kindheit an hatte er sich für Geldgeschäfte interessiert. In seinem Beruf war er glücklich. Er spielte mit Riesensummen und empfand seine Tätigkeit in keiner Weise als Arbeit. Darin lag sein Problem nicht. Er war seit ungefähr zwölf Jahren verheiratet und hatte zwei Kinder im Alter von vier und zwei Jahren. Seine Frau, die er im Studium kennen gelernt hatte, war mit der Geburt des ersten Kindes aus dem Berufsleben ausgeschieden und hatte auch keine Ambitionen mehr, jemals wieder in den Beruf einzusteigen. Sie war nur noch Mutter. Vorher hatte sich das Paar sehr gut bezüglich des gemeinsamen Berufs verstanden und recht harmonisch miteinander gelebt. Herr Itzig erkannte seine Frau nicht mehr wieder. Sie war völlig besetzt von den Kindern und er wollte ihr bei den Kindern auch behilflich sein und sie entlasten.

Und hier lag das Rätsel seiner Kopfschmerzen: Herr Itzig konnte mit Geld, aber nicht mit Kindern spielen. Es wurde mir aus seinen Erzählungen deutlich, dass seine Frau ebenfalls ein ähnliches Problem hatte und das Paar mit den Kindern völlig überfordert war. Die Kinder bedeuteten für das Ehepaar unbewusst Arbeit, eine Aufgabe, die beide ähnlich rational angehen wollten wie die Geldgeschäfte. Beiden war schmerzlich deutlich geworden, dass Kinder zwar gern spielen, sich aber nicht an Spielregeln halten. Herrn Itzig war es überhaupt nicht in den Sinn gekommen, dass die Kinder und seine Einstellung dazu das Problem sein könnten. Er zerbrach sich den Kopf und entwickelte Kopfschmerzen darüber, dass sein Berufsleben seine Spielwiese war, während sein Privatleben von ihm unbewusst als unlösbare Aufgaben angesehen wurde. Vor allem durch die Haltung der Ehefrau bedingt, hatte er von Beruf Vater und gemeinsam mit seiner Ehefrau Eltern zu sein. „Vater werden ist nicht schwer, Vater sein dagegen sehr", sagte ich zu ihm, Wilhelm Busch zitierend.

Herr Itzig lachte, während er sagte, dass Kinder kein Kinderspiel seien. „Wenn Sie und Ihre Frau nicht die Spielfreude im Umgang mit Ihren Kindern entwickeln können, so werden Sie Ihre Kopfschmerzen nur schwer, wenn überhaupt loswerden", sagte ich. „Leicht gesagt und schwer getan", antwortete er, „meine Frau ist wie besessen davon, dass wir die besten Eltern sein müssen." „Es wäre angebracht, ihr zu verdeutlichen, dass Sie beide auch zu sich gut sein dürfen, und dann geht es der ganzen Familie besser. Wenn es Ihre Kinder immer besser haben sollen, so wird es Ihnen nicht gut gehen. So wie Sie es sich zurzeit eingerichtet haben, ist das für Sie und Ihre Frau ein schlechtes Geschäft. Sie investieren in Ihre Kinder und nichts in sich selbst. So gehen Sie und Ihre Frau als Paar leer aus. Ihre Bilanz ist unstimmig." „Ich sehe keinen Ausweg", antwortete er verzweifelt. „Ich hätte die Idee, dass Sie sich Entlastung dadurch verschaffen, dass Sie eine Kinderfrau engagieren, um auch wieder Zeit und Ruhe für sich und Ihre Frau zu haben", sagte ich. „Grundsätzlich eine gute Sache, aber wie setze ich das bei meiner Frau durch? Sie ist eine so ehrgeizige Mutter!", rief er aus. „Wie bekommt man eine Million oder eine Milliarde?", fragte ich ihn. Er schaute mich verständnislos an. „Eine Milliarde ist eine Eins mit, ich weiß nicht wie vielen Nullen, weil mich Zahlenspiele nicht so sehr interessieren. Auf jeden Fall braucht man wenigstens eine Eins. Machen Sie sich und Ihrer Frau klar, dass Sie beide wieder eins werden müssen, um ‚famillionär' zu werden. Sie sollten Ihrer Frau klar machen, dass Sie beide die Eins sind und nicht die Kinder, sonst bilden Sie keine Gleichung. Sie sind mit Ihren Kopfschmerzen ohnehin schon aus dem Gleichgewicht!"

Herr Itzig nahm in der Folge die Diskussion mit seiner Frau darüber auf und konnte sie überzeugen, dass es für die gesamte Familie gut wäre, eine Kinderfrau zu finden. Ich konnte dem Ehepaar sogar noch konkret behilflich sein, weil eine meiner Patientinnen sehr darunter litt, aufgrund ihrer Pensionierung ihren für sie hochinteressanten Beruf nicht mehr ausüben zu können. Sie war ins Leere gefallen und litt jetzt darunter, keine Kinder und somit vor allem auch keine Enkelkinder zu haben. Nach dem ersten Besuch bei der Familie Itzig fragte der ältere Sohn, wann denn „die Frau" wiederkomme. Auch Frau Itzig war mit der „Wahloma" einverstanden und begann über einen allmählichen Wiedereinstieg ins Berufsleben nachzudenken. In der Folge verlor Herr Itzig allmählich seine Kopfschmerzen.

8. Faulheit – die Gegenbewegung zur Arbeit und zur Tätigkeit

Lasst uns faul in allen Sachen,
Nur nicht faul zu Lieb' und Wein,
Nur nicht faul zur Faulheit sein.
Gotthold Ephraim Lessing

Über den russischen Schriftsteller Alexander Puschkin kursiert folgende Anekdote: Als Jugendlicher hatte er einen Aufsatz über die Faulheit zu schreiben. Er schrieb auf die erste Seite „das", auf die zweite „ist" und auf die dritte Seite „Faulheit", ein geniales Meisterwerk der Verdichtung, im wahrsten Sinne des Wortes gewitzt.

Der Begriff Faulheit bezeichnet ursprünglich den Zustand schlecht gewordenen Obstes und anderer Pflanzen, auch verwesender Tiere, also der Kadaver – man spricht von Kadavergehorsam –, im Sinne von Fäulnis (von faul). Faulheit bezeichnet somit ursprünglich einen Verwesungszustand – also eine Todeserscheinung: Antipode des Lebens und der Lebendigkeit. Faulheit hält den Menschen davon ab, tätig zu sein.

Faulheit bedeutet nicht Muße. In der Antike galt die Muße als erstrebenswertes Ideal, im Sinne von Kontemplation, Betrachtung. Marcus Tullius Cicero prägte den Begriff des otium cum dignitate, der mit wissenschaftlicher und philosophischer Betätigung verbrachten „würdevollen Muße" in Zurückgezogenheit.

Im Christentum gehörte die Faulheit seit alters her zu den sieben Hauptlastern. Die betreffende Kategorie der Acedia, ein Begriff, der kaum noch bekannt ist, umfasste jedoch, wie schon erwähnt, neben der umgangssprachlichen Faulheit auch Trägheit des Herzens, Trübung des Willens, Verfinsterung des Gemüts und Verlust der Tatkraft. Mit Kontemplation oder Muße hatte die Sünde der Acedia nichts zu tun, sondern galt als weltliches wie spirituelles Nichtstun als eine Abkehr von Gott. Die frühere Acedia ist die heutige Depression: Der schwer depressive Mensch ist nicht imstande, irgendetwas zu tun, und hält sich für völlig wertlos. Menschen, die unter schwersten Depressionen leiden, sind mit einem äußerst strengen, erbarmungslosen und verfolgenden Gewissen geschlagen, das ihnen keinerlei Ruhe lässt. Bis zum Ausbruch der Depression – oder des Burn-out – hat der Depressive im Übermaß seine Pflichten erfüllt und maßlos gearbeitet. Für den Protestantismus ist der Fleiß bei der Arbeit Zeichen eines gottgefälligen Lebens. Gott sieht alles; er ist unser Gewissen: Die Psychoanalyse nennt es das Über-Ich, gepaart mit dem Ich-Ideal. Der Depressive hat die Rute der Grammatik verinnerlicht: Erbarmungslos peitscht er auf sich ein und lässt sich nicht beruhigen. Etliche meiner Patienten beschimpfen sich jeden Tag, sofort beim Erwachen ständig: „Du faules, nichtsnutziges Schwein, steh sofort auf und tu etwas Nützliches, anstatt hier so faul herumzuliegen!" Diese Menschen können kaum Ruhe halten, unentwegt müssen sie tätig sein. Sie hetzen durchs Leben. Allerdings ist unsere Epoche von permanenter Unruhe geprägt. Auch die Nächte sind taghell erleuchtet und voll antreibender Rhythmen. Der randvolle Terminkalender ist Ausdruck des höchsten Wertes einer Führungskraft.

Die Menschen hetzen sich. Der Begriff Hetze kommt aus der Sprache der Jäger: Der Jäger hetzt das Wild. Von der Hatz leitet sich das Wort Hass ab. Zuerst hasst der Jäger das Wild. Er kommt ihm immer näher, bis er es tötet. Dann liebt er es so sehr, dass er es verzehrt. Liebe und Hass gehören zusammen.

Mit der Einordnung der Faulheit als Laster werden seit dem Altertum Warnungen verbunden: Träge Menschen seien besonders gefährdet, schwermütig zu werden. Denn wer nicht fleißig arbeite und schaffe, wer nicht sein Leben straff im Griff habe, komme schnell auf abwegige Gedanken und verfalle zu sehr ins Grübeln. „Müßiggang ist aller Laster Anfang", sagt der Volksmund. *Ora et labora et lege* – bete und arbeite und lies! – so lautet die Ordensregel der Benediktiner. Für die Puritaner stand ein fleißiges Leben voller Bescheidenheit (Askese) und Gottesfürchtigkeit an erster Stelle. Die protestantische Arbeitsethik und insbesondere der Calvinismus rückten wirtschaftlichen Erfolg verstärkt ins Zentrum menschlichen Seins.

Das Schlaraffenland: die Gegenwelt zur Arbeit

Dass einem „die gebratenen Tauben nicht in den Mund fliegen", ist verbreitete Redensart in ganz Europa. Was so laut beschworen wird, scheint nicht selbstverständlich zu sein: Die Volksweisheit moralisiert gegen jene, die seit alters von Reisen in ein Land erzählen, wo es anders zugehe und wo auch „wer nicht arbeitet, doch essen soll".

Im Märchen vom Schlaraffenland, einer Umkehr-Utopie, wird die Faulheit dagegen als Tugend dargestellt. Der perfekte Lebensstil ist es hier, unter einem Schatten spendenden Baum zu liegen und ab und zu den Mund zu öffnen, damit einem das Essen in eben diesen Mund fliegt. Jede Form von Arbeit – präziser formuliert: von Tätigkeit – ist hier verpönt. Dass dieses ein Land sei, wo üppig getafelt und reichlich gebechert wird: Diese Vorstellung hat sich bis heute erhalten. Dabei hat Schlaraffenland, verstanden als Schlemmer-Paradies, schon wesentliche Dimensionen verloren, zum Beispiel, dass Essen und Trinken in schlaraffischer Landschaft als öffentliche Ereignisse stattfanden und dass es die Hungerleider waren und nicht nur die Reichen, die hier satt werden konnten – ein Mythos von Paradies, in dem der freie Mensch ohne Arbeitszwang in einer unbeschwerten Gemeinschaft mit seinesgleichen und allen anderen Geschöpfen in Frieden lebt.

Vor allem bedeutet das Paradies, dass nicht gearbeitet werden muss. Als Gegenwelt zur Arbeitswelt erfanden sich die Menschen das Schlaraffenland. Der Begriff leitet sich vom Mittelhochdeutschen *sluraff* ab, was so viel wie Faulenzer bedeutet. Das Land der faulen Affen ist ein fiktives Land diverser Märchen, in dem alles im Überfluss vorhanden ist. „Schlaraffenland" wird deshalb heute meist übertragen verwendet, um auf ein Paradies des Nichtstuns und müßig essenden Herumliegens hinzuweisen. In den Flussbetten des Schlaraffenlands laufen Milch, Honig oder Wein statt Wasser. Alle Tiere hüpfen und fliegen bereits vorgegart und mundfertig durch die Luft. Die Häuser bestehen aus Kuchen. Statt Steinen liegt Käse herum. Genießen ist die größte Tugend der Bewohner des Schlaraffenlands, harte Arbeit und Fleiß wird als Sünde betrachtet. Das heißt offensichtlich, dass auch das Backen und Kochen als Arbeit empfunden wurden, denn dafür gab es in früheren Zeiten – und selbstverständlich bis heute – die Sklaven und Dienstboten.

Sebastian Brant verfasste das Buch *Schlaraffenland* 1494 und persiflierte damit nicht nur überlieferte Paradiesvorstellungen, sondern auch die damals durch Adel und Klerus geprägte feudale Gesellschaft. Ein Märchen der Gebrüder Grimm ist betitelt als *Das Märchen vom Schlauraffenland* und konzentriert sich weniger auf die kulinarischen Aspekte als allgemein auf die Thematik satirischen Rollentauschs. In der Schlaraffenlandfantasie geht es darum, gar nichts zu tun. Wenn man sich das berühmte Gemälde von Pieter Brueghel dem Älteren anschaut, erscheinen die drei dicken Männer, die dort liegen, nicht glücklich. Sie sind faul und träge.

Die Idee einer Art Schlaraffenland gab es bereits im 5. Jahrhundert v. Chr. bei den griechischen Dichtern Telekleides und Pherekrates: „Gebratene Krammetsvögel mit kleinen Kuchen flogen einem in den Schlund hinein." Aus dem weit verbreiteten Mythos vom Goldenen Zeitalter unter der Herrschaft des Kronos hat Platon bezeichnenderweise in seine Utopie *Der Staat* das Motiv übernommen, dass die Menschen dieser Zeit „reichliche Früchte von den Bäumen und viele andere Nahrungsmittel hatten, die nicht aufgrund landwirtschaftlicher Arbeit wuchsen, sondern die die Erde ganz von selbst lieferte" – hier ist die später von Aristoteles ersehnte Automation, von der er die Abschaffung der Sklaverei erhofft, im Sinne einer wunderbaren spontanen Gabenfülle der Natur an die Stelle der mühsamen, schweißtreibenden Feldarbeit getreten. Denn Aristoteles postulierte: „Wenn jedes Werkzeug auf Befehl oder auch vorausahnend das ihm zukommende Werk verrichten könnte, wie des Dädalus Meisterwerke sich von selbst bewegten oder die Dreifüße des Hephaistos aus eigenem Antrieb an die heilige Arbeit gingen, wenn so die Weberschiffchen von selbst webten, dann bräuchte der Werkmeister keinen Gehilfen, die Herren keine Sklaven."

Die Heilserwartungen der Bibel und anderer Utopien handeln von der Abschaffung der Arbeit

In den Heilserwartungen des Alten Testaments geht es nicht um Faulheit und Untätigkeit. Beim Propheten Joel heißt es: „Zur selben Zeit werden die Berge von süßem Wein triefen und die Hügel von Milch fließen und alle Bäche werden voll Wasser sein; und die Dreschzeit soll reichen bis zur Weinernte und die Weinernte bis zur Zeit der Saat, und sollt Brots die Fülle haben und sollt sicher in eurem Lande wohnen." (Joel 4,18) Hier geht es augenscheinlich darum, dass es immer genug zu essen und zu trinken gibt. Desgleichen die Stelle 3. Mose 26,5: „Siehe, es kommt die Zeit, spricht der Herr, dass man zugleich ackern und ernten und zugleich keltern und säen wird; und die Berge werden von süßem Wein triefen, und alle Hügel werden fruchtbar sein."

Faulheit in der Neuzeit

Unter dem Soldatenkönig Friedrich I. wurden in Preußen mehrere Gesetze erlassen, die Faulheit – vor allem von Staatsdienern – unter Strafe stellten. Auch wurde das Tratschen unter Androhung von Prügelstrafe untersagt. Dieser Landesherr, der den französischen Protestanten, den Hugenotten, Aufnahme gewährte, unter anderem auch, um deren Fertigkeiten und Arbeitskraft zu nutzen, führte die strengste Disziplin ein und duldete keinerlei Faulheit. Im 19. Jahrhundert postulierte ein Schwiegersohn von Karl Marx, der nahezu völlig vergessene Arbeiterführer Paul Lafargue, dagegen *Das Recht auf Faulheit*. Er war nicht nur Marx' Schwiegersohn, sondern erhielt von diesem auch seine politische Schulung und war ein wichtiger Mann der internationalen Arbeiterbewegung. Nach dem Tod seines Schwiegervaters sprach er sich – gegen den verstorbenen Schwiegervater – für das Recht auf Faulheit in einem Werk mit folgendem Titel aus: „O Faulheit, erbarme du dich des unendlichen Elends! O Faulheit, Mutter der Künste und der edlen Tugenden, sei du der Balsam für die Schmerzen der Menschheit!"

Er selbst und seine interessante Schrift sind nahezu vergessen. Er schreibt: „Eine seltsame Sucht beherrscht die Arbeiterklasse aller Länder, in denen die kapitalistische Zivilisation herrscht. Diese Sucht, die Einzel- und Massenelend zur Folge hat, quält die traurige Menschheit seit zwei Jahrhunderten. Diese Sucht ist die Liebe zur Arbeit, die rasende Arbeitssucht, getrieben bis zur Erschöpfung der Lebensenergie des Einzelnen und seiner Nachkommen. Statt gegen diese geistige Verirrung anzukämpfen, haben die Priester, die Ökonomen und die Moralisten die Arbeit heilig gesprochen. Blinde und beschränkte Menschen, haben sie weiser sein wollen als ihr Gott; schwache und unwürdige Geschöpfe, haben sie das, was ihr Gott verworfen hat, wiederum zu Ehren zu bringen gesucht. Ich, der ich weder Christ, noch Ökonom, noch Moralist bin, ich appelliere von ihrem Spruch an den ihres Gottes, von den Vorschriften ihrer religiösen, ökonomischen oder freidenkerischen Moral an die schauerlichen Folgen der Arbeit in der kapitalistischen Gesellschaft."

Paul Lafargue, der Atheist, bezieht sich auf die Bibel, auf das Alte wie auch auf das Neue Testament. So schreibt er: „Jehova, der bärtige und sauertöpfische Gott, gibt seinen Verehrern das erhabenste Beispiel idealer Faulheit: nach sechs Tagen Arbeit ruht er auf alle Ewigkeit aus."

Lafargue erkennt, dass die immer besseren, neu erfundenen Maschinen die Menschen nicht befreien, sondern noch mehr an die Kette der Arbeit legen: „Ach! Die Zeit der Muße, die der heidnische Dichter verkündete, ist nicht gekommen; die blinde, perverse und mörderische Arbeitssucht hat die Maschine aus einem

Befreiungsinstrument in ein Instrument zur Knechtung freier Menschen umgewandelt: die Produktionskraft der Maschine verarmt die Menschen."

Lafargue, ähnlich belesen wie sein Schwiegervater, zitiert antike Philosophen und Dichter: „Ein griechischer Dichter aus der Zeit Ciceros, Antipatros, besang die Erfindung der Wassermühle (zum Mahlen des Getreides) als Befreierin der Sklavinnen und Errichterin des goldenen Zeitalters [...] Der Traum des Aristoteles ist heute Wirklichkeit geworden. Unsere Maschinen verrichten feurigen Atems, mit stählernen, unermüdlichen Gliedern, mit wunderbarer, unerschöpflicher Zeugungskraft, gelehrig von selbst ihre heilige Arbeit; und doch bleibt der Geist der großen Philosophen des Kapitalismus beherrscht vom Vorurteil des Lohnsystems, der schlimmsten Sklaverei. Sie begreifen noch nicht, dass die Maschine der Erlöser der Menschheit ist, der Gott, der den Menschen von den sordidae artes, den schmutzigen Künsten und der Lohnarbeit loskauft, der Gott, der ihnen Muße und Freiheit bringen wird." Soweit der vergessene Paul Lafargue. Unsere heutigen Maschinen sind sehr viel eleganter und komplizierter als zu seiner Zeit – aber man hat nicht den Eindruck, dass wir dadurch innerlich freier geworden sind!

Herr Diener, ein Leben ohne Liebe – der quälende Therapieabschnitt

Veränderungen brauchen ihre Zeit. Die Zeit der Psychotherapie ist eine Metamorphose: Äußerlich verändert sich lange Zeit nicht allzu viel, aber innerlich gärt es. Dieser Gärungsprozess ist oft sehr schmerzhaft und quälend. So war es auch in besonderem Maße bei Herrn Diener, den ich bereits im 2. Kapitel vorgestellt habe.

Viele Psychotherapiestunden liefen nach einem ähnlichen Muster ab: Wir klärten etwas, Herr Diener verstand die Problematik intellektuell und fragte dann jedes Mal: „Und wie komme ich da jetzt raus? Wie sieht denn die Lösung aus?" Er fragte das auf eine sehr freundliche Art. Furchtbar freundlich. Er konnte ja seine Aggressionen nicht wahrnehmen, und er artikulierte sie auf diese Weise, mit der unbewussten Absicht, dass ich platzen sollte. Wie ein ungeduldiges Kind fragte er während der Reise, wann wir denn endlich da wären.

Mit dieser Ungeduld war er aber grundsätzlich behaftet. Er schilderte mir immer subtiler, wie getrieben er ständig war. Immer wenn er etwas ausführte, sei es eine private oder eine Tätigkeit bei seiner Arbeitsstätte, überlegte er schon alle kommenden Schritte, immer getrieben, fertig zu werden. Er hatte das unbewusst von seiner Mutter übernommen. So hatte er – wie seine Mutter – keine Freude an seinen Tätigkeiten, sondern war vom Ziel beherrscht. Der Weg und der Prozess waren nicht wichtig. Er wollte immer ans Ziel kommen und musste immer effizient sein. Es musste alles schnellstmöglich erledigt werden. „Sie wollen immer alles erledigen", sagte ich immer wieder. „Daraus resultiert, dass Sie permanent selbst so erledigt sind, dass Sie kaum noch etwas machen können!" „Schön, das sagen Sie mir so wortgewitzt, aber wie ändere ich das?", fragte er ungeduldig. „So, wie Sie Ihre Effizienzhaltung und absolute Zielorientierung entwickelt haben: durch Übung. Jahrelang haben Sie eingeübt, alles mit Riesenschritten erledigen zu müssen. Jetzt dürfen Sie langsam lernen, sich an kleinen Schritten zu erfreuen. Sie dürfen stehen bleiben, um voller Freude das zu betrachten und zu genießen, was sie gerade tun, und nicht schon gedanklich beim nächsten und übernächsten Schritt und darüber hinaus schon beim Ziel oder sogar beim nächsten Plan zu sein. Mach nur einen Plan und sei ein großes Licht, und mach dann noch 'nen zweiten Plan, gehen tun'se beide nicht!", beendete ich frei nach Brecht meine Empfehlung. „Sie sind ein Brechtmittel", sagte er angewidert und fuhr fort: „Immer wenn ich mich dazu ermahne, es mit Ruhe anzugehen, dann kommt eine innere Stimme zum Vorschein und beschimpft mich als faule Sau." „Es ist elementar wichtig, dass Sie dieser Stimme regelmäßig widersprechen. Es ist die Stimme Ihrer leistungsorientierten Mutter. Sie dürfen jetzt die Revolution dagegen beginnen. Revolutionszeiten sind unruhige Zeiten. Es herrscht Krieg! Da fühlen Sie sich nicht gut, was in der Natur der Sache liegt. Der innere Friede muss erkämpft werden. Das ist ein zähes Ringen und braucht seine Zeit. Sie waren nicht von Beginn an so arbeitsam, das haben Sie langsam gelernt und Sie können auch nur langsam umlernen." So und ähnlich sprach ich immer wieder mit ihm. Er war zwar der Patient, was bekanntlich von *patientia*, der Geduld, kommt. Auf alle Fälle brauchten wir beide sehr viel Geduld. Auch ich habe in jeder Stunde Geduld zu üben. Immer wieder zitiere ich während der Psychotherapiestunden, und so auch bei Herrn Diener, Goethes Mephisto: „Nicht Wissenschaft, noch Kunst allein, Geduld muss bei dem Werke sein."

Die Wiederholung ist bekanntlich die Mutter des Studiums. In vielen Wiederholungen, relativ variationsreich gingen viele Psychotherapiestunden dahin und kreisten um diese Thematik. Herr Diener fühlte sich lange Zeit sehr gequält. Für ihn war die Therapie unangenehme Arbeit, während ich ihm versicherte, dass ich es sehr interessant mit ihm fände, weil ich mit großem Interesse verfolgte, wie er sich selbst permanent Schachmatt zu setzen versuchte. Er beschimpfte mich: „Sie sind regelrecht zynisch. Ein Sadist, der sich am Elend seiner Patienten freut!" „Sie haben recht", entgegnete ich, „ich bin ein Zyniker. Diogenes, der erste Zyniker, wurde so genannt, weil er bissig wie ein Hund war und wie ein Hund in der Tonne lebte. Das griechische Wort Zyniker bedeutet Hund. Ich beschnüffele Sie und zwicke Sie in die Waden, wie es Hunde tun, damit Sie in Bewegung und aus Ihrem Elend herauskommen!" „Sie sind ein ständiger Besserwisser!", schimpfte er. „Wenn ich es nicht besser wüsste, brauchten Sie nicht zu mir zu kommen und relativ gut zu bezahlen", reizte ich ihn weiter.

Es war meine Absicht, den Patienten zu provozieren, also seine Aggressionen hervorzulocken. Herr Diener war ja unbewusst hochgradig autoaggressiv mit seiner Unfähigkeit, sich des Lebens freuen zu dürfen. Ein wesentlicher Bestandteil der Therapie war es ja, seine Aggressionen von sich selbst weg- und zum Therapeuten zu führen. Er beschimpfte sich selbst aber beharrlich weiter, indem er sagte, dass er wohl zu doof sei, mich zu verstehen. Es war ein beharrliches Ringen, mit vielen Finten und Wiederholungen.

Herr Diener lernte viel und veränderte sich, zunächst unmerklich für sich selbst, aber zunehmend in allen Lebensbereichen. Er war aber selten zufrieden. Das war seine Grundhaltung: permanent unzufrieden mit sich selbst zu sein. Aber er lockerte sich auf, vor allem erkannte er sich selbst immer besser. Außerdem berichtete er voller Freude immer öfter, dass er gemeinsam mit seiner Freundin etliche Stunden am Wochenende „nur herumgegammelt" habe. Er hatte gelernt, stundenweise „faul" zu sein, wozu er selbst den passenden Spruch formulierte: „Faulheit stellt den Fäulnisprozess dar, der für die Verwandlung eminent wichtig ist!"

Frau Marxheim, ein Leben der Aufopferung – die allmähliche Emanzipation

Sie kennen die Patientin aus dem 2. Kapitel. Nachdem sie immer wieder ausführlich erzählt hatte, wie das Leben ihrer Eltern und auch ihr eigenes Leben durch und durch von Sparsamkeit beherrscht war, sagte ich ihr schließlich, dass sie sich ihr Leben erspare. „Auf Ihren Grabstein könnten Sie schreiben lassen: ‚Sie hat sich ihr Leben erspart'", sagte ich und fuhr fort: „Sie sind schon zu Lebzeiten gestorben mit Ihrer Sparsamkeit für sich selbst und der Aufopferung für andere!" Das hatte gesessen und wirkte nachhaltig. Sie war sichtlich schockiert, aber mitunter ist die Schocktherapie unvermeidlich. Ich hatte mich für dieses Vorgehen entschieden, weil Frau Marxheim mit einer trotzigen Wut gegen sich selbst geäußert hatte, dass sie es verstehe, viele ihrer Selbstverständlichkeiten ändern zu müssen, aber sie wolle lieber warten, bis sich die Veränderung schon einstellen werde. „Da können Sie lange warten. Ich halte das für eine ‚Wartungsarbeit', bei der nichts herauskommen wird. Wie in Samuel Becketts berühmtem Theaterstück *Warten auf Godot*. Godot wird immer erwähnt, erscheint aber nie, so wird sich die von Ihnen erwartete Veränderung nicht einstellen."

„Es ist doch von selbst so entstanden, dass ich mir nichts gönne, so muss es sich doch auch von selbst wieder verändern", entgegnete sie trotzig. „Von selbst geschieht gar nichts", versuchte ich sie zu erreichen. „Wir Menschen lernen alles: laufen, sprechen, essen trinken usw. Wir lernen es durch Übung und durch unbewusste Nachahmung. Sie dürfen sich aktiv verändern, indem Sie ganz bewusst Neues einüben." „Sie haben mir empfohlen, spazieren zu gehen. Aber immer wenn ich das verwirklichen will, werde ich so müde und kraftlos, dass ich es beim besten Willen nicht kann", erklärte sie mir. Nachdem ich eruiert hatte, dass sie immer erst alle täglichen Pflichten im Haushalt erledigte, empfahl ich ihr, zuerst spazieren zu gehen, und wenn sie dann noch Kraft hätte, sich anschließend dem Haushalt zuzuwenden. „Es geht vorrangig um ihre Rehabilitation. Sie stehen an erster Stelle. Zuallererst sind Sie sich selbst verpflichtet", sagte ich ihr. „Mir kommt schon beim bloßen Gedanken daran Angst hoch, nicht zuerst meine Pflichten zu erfüllen. Den Vogel, der morgens singt, holt abends die Katze, hat meine Mutter immer gesagt", so begründete sie mir ihre Aversion gegen die empfohlenen Spaziergänge, die sie eigentlich sehr liebte. Sie saß ohnehin in ihrer mehr oder weniger unbewussten Falle, alles zu einer Aufgabe gerinnen zu lassen und somit an nichts eine Freude entwickeln zu können.

Allmählich, nach vielen ähnlichen Dialogen der geschilderten Art, begann sie, kleine Veränderungen vorzunehmen. Sie ging nach den Therapiesitzungen in ein kleines Restaurant essen, was sie bisher noch nie in ihrem Leben getan hatte, nämlich an einem Wochentag essen zu gehen. Auch die kleinen Spaziergänge konnte sie verwirklichen. Sie erzählte mir, dass sie mich gedanklich immer dabei und meine Stimme im Ohr hatte. Sie höre mich immer sagen, dass sie es sich gut gehen lassen dürfe. „Für wen oder was soll ich sparen?", sagte sie. „Ich will mir mein gutes Leben nicht mehr ersparen!"

Ein weiterer Durchbruch gelang ihr, nachdem sie ihre Teilnahme bei einer Familienfeier abgesagt hatte. Sie sorgte sich bis dahin immer, was die anderen Familienmitglieder von ihr denken könnten. Ich verdeutlichte ihr mit Erfolg, dass sie sich damit ja in einer Endlosschleife eigener Gedanken befände und sie denken dürfte, dass es ihr egal sei, was die anderen denken könnten. „Es geht darum, dass Sie Ihre eigenen Gedanken beeinflussen. Sie können immer wieder denselben Gedanken haben: Ich bin souverän und ständig mit mir konfrontiert. Ich bin meine eigene Gesetzgeberin. Wenn ich nicht tue, wonach mir zumute ist, wird es mir weiterhin schlecht gehen."

In der Folge lernte sie allmählich, sich zuerst zu fragen, was sie wollte und was sie nicht wollte und was von ihr erwartet wurde – vor allem von ihrem überstrengen Gewissen, das bisher das ungeschriebene Gesetz ausgab, erst die Pflicht zu tun, dann nochmals die Pflicht und dann nichts mehr. Allmählich konnte sie dieses Gesetz modifizieren und verändern. Sie revoltierte mit Erfolg gegen die bisherigen, unhinterfragten Selbstverständlichkeiten und befreite sich allmählich von der Sparsamkeit und Lieblosigkeit gegenüber sich selbst.

9. Nicht für die Schule, für das Leben lernen wir

Es ist besser, nichts zu tun, als mit vieler Mühe nichts zu schaffen.
Aphorismus unbekannter Herkunft

Der Begriff Pädagoge leitet sich aus einem altgriechischen Wort ab und bezeichnete ursprünglich den Sklaven, der die Schüler zu ihren Lehrern begleitete im Sinne von Knabenführer, dann Aufseher, Erzieher der Knaben, Leiter, Lehrer. Nicht selten wurden gelehrte Sklaven auch mit der übrigen Erziehung und Bildung betraut. Die Pädagogen waren sehr streng und wenig beliebt. Sie schlugen ihre Zöglinge häufig und duldeten keinen Widerspruch. Die Gewalt steht somit am Anfang der Erziehung. Schule diente also nicht der Freude am Lernen und am Leben, förderte also nicht das Interesse (*inter esse* = mittendrin sein, interessiert sein), sondern diente und dient als Herrschaftsinstrument und soll den Kindern und Jugendlichen das Arbeitsverhalten beibringen, vor allem heute das intellektuelle oder kognitive Arbeitsverhalten.

Im Großen und Ganzen muss der Mensch alles erst lernen. Hier sollte man bedenken, dass in vielen Kulturen mittels des Schmerzes die kulturspezifischen Gegebenheiten in die Körper der jungen Menschen nahezu „eingeschrieben" werden. Das geschieht durch Initiationsrituale, die man überall findet. Die bekannteste Form dieser „Einschreibung in den Körper" sind die Beschneidungen, wodurch Erinnerungsspuren in den Körper geschnitten werden, damit der Initiand sich jederzeit an die Kulturgebote erinnert. Im Vordergrund steht dann nicht mehr die spielerische Freude, sondern der ernsthafte, todernste Schmerz. Haben wir doch gesehen, welche Kreativität und Lebensfreude durch das Spiel entwickelt wird, so hat unsere Gesellschaft in Jahrhunderten aus dem spielerischen Lernen die Unterdrückung der Freude, ja der Lebensfreude gemacht. So wird Kindern, die heute ihren ersten Gang zur Schule unternehmen, immer wieder gesagt, dass jetzt der Ernst des Lebens beginne. Dementsprechend entwickeln sich Menschen, die ihr Leben in Arbeitszeit und Freizeit unterteilen – hier der Ernst und die Mühsal, dort die Freude, die fast auch schon wieder zur Pflicht wird.

Freie und unfreie Künste

Aus der Antike überliefert sind die freien Künste des Mittelalters. Diese „Artes liberales" bezeichnen die Kenntnisse und Fertigkeiten, die zur Ausbildung eines freien Mannes für nötig erachtet wurden. Diese „Sieben Freien Künste" waren Lehrfächer oder Wissenschaften, deren Beherrschung im Allgemeinen nicht für den Lebensunterhalt diente. Sie umfassten Bestandteile der einst sehr hoch entwickelten und hoch stehenden antiken Bildung und Wissenschaft. Die Beschäftigung der Sklaven nannte man in der Antike im Gegensatz dazu „Artes illiberales" („unfreie Künste") oder „Artes mechanicae" („mechanische Künste"), worunter man rein manuelle Arbeiten verstand. Im Mittelalter bedienten die geistlichen wie die weltlichen Angehörigen der schreib- und lesekundigen Oberschichten sich der Freien Künste, um einerseits der Kirche und ihrem Glauben zu dienen und andererseits ihren gesellschaftlichen – freien und hierarchisch übergeordneten – Aufgaben und Pflichten nachzukommen.

Mit Beginn der Renaissance wurden die sieben freien Künste dann allmählich von der „Ars mechanica", der vormals unfreien Kunst, abgelöst. Nietzsche, der direkte Vordenker Freuds in der Nachfolge Schopenhauers, meinte zu Recht, dass es zur Umwertung aller Werte gekommen sei. Zur „Ars mechanica" zählte auch die Medizin. Das Wort Medizin bedeutet „messen". Das heißt, dass der gesunde Mensch im rechten Maß und nicht maßlos leben sollte, was aber wiederum nicht heißt, dass der Mensch vermessen, sondern in Harmonie sein sollte. Die sieben freien Künste umfassten das sogenannte Trivium: Grammatik, Dialektik und Rhetorik, und das Quadrivium: Geometrie,

Arithmetik, Astronomie/Astrologie und Musik. Bildlich wird eine Figur der sieben „Artes liberales", nämlich die Grammatik, immer mit einer Rute dargestellt. Den Schülern wurde im wahrsten Sinne des Wortes etwas eingebläut.

Die Schule erzieht die Menschen zur Arbeit

Mit der Reformation kam es zu einem Niedergang des katholischen Bildungswesens im 16. Jahrhundert. Danach verstärkten sowohl die katholischen als auch die evangelischen Kirchen ihre pädagogischen Anstrengungen; im Rahmen der Gegenreformation gründete der Jesuitenorden ab 1540 in ganz Europa Schulen. Die protestantischen Schulen dienten vor allem auch der Verbreitung des dazugehörigen Wertekanons, der später als protestantische Arbeitsethik bekannt wurde: Askese und Arbeit erscheinen als Voraussetzung für den Einzug ins Himmelreich; Rausch und Genuss werden dagegen abgelehnt. Dieser Ansatz tauchte auch in der Sozialfürsorge auf. Waren Almosen bislang ein Akt christlicher Nächstenliebe, wurde nun von den Armen selbst ein Beitrag verlangt. Arbeitshäuser und andere Zwangseinrichtungen wurden zunehmend zur Bekämpfung des Bettelwesens eingerichtet.

Im Dreißigjährigen Krieg wurden große Teile Mitteleuropas entvölkert und das Bildungswesen kam weitgehend zum Erliegen. Unter dem Eindruck des Religionskrieges entstand um 1632 die erste große pädagogische Abhandlung: Jan Amos Komenský (Johannes Comenius) verfasste die *Didactica Magna*, in der er eine Allgemeinbildung für alle Menschen forderte. Neben der Förderung der Muttersprache sollte Pädagogik auf eine gerechte Gesellschaft hinarbeiten, in der Menschen unabhängig von Geschlecht oder Herkunft die gleichen Rechte haben. Sein Ziel war es, „allen alles zu lehren". Die aus diesem Ideal abgeleitete Schulpflicht wurde in den nächsten hundert Jahren in den meisten deutschen Teilstaaten eingeführt, allerdings keineswegs im Sinne des Comenius: Im 18. Jahrhundert entstanden vermehrt

Arbeits-, Zucht-, Waisen- und Spinnhäuser. Die Insassen gehörten vor allem den marginalisierten unter- und außerständischen Bevölkerungsgruppen, der migrierenden und ortsfesten Armut an. Die Manufakturarbeit in diesen Einrichtungen, für die freiwillig kaum jemand zu gewinnen war, ging mit religiöser Belehrung einher. Die Lebens- und Arbeitsbedingungen dort waren ein Hohn auf den moralischen wie auf den aufklärerischen Anspruch. Viele der Internierten überlebten sie nicht. Interessanterweise entwickelten sich aus den ehemaligen Arbeits- und Zuchthäusern vielfach Psychiatrische Kliniken, im ausgehenden 18. und beginnenden 19. Jahrhundert zunächst als Hospital. So auch das Zentrum für Soziale Psychiatrie Philippshospital im Ortsteil Goddelau – dem Geburtsort Georg Büchners – der Gemeinde Riedstadt, in dem ich selber sechs Jahre als Assistenzarzt beschäftigt war – ich schreibe ganz bewusst „beschäftigt war" und nicht „gearbeitet habe". Es gehört zu den ältesten psychiatrischen Krankenhäusern der Welt. Es wurde 1535 von Landgraf Philipp I. von Hessen gestiftet. Zu der Zeit, als ich von 1984 bis 1990 dort Assistenzarzt war, stand die Arbeitstherapie im Zentrum der „Therapie" – neben der psychopharmakologischen Therapie. Psychotherapie war zu dieser Zeit dort nicht sehr stark vertreten.

Erwünscht sind disziplinierte Menschen. Interessant ist die Bedeutung des Wortes Disziplin; nämlich ein auf Ordnung bedachtes Verhalten. Die Herkunft des Wortes ist aus dem Lateinischen, nämlich *disciplina*, was Lehre, Zucht und Schule bedeutet. Nach Otto von Corvin in seinem „Pfaffenspiegel" von 1845 ist das Wort Disziplin der Oberbegriff für alle Strafen und Züchtigungen.

In der Reformation wurde die Forderung laut, allgemeine Schulen für Jungen und Mädchen einzurichten. Grundlegend ist Martin Luthers Schrift von 1524 *An die Ratsherren aller Städte deutschen Landes, dass sie christliche Schulen aufrichten und halten sollen.* Von historischer wie auch für das Ausland beispielgebender Bedeutung ist die Entwicklung in Preußen: die *Prin-*

cipia regulativa Friedrich Wilhelms I. (1717) für ganz Preußen, die durch das Generallandschulreglement Friedrichs des Großen von 1763 bestätigt wurden. Der Fisch beginnt vom Kopf an zu stinken, sagt ein vulgäres Sprichwort. Das kann man bezüglich Friedrich Wilhelms I. Umgang mit seinem Sohn und Nachfolger, Friedrich dem Großen sagen. Der Vater ist mit dem Sohn sehr sadistisch umgegangen und hat ihn sehr oft verprügelt. Absoluter Drill und Gehorsam wurde seitens des jähzornigen Vaters vom Sohn verlangt, so dass der spätere Friedrich der Große nur fliehen wollte, was er auch mit seinem Freund Katte tat. Dieser wurde dann vor den Augen Friedrichs hingerichtet. Der unbedingte Gehorsam war das Hauptziel der Erziehung in Preußen. Friedrich II., der zunächst den *Antimachiavell* geschrieben hatte, identifizierte sich dann mit seinem Vater und regierte als absolutistischer Herrscher und entfachte in seinem ersten Regierungsjahr 1740 den ersten schlesischen Krieg.

In Deutschland ist die Schulpflicht nicht im Grundgesetz oder einem anderen Bundesgesetz geregelt, sondern – aufgrund der Kulturhoheit der Länder – in den einzelnen Landesverfassungen. Die Länder sind hierzu durch das Grundgesetz ermächtigt. So steht in Artikel 7, Absatz 1 des Grundgestzes: „Das gesamte Schulwesen steht unter der Aufsicht des Staates", woraus sich nach einer Entscheidung des Bundesverfassungsgerichts auch das Recht der Länder ergibt, durch Landesgesetze die Schulpflicht zu bestimmen.

Durchsetzung der Schulpflicht

Die Erziehungsberechtigten sind zur Überwachung der Schulpflicht ihrer minderjährigen Kinder verpflichtet. Befreiungen von der Schulpflicht werden nur in eng begrenzten Fällen ausgesprochen. Kommen die Erziehungsberechtigten ihrer Pflicht nicht nach, dann stellt dies eine Ordnungswidrigkeit dar, die einen Bußgeldbescheid zur Folge haben kann. Bei der Verhängung von Ordnungsmaßnahmen muss zwischen Verletzung der

Schulpflicht durch Schüler und der durch die Erziehungsberechtigten unterschieden werden. Die Verhängung eines Bußgeldes gegen Schüler setzt deren Strafmündigkeit voraus. Als vorletzte Konsequenz können die Schüler auch zwangsweise zur Schule gebracht werden, wenn zuvor alle anderen Versuche erfolglos blieben. Das ist der Schulzwang.

Der Schulzwang wurde durch das Reichsschulpflichtgesetz vom 6. Juli 1938 gesetzlich normiert und ist heute in den Schulgesetzen der einzelnen Bundesländer geregelt. Als letzte Konsequenz kann den Eltern schließlich durch ein Familiengericht das Personensorgerecht ganz oder teilweise entzogen werden. Mit Beschluss vom 31. Mai 2006 hat das Bundesverfassungsgericht die Schulpflicht aller Kinder höchstgerichtlich bestätigt und die strafrechtliche Sanktionierung bei Nichteinhaltung der Schulpflicht durch religiöse Eltern als verfassungsgemäß beurteilt. Die Schülerinnen und Schüler sind zur aktiven Mitarbeit am Unterricht verpflichtet. Die in Deutschland übliche Praxis, Eltern die Erlaubnis zum Heimunterricht als Ersatz für den Schulunterricht zu verweigern, wird in den USA als „politische Verfolgung" bewertet. Schulverweigerer aus Deutschland, die ihre Kinder selbst unterrichten wollen, erhalten in den USA politisches Asyl.

Unterm Rad. Hermann Hesses Leid an und durch die Schule

So hat Hermann Hesse in seinem weitgehend autobiografischen Roman *Unterm Rad* (1906/1972) das Leiden an der Schule paradigmatisch dargestellt. Auch seine schwere pubertäre Krise, deretwegen er im Jahr 1892 in der psychiatrischen Klinik war, wird deutlich. Der Roman beginnt, als der 14-jährige Hans Giebenrath sich auf das „Landexamen" vorbereitet, das besonders begabten und fleißigen Schülern aus nichtvermögenden Familien den Weg in die Klosterschule, in das Studium und auf Kanzel oder Katheder öffnen soll.

Hans Giebenrath „hat im Kampf mit Ermüdung, Schlaf und Kopfweh lange Abendstunden über Cäsar, Xenophon, Grammatiken, Wörterbüchern und mathematischen Aufgaben verbrütet, zäh, trotzig und ehrgeizig, oft auch der Verzweiflung nah". Mit diesem Zitat ist die psychosoziale Struktur vor 100 Jahren umrissen, wie die Schule des christlichen Abendlandes als Initationsinstrument wirksam ist.

Schule war in dieser Zeit und ist heute in diskreterer Form nach wie vor ein Herrschaftsinstrument, um die Jugendlichen in die Kultur einzuführen. Durch Hesses Roman wird deutlich, dass diese Form des Lernens überhaupt nichts mit einem Spiel, sondern mit schindender Arbeit zu tun hat. Das Instrument Schule repräsentiert die harten Initiationsrituale, die man in nahezu allen Kulturen der Erde vorfand. In Hesses Roman kommt der preußische Schuldrill implizit zum Ausdruck, den Heinrich Heine ein halbes Jahrhundert zuvor mit folgenden Zeilen darstellt:

Sah wieder preußisches Militär,
Hat sich nicht sehr verändert.
[...]

Noch immer das hölzern pedantische Volk,
Noch immer ein rechter Winkel
In jeder Bewegung, und im Gesicht
Der eingefrorene Dünkel.

Sie stelzen noch immer so steif herum,
So kerzengrade geschniegelt,
Als hätten sie verschluckt den Stock,
Womit man sie einst geprügelt.
Ja, ganz verschwand die Fuchtel nie,
Sie tragen sie jetzt im Innern.

Hans Giebenrath schafft das begehrte Examen und bereitet sich auf das Klosterseminar vor. Er wusste genau, dass er im Seminar noch ehrgeiziger und zäher arbeiten müsse, wenn er auch dort der Beste sein wollte. Von allen wichtigen Erziehungspersonen war er angespornt, angestachelt und in Atem gehalten worden, Primus zu sein, und war es gewesen. Schließlich hatte er allmählich selber seinen Stolz dareingesetzt, obenan zu sein und niemanden neben sich zu dulden. Im Seminar angekommen, gerät Hans Giebenrath bald in tiefe Konflikte zwischen den Leistungserwartungen der Erwachsenen, seinem eigenem Ehrgeiz einerseits und den emotionalen Erwartungen der Schulkameraden wie auch den eigenen Freundschaftssehnsüchten andererseits. Aus dem gesamten Roman geht hervor, dass stringente Arbeit gefordert und erwartet wird. In keiner Weise steht die spielerische, freudige Aneignung des kreativen Wissens im Vordergrund. Disziplinierte Arbeit ist das Schulideal.

Kurz vor Ferienbeginn diagnostiziert der Oberamtsarzt „einen nervösen Schwächezustand" bei Hans, so dass er nach Hause entlassen wird. In seiner Not und Verlassenheit kam dem kranken Knaben der Gedanke an den Tod in den Sinn. Sein Vater wartet auf ihn „mit wachsendem Grimm" und ein „starkes Meerrohr bereit", weil dieser angesichts der ehrgeizigen väterlichen Wünsche schulisch versagt hat. Aber da treibt der so bedrohte Hans bereits als Leichnam langsam im dunklen Fluss talabwärts. Der Schüler Hans Giebenrath ist an den Anforderungen der Schule zerbrochen. Die überhöhten Unterordnungs- und Leistungsforderungen der Erwachsenen, die von Versagens- und Verlustängsten begleitete unterwürfige Willfährigkeit und eifrige Strebsamkeit sowie das Scheitern dieser Strategie im Jugendalter sind offensichtlich.

Ähnlich hat es Frank Wedekind in seinem Theaterstück *Frühlings Erwachen* dargestellt. Oder Robert Musil in seinem ersten Roman *Die Verwirrungen des Zöglings Törleß*. In heutiger Zeit hat sich die Telefonhilfe für Schüler etabliert, um den Schülern Hilfe gegen ihre Verzweiflung wegen der Schule anzubieten. Hesse selber war zunächst an der Schule zerbrochen. In einem Brief aus der psychiatrischen Klinik an seinen Vater, forderte er als 14-jähriger diesen dazu auf, ihm einen Revolver zu schicken, damit er sich umbringen könne. Es entbehrt nicht einer gewissen Ironie, dass dieser Schulversager später den Nobelpreis für Literatur bekam. Bis zum heutigen Tag müssen Generationen von Schülern über Hesse Klassenarbeiten schreiben, so wie über den anderen großen Schulversager der deutschen Literatur, Thomas Mann.

Die Schule hat sich seit dem Erscheinen von Hesses Roman nicht wesentlich geändert: In der Schule wird nicht Lebensfreude vermittelt, sondern Arbeit, Höchstleistung und Mühe. Nicht die Freude am Lernen und am Leben stehen im Vordergrund, sondern die Arbeit, ganz im Gegensatz zu Jesu Botschaft in seiner Bergpredigt. Die Mühsal der Arbeit ist die zentrale Botschaft unserer Schule. Gemessen an der Bergpredigt, ist das christliche Abendland nicht als christlich zu bezeichnen. Jesus würde mindestens als Faulenzer abqualifiziert werden. Denn spätestens mit der Schule beginnen die Sorgen. Wie heißt es aber dagegen in der Bergpredigt: Sorgt euch also nicht um morgen; denn der morgige Tag wird für sich selbst sorgen.

In dem berühmten Film *Die Feuerzangenbowle*, sagt einer der Lehrer, dass die Schule eine bittere Medizin zu sein habe. Die bittere Medizin, so sagt der Volksmund, ist bekanntlich die wirksamste. Auf eine sehr heitere Form wird in diesem Film die furchtbar strenge Zucht der wilhelminischen Schule dargestellt, wie sie sich in veränderter Form bis in unsere Zeit fortgesetzt hat. Interessanterweise gibt es nach dem Zweiten Weltkrieg kaum noch – bekanntere – kritische belletristische Literatur zum Thema Schule, wenn man von Günter Grass' *Katz und Maus* einmal absieht oder vom Roman *Deutschstunde* von Siegfried Lenz: In diesem Roman wird die Verquickung von Schuld und Pflicht in der Zeit des Nationalsozialismus auf den Punkt gebracht. Die oft gehörte Entschuldigung, man habe ja nur „seine Pflicht getan", wird hier kritisch durchleuchtet. Siggi Jepsen, Insasse einer Anstalt für schwer erziehbare Jugendliche, bekommt in einer Deutschstunde das Aufsatzthema „Die Freuden der Pflicht" gestellt und scheitert daran: Er gibt ein leeres

Heft ab. Der Grund für sein Scheitern liegt jedoch darin, dass er zu diesem Thema zu viel zu sagen hat – im Arrest, der von ihm freiwillig immer weiter verlängert wird, schreibt Siggi nun über seine Kindheit und Jugend, die gerade unter dem Zeichen der „Pflicht" stand. Auch die DDR-Funktionäre haben später nur „ihre Pflicht erfüllt".

Um noch einmal auf Hesse zurückzukommen, so hat er jahrelang psychotherapeutische Hilfe, belegt von etwa 1908 bis 1928, für sich in Anspruch genommen. Er hatte sogar einige psychotherapeutische Sitzungen bei C. G. Jung, korrespondierte mit Sigmund Freud und las viele seiner Schriften. Hesse hat sich im Laufe seines Lebens vermehrt dem Spiel zugewandt, was in seinem letzten großen Hauptwerk von 1943 zum Ausdruck kommt: *Das Glasperlenspiel*. Die Hauptfigur dieses Romans ist der Magister Ludi Josef Knecht. Der Namenszusatz „Magister Ludi" verweist auf ein Wortspiel, denn der lateinische Wortstamm *ludus* bedeutet sowohl „Spiel" als auch „Schule". Josef Knecht, will das Spiel ins Zentrum des Lebens rücken. Weg von der Arbeit, weg vom Nutzen, hin zur Lebensfreude. „Wir sollen nicht aus der Vita activa in die Vita contemplativa fliehen, noch umgekehrt, sondern zwischen beiden wechselnd unterwegs sein, in beiden zu Hause sein", lässt Hesse Josef Knecht sagen.

Die Lehrerin, die sich als Teufel fühlte und allmählich lernte, ihre Hölle zu verlassen

Frau Schrader, eine 35-jährige Grundschullehrerin, suchte mich auf Empfehlung ihres Internisten wegen schwerer Angststörungen, Panikattacken und ausgeprägter Erschöpfung auf. Es kam für sie überhaupt nicht infrage, sich von mir dienstunfähig schreiben zu lassen, weil sie unentwegt vorrangig an ihre Schulkinder dachte, die sie überhaupt nicht allein lassen durfte. Sie lebte für die Kinder, eigene Bedürfnisse durfte sie nicht haben. Sie hatte, seit sie im Schuldienst war, sehr viele zusätzliche Ehrenämter angenommen, so dass sie kaum Zeit für sich selbst hatte. Sie war von morgens bis abends für die Schule tätig, führte viele Gespräche mit den Eltern ihrer Schulkinder, besuchte Weiterbildungsseminare und bereitete an den Wochenenden ihre Schulstunden vor.

Sie lebte in der Überzeugung, dass sie sich immer noch mehr einsetzen müsste, weil ihre Leistungen immer noch nicht gut genug waren. Ihren Schulleiter sah sie als eine Vaterfigur an, dem sie es immer recht machen wollte. Immer wenn er weitere Anforderungen stellte, versuchte sie, ihn zufriedenzustellen. In der Grundschule war sie selbst keine allzu gute Schülerin gewesen, wobei sie das Gefühl hatte, dass ihre damalige Klassenlehrerin sie nicht leiden konnte und ihr gegenüber immer sehr ungerecht war, so dass sie wegen ihrer Ängste eine regelrechte Blockierung erlebte und nur ausreichende bis mangelhafte Leistungen erbringen konnte. Deshalb war sie auch zunächst nicht ins Gymnasium gekommen. Als sie dann aber auf der weiterbildenden Schule eine Lehrerin bekam, von der sie sich sehr unterstützt fühlte, konnte sie aufgrund ihrer deutlich verbesserten Leistungen zum Gymnasium überwechseln. Sie hatte sich so stark mit dieser Lehrerin identifiziert, dass sie selbst Lehrerin werden wollte. Mehr oder weniger unbewusst, so konnten wir das in den ersten psychotherapeutischen Sitzungen klären, wollte sie an ihren jetzigen Schulkindern alles wiedergutmachen, was ihr in der Grundschule an Kränkungen widerfahren war. So hatte sie diese Haltung entwickelt, in erster Linie für die Schule und ihre Schülerinnen und Schüler da sein zu müssen, damit kein Schüler ihrer Klassen dieselben Leiden zu erdulden sollte wie sie selbst damals in der Grundschule. Unter Tränen berichtete sie, dass sie in der Studienzeit nur gelernt hatte, um immer die Beste zu sein.

Die ersten psychotherapeutischen Sitzungen waren davon beherrscht, der Patientin aufzuzeigen, dass sie von einem unbarmherzigen Gewissen geplagt war, das ihr keine Ruhe ließ und sie immer wieder maßlos antrieb, damit sie bis zur Erschöpfung permanent Höchstleistungen erbrachte. Dabei hatte sie immer noch das Gefühl, nicht gut genug zu sein.

Mit den schlechtesten Schülerinnen war sie am stärksten identifiziert und fühlte sich wegen ihrer schwachen Leistungen schuldig. Für sie bot sie extra Stunden zur Schularbeitenbetreuung an, so dass sie in den Ferien völlig erschöpft war und kaum aus dem Bett herauskam. Schluchzend berichtete sie mir, wie schrecklich ihre Kindheit in der Grundschule gewesen war, weil ihre Eltern, der ältere Bruder, die Großeltern sowie alle Mitschüler sie hänselten und ihr immer wieder verdeutlichten, dass sie eine schlechte Schülerin war. „Sie schlagen jetzt gedanklich permanent so auf sich ein, wie es damals alle Menschen mit Ihnen taten", sagte ich zu ihr. „Sie haben dieses schlechte Selbstbild so sehr verinnerlicht, dass es bis jetzt durch keine Höchstleistung von Ihnen revidiert werden konnte", fuhr ich fort. „Sie sind erbarmungslos mit sich und sind der festen Überzeugung, dass Sie es nicht anders verdient haben, als ständig leiden zu müssen. Sie fühlen sich als eine Verbrecherin, die eine lebenslange Strafe verdient hat!" Mit diesen Worten hatte ich Frau Schrader emotional erreicht. Schluchzend bestätigte sie: „Sie haben völlig recht! Mir darf es überhaupt nicht gut gehen. Es ist wie ein böser Geist in mir, der mich andauernd vorwärts treibt und immer sagt, dass ich ein faules Stück bin, ganz schlecht bin und deshalb kein gutes Leben verdient habe. Immer wenn ich mich ausruhen will, dann beschimpfe ich mich als faule Sau, elende Schlampe, miese Ratte und mit noch viel schlimmeren Schimpfwörtern, die ich Ihnen gegenüber nicht auszusprechen wage!"

„Sie gehen weiterhin – und schlimmer – so mit sich um wie die damalige furchtbare Lehrerin und alle anderen Menschen, von denen Sie umgeben waren. Sie reinszenieren das, was Sie auf eine furchtbare Art in Ihrer Kindheit kennen gelernt haben. Sie sind die abgelehnte Außenseiterin, während alle anderen von Ihnen gut behandelt werden. Sie meinen, es nicht anders verdient zu haben. Sie sind sich selbst gegenüber die strafende Lehrerin von damals. Sie haben dieses Beziehungsmuster festgeschrieben. Ein Skript der ewigen Wiederholung. Ihnen gegenüber sind Sie die schlechte Lehrerin und meinen, dass bei Ihnen Hopfen und Malz verloren ist." „Sie treffen ins Schwarze, Herr Dunkel!", lachte sie unter Tränen. „Sie dürfen sich jetzt umfärben. Aus dem schwarzen Schaf, als das Sie sich fühlen, dürfen Sie eine schöne Frau und Lehrerin gestalten. Sie malen doch so gern. Malen Sie ein neues Bild von sich. Sie sind in der nächsten Zeit Ihre wichtigste Schülerin, die Ihre ganz besondere Fürsorge braucht", so versuchte ich sie zur Veränderung hinzuführen. „Sie sollten jetzt erst einmal sich bejahen und gegenüber anderen die Verneinung üben, vor allem gegenüber Ihrem Rektor, wenn er schon wieder neue Leistungsforderungen an Sie stellt. Auch würde ich Ihnen empfehlen, einige Ehrenämter niederzulegen." Sie erschrak: „Das geht auf keinen Fall, die Schule ist so unterbesetzt!", rief sie aus. „Es geht darum, dass Sie das richtige Maß für sich finden. Sie sind aus der Balance, weil Sie sich selbst missachten. Mit Ihrem Symptom, dem Schwindelgefühl, und allen anderen Symptomen, wofür kein Organbefund vorliegt, teilen Sie sich mit, dass Sie sich verändern und eine andere Haltung sich selbst gegenüber einnehmen müssen. Um diesen Schwindel umzudeuten, schwindeln Sie sich ständig vor, dass Sie schlecht sind. Sie dürfen sich anderweitig belehren. Wenden Sie Ihr Engagement als Lehrerin bei sich selbst an. Sie dürfen sich verändern. Ihre pädagogischen Fähigkeiten sind nunmehr vorrangig bei Ihnen anzuwenden! Eines Ihrer Zusatzämter ist ja die Theatergruppe für die Schule. Sie dürfen ein Rollenstudium mit sich beginnen, indem Sie nicht mehr die Rolle der schlechten Schülerin vor sich selbst spielen!" Sie hatte mit dieser Theatergruppe sehr viel Erfolg, und die Schule hatte mit den Aufführungen schon mehrfach Preise bekommen. „Ich weiß nicht, wie ich das machen soll. Ich habe die feste Überzeugung, dass ich unabänderlich so bin, wie ich mich nun schon so lange fühle", erwiderte sie völlig resigniert. „Wie lernt ein Schauspieler seinen Text und seine Rolle?", fragte ich rhetorisch und beantwortete die Frage gleich selbst. „Indem er den neuen Text ständig memoriert und die neue Rolle einstudiert! Das wissen Sie ganz genau, aber Sie wollen es nicht wissen, weil Sie an Ihrer Rolle festhalten wollen, damit niemand, noch nicht einmal Sie selbst, Ihre massive Wut erkennt. Sie sind furchtbar –", und ich betonte das Wort furchtbar sehr vehement, „freundlich!"

„Das stimmt", antwortete sie, „und es ist viel furchtbarer, als Sie es sich vorstellen können. Jeden Abend, kurz vor dem Einschlafen, steigt seit Jahren ein Bild der schlimmsten Apokalypse in mir auf, wodurch ich dann erst einmal wieder hellwach bin. Ein Atompilz, der alles vernichtet, in den furchtbarsten Farben und einem riesigen Lärm. Noch nie habe ich das jemandem erzählt. Ich habe jeden Abend eine furchtbare Angst vor dem Einschlafen, weil ich dieses furchtbare innere Bild nicht sehen will."

Sie bebte vor Angst und war leichenblass, als sie das unter Tränen mehr herausschluchzte als erzählte. „Sie werden dieses Bild verlieren und sich davon befreien, wenn Sie allmählich zu anderen Menschen und Ihren übermäßigen Pflichterfüllungen Nein sagen und sich selbst dafür mehr bejahen", versuchte ich sie zu beeinflussen. „In mir tobt die Hölle und ich komme mir wie der Teufel vor, ja, ich komme mir nicht so vor, ich bin der Teufel", klagte sie sich weiter an. „Der Teufel war ein gefallener Engel; sie dürfen sich aus dem Sturz wieder aufrichten. Kein Fall ist irreversibel!", betonte ich. „Sie sind, obwohl Sie Dunkel heißen, ein Luzifer, ein Lichtbringer", lächelte sie. „Die Erleuchtung dürfen Sie haben, ich kann nur versuchen, aus dem Dunkel ein wenig Licht in die richtige Richtung zu lenken", nahm ich ihre Bemerkung auf. „Sie haben sich bis jetzt in der Hölle befunden. Sie dürfen diesen ungastlichen Ort allmählich, aber nur allmählich verlassen, sonst wird Ihnen kalt. Denn in der Hölle ist es heiß. Sie sind die Einzige, die das bewirken kann. Sie können in der Hölle bleiben, aber Sie dürfen Sie verlassen, wenn Sie es wollen!"

Frau Schrader schwieg längere Zeit. Es war kein furchtbares, sondern ein harmonisches Schweigen. Wir hatten eine Sternstunde, nach langer Zeit der quälenden psychotherapeutischen Sitzungen. Sie war zwar noch in ihrer Hölle, sah aber schon den Sternenhimmel und auch die Morgenröte des kommenden Tages. Diese Sitzung bewirkte zwar keine sofortige Veränderung, war aber ein Meilenstein des psychotherapeutischen Prozesses. Allmählich konnte die Patientin in der Folgezeit einige ihrer Zusatzämter in der Schule aufgeben.

Mit sehr viel Unterstützung meinerseits rang sie sich endlich dazu durch, selbst als Schauspielerin an einer Laientheatergruppe teilzunehmen. Sie hatte große Angst davor, weil sie sich außerhalb des Unterrichts und schulischer Veranstaltungen nirgendwo gerne zeigte, am liebsten wäre sie außerhalb der Schule unsichtbar gewesen. Ich konnte sie gerade mit dem Argument, dass sie selbst als Schauspielerin ja nicht in Erscheinung trete, schlussendlich davon überzeugen, an dieser Theatergruppe teilzunehmen. Sie wurde dort sehr gut aufgenommen und hatte erstmals in ihrem Leben das Gefühl, eine richtige Familie gefunden zu haben. Der Regisseur und Leiter dieser schon lange bestehenden Gruppe war ihr ein väterlicher Freund, der sie sehr ermutigen konnte. Die Theatergruppe spielt satirische Stücke, wofür die Patientin ohnehin schon immer ein ausgeprägtes Faible hatte. Während der Proben fühlte sie sich zunehmend gut aufgehoben und richtig gut; sogar eine Hauptrolle bekam sie eines Tages. Mit dem Einstieg in die Theatergruppe traute sie sich auch, neben der Einzeltherapie an einer Gruppentherapie bei mir teilzunehmen. In einer der Teilnehmerinnen erkannte sie mehr oder weniger unbewusst ihre frühere furchtbare Grundschullehrerin. Mehr und mehr konnte sie diese Teilnehmerin attackieren, was für diese ebenfalls günstig war, weil auch sie lernte, sich mit Erfolg zur Wehr zu setzen.

Die Psychotherapie bei Frau Schrader ist noch nicht abgeschlossen. Aber die Patientin ist nicht mehr wiederzuerkennen. Sie hat deutlich weniger Symptome, häufig ist sie sogar symptomfrei. Wenn sie erneut schwerere Symptome entwickelt, versucht sie zu erkennen, aus welcher unbewussten Ursache sich die Symptomatik speist. Oftmals schafft sie es allein, das neue Rätsel zu lösen, häufig braucht sie dazu noch meine Hilfe. Aber dann gelingt es ihr viel schneller als früher, die Problematik zu erkennen. Sie geht unterdessen ausgesprochen gern in ihre Schule und lebt auch gern außerhalb der Schule. Seit etlichen Monaten lebt sie mit ihrem Partner zusammen, und das offensichtlich sehr glücklich. Sie kann in allen Lebensbereichen eigene Interessen benennen und auf eine für sie gute Art und Weise durchsetzen. Die Frequenz unserer Einzelstunden ist reduziert worden, wir sehen uns im Einzelgespräch durchschnittlich alle vier bis sechs Wochen, während sie wöchentlich zur Gruppentherapie kommt. Sie freut sich am Lebenskampf und ist – nicht nur im Theater – voller Lebens- und Spielfreude. Die Schule hat sich nicht geändert – aber ihre Sichtweise. Wie schon mehrfach in diesem Buch betont, ist unsere Welt so beschaffen, wie sie uns erscheint und wie wir sie sehen wollen.

10. Selbstwertvorstellungen werden über Arbeit und Geld bestimmt

Woyzeck: Wir arme Leut – Sehn Sie, Herr Hauptmann: Geld, Geld!
Wer kein Geld hat – Da setz einmal eines seinesgleichen auf die
Moral in der Welt! Man hat auch sein Fleisch und Blut. Unser-
eins ist doch einmal unselig in der und der andern Welt. Ich glaub',
wenn wir in den Himmel kämen, so müssten wir donnern helfen.
Georg Büchner, Woyzeck

Warum hatte Kant keine Kinder?
Er hat sich zu sehr mit dem Ding an sich beschäftigt!
Alter Kalauer unbekannter Herkunft

Dieser Witz fällt mir oft ein, wenn ich über Phänomene wie Arbeit, Spiel, Freiheit, Wert, Geld, Hunger, Durst, Musik und dergleichen nachdenke. Eine objektive Wahrheit im eigentlichen Sinne ist sehr schwer – eher gar nicht – zu finden, vor allem bei Phänomenen wie beispielsweise Gefühlen oder aber den Phänomenen wie Arbeit, Spiel, Müßiggang oder Faulheit. Früher war es üblich, Phänomene wie die Mathematik, die Musik, die von mir schon häufiger zitierte Grammatik als Allegorien darzustellen. Wie kann man einen Wert darstellen? Und erst recht den Selbstwert? Es ist üblich, Werte durch Geld darzustellen. Nur ist auch Geld eine Fiktion.

Geld ist ein Urphänomen menschlichen Zusammenlebens, so alt wie die Menschheit selbst und ein Bestandteil des Menschen wie die Sprache und die Religion. Geld gehörte in allen Kulturen zum heiligen Raum. Geld war etwas Heiliges. In der Antike wurde in allen Hochkulturen eine Tempelwirtschaft betrieben. Geld gehörte überall zunächst zum sakralen Bereich. Die Übersetzung des althochdeutschen *gelt* bedeutet sinngemäß ein Opfer an die Götter. Das angelsächsische *gild* – heute *guild* – bedeutet ursprünglich Opfergemeinschaft.

Geld, primär ein Tauschmittel zwischen Menschen und Göttern

Das häufigste Bildmotiv auf frühen Münzen ist das Opfertier, an dessen Stelle die Zahlungsmittel getreten sind. Die Etymologie verweist auf den religiösen Ursprung des Geldes. Man redete früher, wenn man vom Geld sprach, von pekuniären Angelegenheiten, ein Begriff, der nur noch wenig geläufig ist. Pecunia leitet sich von *pecus*, dem Opfervieh ab, und der Begriff *Obolus* hängt mit dem griechischen Wort für Opferspieß zusammen. Nach ursprünglich orientalischem Ritus opferten die Griechen Stiere. Aus dem Kreise der Eingeweihten bekam zunächst jeder seine Fleischportion, später dann symbolisch einen Spieß, der das Fleisch repräsentierte.

Es gab vieles, was als Geld angesehen wurde, so beispielsweise die Kaurischnecken, die in Asien und Afrika, aber auch in Europa in großem Umfang als Zahlungsmittel dienten, in Teilen Afrikas offiziell noch bis 1923. Wir bewegen uns, wenn wir unsere alltäglichen Geldgeschäfte tätigen, in einer virtuellen Welt. Geld ist ein Medium, ein Symbol, allerdings ein Symbol mit dem höchstwahrscheinlich größten, allgemeinverbindlichen Wahrheitsgehalt weltweit, daher Währung, die für alle verbindlich wahr ist.

Psychiatrisch formuliert, ist Geld eine Art legitimierter Beziehungswahn. Geld ist ein Symbol, an das alle glauben. Der Begriff Kredit gehörte schon im 15. Jahrhundert zum Standardwortschatz. Er ist aus dem italienischen *credito* entlehnt, was Leihwürdigkeit bedeutete und aus dem lateinischen *credere* entwickelt wurde, was Vertrauen schenken, Glauben schenken bedeutete.

Geld ist ein Symbol

Das Wort Symbol leitet sich ab vom griechischen Verb *symballein*, zusammenfügen oder zusammenwerfen. In vielen Religionen findet man einen Sonnenkult, also die religiöse Verehrung der Sonne als Symbol einer Gottheit. Der Sonnenkult steht in der mythologischen Deutung dem Lichtmythos nahe. Die Sonne als

Lichtbringer und Energieträger symbolisiert in vielen Religionen die lebenspendende (also zunächst die weibliche) Kraft. Geld hatte und hat die Funktion der Zurschaustellung von Rang und Reichtum. In Babylonien – und so auch in Israel, Ägypten, Griechenland und Rom – waren die Tempel Handelszentralen. Die von den Astronomen geschaffene Gewichtsordnung bestimmte die griechische und überhaupt alle gültigen Gewichtsordnungen. Und damit wären wir beim Sternenhimmel und somit bei astronomischen Geldzahlen: Millionen, Milliarden, Billionen – unvorstellbar, und dennoch wird mit diesen Riesensummen alltäglich operiert.

Bei den alten Babyloniern repräsentierten die Metalle symbolisch die Himmelsgottheiten. Die Verteilung der Metalle an die Gottheiten erfolgte nach der Übereinstimmung mit der Farbe der Gestirne am Firmament. Demnach symbolisierte Gold die Sonne, Silber den Mond und Kupfer die Venus. Die Wertrelation von Gold und Silber – 1:13 1/3 –, wie sie die Babylonier aufstellten, blieb im gesamten Altertum gültig. Sie ist indessen kein Ausdruck der damaligen Marktlage, sondern vielmehr das Verhältnis der Umlaufgeschwindigkeit von Sonne und Mond um die Erde. Geld ist, was gilt, wo es gilt und so viel, wie es gilt.

Medaillen und Münzen haben zwei Seiten: auf der einen das idealisierte Bildnis eines markanten Kopfes, zunächst eines Gottes, später eines münzprägenden Herrschers, und auf der anderen Seite die mit Ornamenten und staatlichen Emblemen garnierte Zahl. Die beiden Seiten einer Münze gehören und halten ersichtlich zusammen. Sie decken einander. Auch eine Bankgutschrift ist letzten Endes für den Kontoinhaber in demselben Sinne ein „Wertversprechen" wie das Opfertier für den Wettergott, den man um Regen anflehte; der Empfänger fühlt sich durch die Möglichkeit bereichert, Güter und Leistungen dafür zu erwerben, soweit und solange er von dieser Möglichkeit innerlich überzeugt ist und der Gültigkeit des Versprechens vertraut.

Versprechen und Vertrauen sind die zentralen Begriffe des Geldwesens. Geld ist ein „dokumentiertes Wertversprechen" und bedarf „allgemeiner Geltung" der „Massengewohnheit der Annahme". "Geldwertbewusstsein" ist ein sozialpsychologisches Phänomen: Die wertende Einstellung der Gesamtbevölkerung zum geltenden Geld, ihr Glaube an das Geld und damit der Geldwert schlechthin mündet in der „Geldillusion": Diese Illusion besteht in der Meinung, dass die Geldeinheit immer gleich bleibt, so dass sie als Wertmaßstab für andere Dinge dienen kann, und dass sie selbst nicht gemessen zu werden braucht. Diese „Illusion", die nichts anderes ist als der Glaube an das Geld, ist die Vorbedingung für jede Geltung des Geldes und in Zeiten gesunden Geldwesens die Grundlage der Währung. In der Illusion gibt es ausgeprägte Berührungspunkte zwischen dem Geldwesen und der Malerei. Das Wesen des Geldes und sein Wert wurzeln in der Psyche der Menschen. Die Kraft, die die Verflüssigung der Bodenschätze ermöglicht, ist die Vorstellungskraft, die Imagination, die dem gefühlsmäßigen Bereich der menschlichen Psyche entstammt. Es geht um die Vorstellung, dass die Noten dadurch gedeckt seien, dass man im Notfall vom Staat verlangen könne, die im Boden vergrabenen Schätze zu heben und somit die Noten mit Gold zu honorieren.

Salz war und ist Geld

Ihr seid das Salz der Erde.
Matthäus 5,13

Das Bild vom Salz der Erde weist auf die unabdingbare, verantwortungsvolle Aufgabe der Jünger Jesu an der Welt hin. Entsprechend wird auch das Bild fortgeführt: „Wenn das Salz seinen Geschmack verliert, womit kann man es wieder salzig machen? Es taugt zu nichts mehr; es wird weggeworfen und von den Leuten zertreten."

Dieses Bild vom Salz wird heutzutage nicht so recht verstanden, wenn man nicht weiß, wie kostbar das Salz war und ist. Salz war ein frühes Zahlungsmittel, weil es ein existenziell lebenswichtiges Nahrungsmittel ist. So war der Salzhandel das früheste Gewerbe in Rom. Die älteste Siedlung der Römer, der Palatin, wurde zur Sicherung eines wichtigen Handelsweges, der alten Salzstraße – der Via Salaria – errichtet. Das lateinische Wort für Salz, *sal* steckt in dem Wort Salär, dem Lohn. Die römischen Legionäre bekamen ihren Lohn, das *salarium*, in Salz ausgezahlt. Money, la Monnaie, Moneten und Münzen – alle Begriffe leiten sich von einer früheren Gottheit, der Juno Moneta, der römischen Göttin der Fruchtbarkeit und Ehefrau Jupiters ab. In deren Tempel befand sich die Münzstätte der alten Römer. Die Salzgewinnung war nur an bestimmten Orten möglich und man brauchte dafür spezialisierte Handwerker. Berühmt waren beispielsweise die Salzbarren aus den Hochland Äthiopiens. Sie wogen bis zu 900 Gramm und waren beim Transport zum Schutz mit dünnen Holzspänen umwickelt.

Warum war und ist das Salz so kostbar? Speisesalz ist der am meisten konsumierte Mineralstoff der menschlichen Ernährung. In gelöster Form liegt Kochsalz in Form von positiv geladenen Natrium- und negativ geladenen Chloridionen vor, die jeder für sich eine lebenswichtige Rolle für den Wasserhaushalt, das Nervensystem, die Verdauung und den Knochenaufbau spielen. Der Körper eines Erwachsenen enthält etwa 150 bis 300 Gramm Speisesalz und benötigt täglich ein bis drei Gramm zum Ausgleich des Verlusts durch Schweiß und Ausscheidungen. Bei einigen Erkrankungen oder starkem Schweißaustritt kann der tägliche Kochsalzverlust 20 Gramm erreichen. Ist der Salzgehalt zu hoch, wird durch Flüssigkeitsausstoß überschüssiges Natriumchlorid ausgeschieden, womit ein nicht unerheblicher Verlust an Wasser verbunden ist. Die Folge ist ein instinktiv ausgelöster Durst. Der Konsum von weniger als zwei Gramm täglich wirkt sich negativ aus, da die geringe Salzkonzentration im Körper des Betroffenen jedes Durstgefühl stoppt und so zu einer Austrocknung führt.

Salz ist ein Medikament. In der modernen Medizin ist Salz direkt lebensrettend: So wird nach starkem Blutverlust, etwa bei einer Operation oder einem Unfall, eine 0,9-prozentige Lösung von Natriumchlorid in Wasser zur Auffüllung des Blutvolumens intravenös verabreicht; es handelt sich um isotonische Kochsalzlösung, auch physiologische Kochsalzlösung genannt.

Auch Lithium gehört zu den Salzen. Im menschlichen Organismus sind geringe Mengen Lithium vorhanden. Während meines letzten Klinikaufenthaltes (als Patient) im Jahr 1968 bekam ich als zusätzliches Medikament Lithium, was damals erneut in der Psychiatrie entdeckt worden war. Die Abschlussdiagnose in meinem bis dahin 24-jährigen Leben war ja „eine Schizophrenie mit manischen Zügen". Es heißt im Überweisungsbrief weiter: „Wir behandelten mit Haloperidol, davon hatte er zuletzt täglich 3 mg, außerdem mit Quilonum® (letzte Dosis drei Tabletten täglich, Lithiumspiegel nie über 0,45 mval). Die letzte Dosis sollte noch einige Zeit beibehalten werden."

Bei psychiatrischen Erkrankungenn wird Lithium seit etwa 60 Jahren regelmäßig eingesetzt, wobei ich quasi ein Patient der ersten Generation sein „durfte", der dieses Medikament bekam. Dr. Zeller hatte es mir damals regelrecht angedient. Als ich West-Berlin 1969 verlassen hatte, habe ich es – wie alle anderen Psychopharmaka – in die Toilette gespült und nie mehr eingenommen. Es wird gegen bipolare Affektstörungen, Manie, Depression und Cluster-Kopfschmerz eingesetzt. Lithium scheint den Salzhaushalt mit zu regulieren. Lithium greift in den zellulären Natrium-Kalium-Strom ein. Dadurch wird vermutlich insgesamt die zentrale Erregbarkeit des Gehirns herabgesetzt und hat somit eine Vielzahl von Wirkungen auf das zentrale Nervensystem.

Zigaretten sind Geld

Während des Zweiten Weltkriegs und danach gab es sogar eine Zigarettenwährung, die ihren Siegeszug 1941 in den von deutschen Truppen besetzten Gebieten und in der Heimat, jedoch zur gleichen Zeit auch beispielsweise in England antrat. Die Zigarette war damals eine international gültige Werteinheit; sie ist handlich, leicht zu transportieren, praktisch verpackt, ziemlich haltbar und zufällig nach Größe und Gewicht international „genormt". Entstanden aus dem unabweisbaren Bedürfnis der Besatzungstruppen nach einem universell verwendbaren, billigen und einheitlichen Wertübertragungsmittel für den Handelsverkehr mit der Bevölkerung, nahm die Zigarette im Tauschverkehr bald die Funktion des allgemeinen Tauschmittels, des Wertmaßstabs und teilweise sogar des Zahlungsmittels an – jene vier Funktionen, auf die das Wesen des Geldes zurückzuführen ist.

In England waren es die amerikanischen Soldaten, die neben ihrem Wehrsold hinreichend mit ihren heimischen Markenzigaretten ausgestattet waren, um damit der englischen Bevölkerung kleine und größere Gelegenheitsdienste und Gaben zu lohnen. In den deutsch besetzten Ländern Europas trat der Soldat mit seiner Zigarettenration als Käufer auf den Plan, und innerhalb Deutschlands pflanzte sich bei dem Misstrauen, das durch die Inflation 1923 dem Papiergeld mindestens seit Kriegsausbruch unbewusst stets entgegengebracht wurde, der Tauschverkehr der Zigarette von der Wehrmacht bis in weite Kreise der Zivilbevölkerung fort. Im Schwarzmarkt nach dem Krieg war sie die eigentliche Währung. Die Zigaretten waren deshalb so wertvoll, weil Nikotin ein wunderbares Psychopharmakon ist: Nikotin wirkt beruhigend, es hebt die Stimmung, es ist appetitmindernd. Hunger ist der beste Koch; in dieser Zeit war Nahrung so knapp wie selten. Geld ist in einem solchen Fall noch unmittelbare Nahrung.

Zeit ist Geld

Der amerikanische Puritaner Benjamin Franklin, Mitunterzeichner der amerikanischen Verfassung und eng befreundet mit dem „Vater" der Wirtschaftslehre, Adam Smith, beschreibt in seinem Aufsatz mit dem Titel *Zeit ist Geld* aus dem Jahr 1748 Folgendes: „Bedenke, dass Geld von einer zeugungskräftigen und fruchtbaren Natur ist. Geld kann Geld erzeugen, und die Sprösslinge können noch mehr erzeugen und so fort. Fünf Schillinge umgeschlagen sind sechs, wieder umgetrieben sieben Schilling drei Pence und sofort, bis es hundert Pfund Sterling sind. Je mehr davon vorhanden ist, desto mehr erzeugt das Geld beim Umschlag, so dass der Nutzen schneller und immer schneller steigt. Wer ein Mutterschwein tötet, vernichtet dessen ganze Nachkommenschaft bis ins tausendste Glied. Wer ein Fünfschillingstück umbringt, mordet alles, was damit hätte produziert werden können: Ganze Kolonnen von Pfunden Sterling! … Bedenke, dass die Zeit Geld ist; wer täglich zehn Schillinge durch seine Arbeit erwerben könnte und den halben Tag spazieren geht oder auf seinem Zimmer faulenzt, der darf, auch wenn er nur sechs Pence für sein Vergnügen ausgibt, nicht dies allein berechnen, er hat neben dem noch fünf Schillinge ausgegeben oder vielmehr weggeworfen. … Wer täglich einen Groschen nutzlos ausgibt, gibt an sechs Pfund jährlich nutzlos aus, und das ist der Preis für den Gebrauch von hundert Pfund. Wer täglich einen Teil seiner Zeit zum Werte eines Groschens verschwendet (und das mögen nur ein paar Minuten sein), verliert, einen Tag in den andern gerechnet, das Vorrecht, hundert Pfund jährlich zu gebrauchen. Wer nutzlos Zeit im Wert von fünf Schillingen vergeudet, verliert fünf Schillinge und könnte ebenso gut fünf Schillinge ins Meer werfen. Wer fünf Schillinge verliert, verliert nicht nur die Summe, sondern alles, was damit bei Verwendung im Gewerbe hätte verdient werden können – was, wenn ein junger Mann ein höheres Alter erreicht, zu einer ganz bedeutenden Summe aufläuft." Die hier dargestellten Überzeugungen haben dazu geführt, dass Lebenszeit mit Arbeitszeit gleichgesetzt wird. Das Dasein hat nur dann einen Wert, wenn es in nützlicher Geldarbeit gelebt wird. Das wertvollste, was wir haben, ist Zeit, unsere Lebenszeit. Unsere Lebenszeit wird permanent in Geld aufgewogen – sei es mit der Arbeitszeit, sei es in vielen Wettkämpfen, bei denen es um Bruchteile von Sekunden geht: Der Sieger ist dann (fast) unbezahlbar. Jeder Quadratmillimeter seines Trikots kostet riesige Werbesummen.

Karl Marx' Überlegungen zum Geld

Bei Karl Marx, an dessen Denkmal in Berlin einst ein Graffito stand: „Jungs, war ja nur so 'ne Idee von mir", finden sich sehr komplexe psychologische Erkenntnisse über das Geld. Nach Marx ist der Besitzer des Geldes so sehr mit dem Geld identifiziert, dass das, was er zahlen kann und erwirbt, er selbst wird. So groß die Kraft des Geldes sei, so groß ist die Kraft seines Besitzers. Die Eigenschaften des Geldes sind seines Besitzers Eigenschaften und Wesenskräfte. Er formuliert wörtlich: „Das, was ich bin und vermag, ist also keineswegs durch meine Individualität bestimmt. Ich bin hässlich, aber ich kann mir die schönste Frau kaufen. Also bin ich nicht hässlich, denn die Wirkung der Hässlichkeit, ihre abschreckende Kraft ist durch das Geld vernichtet."

Karl Marx meint, dass das Geld das höchste Gut sei, also sei sein Besitzer gut. Ist man geistlos und hat Geld, so ist man als Besitzer des Geldes eben nicht geistlos, da das Geld der wirkliche Geist aller Dinge ist. Zudem kann derjenige, der Geld besitzt, sich die geistreichen Leute kaufen. Und wer die Macht über die Geistreichen hat, ist der nicht geistreicher als der Geistreiche, so fragt Marx.

Er selbst war ein hochbezahlter Ghostwriter, indem er sich von Friedrich Engels, der vielleicht genauso geistreich wie Marx war, sehr umfassend finanzieren ließ. Marx hatte viele kluge Lehrer, die seinen geistigen Reichtum vermehrten, unter anderem Heinrich Heine, den er in Paris oft an dessen Krankenlager – seiner berühmten „Matratzengruft" – besuchte. Dort teilte Heine ihm immense geistige Visionen mit, die er unter Opiumkonsum gewann, das er wegen seiner furchtbaren Schmerzen einnahm.

Der bloße Gedanke an das Geld lässt bei vielen Menschen – und nicht bei anderen Tieren – Freude aufkommen. Überhaupt, angenehme Vorstellungen triggern den Nukleus accumbens und heben die Stimmung. Lauschen wir weiter Karl Marx und folgen ihm, der sein ganzes Leben unter Geldmangel litt: „Ich, der durch das Geld alles, wonach ein menschliches Herz sich sehnt, vermag, besitze ich nicht alle menschlichen Vermögen? Verwandelt also mein Geld nicht alle meine Unvermögen in ihr Gegenteil? Wenn das Geld das Band ist, das mich an das menschliche Leben, das mir die Gesellschaft, das mich mit der Natur und den Menschen verbindet, ist das Geld nicht das Band aller Bande? Kann es nicht alle Bande lösen und binden? Ist es darum nicht auch das allgemeine Scheidungsmittel? Es ist die wahre Scheidemünze, wie das wahre Bindungsmittel, die chemische Kraft der Gesellschaft. Geld ist die sichtbare Gottheit, die Verwandlung aller menschlichen und natürlichen Eigenschaften in ihr Gegenteil, die allgemeine Verwechslung und Verkehrung der Dinge; es verbrüdert Unmöglichkeiten. Geld ist die allgemeine Hure, der allgemeine Kuppler der Menschen und Völker."

Marx beschreibt das Geld als das entäußerte Vermögen der Menschheit. Was man als Mensch nicht vermag, das kann man sich durch Geld verschaffen. Mit Geld kann man nach Marx nahezu alles verwandeln. Geld verwandelt unsere Wünsche aus Wesen der Vorstellung, es übersetzt sie aus ihrem gedachten, vorgestellten Dasein in ihr sinnliches, wirkliches Dasein, aus der Vorstellung in das Leben. Die wahre Ware ist nach Marx, der aller Wahrscheinlichkeit nach sicher auch Schopenhauers Werk *Die Welt als Wille und Vorstellung* gelesen hat, das Geld und damit die Vorstellungskraft! Marx meint, dass das Geld die Treue in Untreue, die Liebe in Hass, den Hass in Liebe, die Tugend in Laster, das Laster in Tugend, den Knecht in den Herrn, den Herrn in den Knecht, den Blödsinn in Verstand, den Verstand in Blödsinn verwandelt. In vielen Fällen ist das höchstwahrscheinlich so, aber:

Geld ist nicht die wahre Wertvorstellung, sondern das Selbstwertgefühl

Und dennoch – man kann eben nicht alles kaufen –, hier irrt Marx und wird von Jesus und Freud überholt: Denn nur der Glaube kann Berge versetzen! Eins – und das ist das Allerwichtigste – kann überhaupt nicht gekauft werden, für keine Geldwährung der Menschheit: Selbstvertrauen oder ein gutes Selbstwertgefühl. Auch kann man das Selbstwertgefühl nicht unbedingt durch Anhäufen von umfassendem Wissen oder die Ausübung eines sozial anerkannten Berufs erwerben. Ich möchte bei der Darstellung einer Persönlichkeit, deren Selbstwertgefühl so schwer erschüttert ist, dass das Leben nicht mehr lebenswert erscheint, auf eine berühmte deutsche literarische Figur zurückgreifen: Goethes Doktor Faust ist ein sehr gebildeter Mann, von dem man sehr gern annehmen möchte, dass er so viel erreicht hat an „bürgerlichen Werten", so dass er sich doch sehr anerkannt fühlen und doch wenigstens zufrieden sein müsste, hat er doch Philosophie, Juristerei und Medizin „und leider auch Theologie" studiert. Aber er sagt dann:

Bilde mir nicht ein, was Rechts zu wissen,
Bilde mir nicht ein, ich könnte was lehren,
Die Menschen zu bessern und zu bekehren.

Er bildet sich ein! Es geht um das innere Bild seiner selbst. Dieses innere Bild gibt uns Kraft oder auch Schwäche: die Einbildungskraft. Unfähig zur Bewältigung der unmittelbaren Lebensrealität, hat sich Faust zurückgezogen und ist, enttäuscht von der Buchgelehrsamkeit, dem narzisstischen Größenwahn verfallen, die absolute Wahrheit allein und für sich im Makrokosmos- und Erdgeist-Zeichen erfahren zu können. Der narzisstischen Beziehungslosigkeit entspricht das regressive Moment der Magie, mit der er die Welt als Geisterwelt unmittelbar und direkt zu beherrschen trachtet. Wie finden wir den Doktor Faust vor? In seinem verwahrlosten Studierzimmer und tief in einer narzisstischen Krise, die durch den Abschied von Größenfantasien verursacht wird:

Ich bin zu alt, um nur zu spielen,
Zu jung, um ohne Wunsch zu sein.

Was kann die Welt mir wohl gewähren?
Entbehren sollst du! Sollst entbehren!

Faust meint, zu alt zu sein, um zu spielen! Man bleibt nur jung, wenn man spielt. Er zeigt deutliche Tendenzen einer selbstunsicheren Persönlichkeit. Da ist die morgendliche Depression:

Nur mit Entsetzen wach ich morgens auf,
Ich möchte bittre Tränen weinen,
Den Tag zu sehn, der mir in seinem Lauf
Nicht einen Wunsch erfüllen wird, nicht einen.

Die Suizidalität:

Und so ist mir das Dasein eine Last,
Der Tod erwünscht, das Leben mir verhasst.

Und schließlich das Hauptkennzeichen des geringen Selbstwertgefühls, die niedrige Frustrationstoleranz:

Fluch sei der Hoffnung!
Fluch dem Glauben,
Und Fluch vor allen der Geduld!

Faust gefällt sich selbst nicht. Er fühlt sich nicht wertvoll, woran grundsätzlich alle Menschen leiden, die sich in einer existenziellen Krise befinden. Die drei wesentlichen Lebensprinzipien fehlen ihm: Glaube, Liebe, Hoffnung. Faust wollte sich wertvoll durch allmächtiges Wissen fühlen, durch Kenntnisse, so wie viele Menschen heute versuchen, durch Arbeit und Leistung ein gutes Selbstwertgefühl zu bekommen. Faust geht jedenfalls bekanntlich einen Pakt mit dem Teufel ein und schließt mit ihm den Vertrag, der so lautet:

Kannst du mich schmeichelnd je belügen,
Dass ich mir selbst gefallen mag,
Kannst du mich mit Genuss betrügen –
Das sei für mich der letzte Tag!

Faust will schmeichelnd belogen werden. Das sagen sehr häufig meine Patienten, dass sie sich doch nicht belügen können, wenn sie sich einreden, dass sie wertvoll sind. Sie haben ein negatives Selbstwertgefühl verinnerlicht, was sie für wahr halten, wie es bei der Figur des Faust beschrieben ist. Es ist die negative Einbildungskraft, die als wahr gehalten wird.

Ich erkläre meinen Patienten immer wieder, dass sie sich diese negative Wahrheit nun ihr Leben lang eingeredet haben, so dass sie unbewusst verankert ist. Sie ist jahrelang wiederholt und eingeübt worden. Nunmehr muss täglich immer wiederholt werden, dass man wertvoll ist. Es muss mittels Autosuggestion viele tausend Mal wiederholt werden, immer wieder. Das Selbstwertgefühl hat man nicht einfach, man erwirbt es. Es verkümmert, wie Muskeln, die nicht trainiert werden. Alles wird eingeübt, trainiert, wiederholt. Jahrelang hat man innerlich wiederholt, dass man nicht gut genug ist, nunmehr darf man mit sich einen Vertrag schließen – und nicht mit dem Teufel –, dass man wertvoll ist.

Ein gutes Selbstwertgefühl lässt sich nicht durch Geld erwerben

Berühmt berüchtigt sind die Massensuizide in New York 1929, als sich viele Menschen von den Hochhäusern stürzten, nachdem sie ihr Geldvermögen verloren hatten. Auch Torwart Robert Enke, der höchstwahrscheinlich nicht an Geldmangel litt, hatte aufgrund einer schweren Depression Suizid begangen: Das Selbstwertgefühl lässt sich nicht kaufen. Hier versagt die von Karl Marx gepriesene Kraft des Geldes. Ein gutes Selbstwertgefühl kann für keinerlei Geld erworben werden. Man kann es sich durch die Vorstellungskraft erwerben. Martin Luther wird der Ausspruch zugeschrieben: „Wenn ich wüsste, dass morgen die Welt untergeht, würde ich heute noch ein Apfelbäumchen pflanzen."

Denn es ist leichter, dass ein Kamel durch ein Nadelöhr gehe, als dass ein Reicher in das Reich Gottes komme.
Lukas 18,25

Mit dem Reich Gottes ist der innere Friede gemeint. Mit dem „Reichen" ist sicher der arme reiche Mann gemeint, der wie Onkel Dagobert alias Uncle Scrooge, nur an das Geld denkt und sogar darin badet. Gefühle sind flüchtig. Man hat sie nicht dauerhaft. So war man soeben noch ganz munter und fühlte sich stark, aber nachdem man eine Stunde lang gewandert war, fühlt man sich so müde, dass man keinen Schritt mehr gehen mag. Auf einmal fühlt man sich durstig oder hungrig und überhaupt nicht mehr gut, nachdem man kurz zuvor noch ein wunderschönes Gefühl hatte.

Auch das Selbstwertgefühl ist „floatend", und dennoch kann es relativ konstant gut oder schlecht sein, gleichermaßen wie eine gut oder schlecht trainierte Muskulatur. Man kann, darf und muss sich sein Leben lang trainieren, denn das Leben ist permanente Übung: Wenn man leben will, muss man seinen Grundumsatz aufrechterhalten, und das umso besser, je besser und glücklicher man lebt. Den meisten Menschen unserer Gesellschaft wird keine gute Ausbildung zuteil, was das Selbstwertgefühl anbelangt. Unser Schulsystem hat nicht die Lebensfreude zum Ziel, sondern fördert die Hochleistung. Grundsätzlich ist in der gesamten Biologie das Prinzip des Wettkampfs zu beobachten: Der Erfolgreichste ist der Beste! Das Selbstwertgefühl ist – wie wir insgesamt – permanenten Erschütterungen ausgesetzt. Das ist implizit dem Überlebenskampf zu eigen. Auch das Kämpfen will gelernt sein. Es gibt die Kampfkunst – oder Überlebenskunst. Kunst wird gelernt, wie alles im Leben. Wie lernt man am besten? Spielerisch!

Ich betreute einmal einen damals 44-jährigen Manager im Rahmen eines Coachings. Seine wesentliche Motivation zum Coaching waren erhebliche Schwierigkeiten im Beruf, seine sich nun schon seit etwa drei Jahren hinziehende Scheidung, lange bestehende erhebliche Schlafstörungen, die sich in den letzten Monaten noch massiv verschlimmert hatten, und permanente grippale Infekte. Innerhalb seines Berufes pendelt dieser Manager seit etwa 14 Jahren zwischen Frankfurt am Main, New York und Madrid in mitunter sehr kurzen Abständen hin und her. Seit 14 Jahren war er verheiratet und hatte einen neunjährigen Sohn und eine fünfjährige Tochter, die unter einer ausgeprägten geistigen Behinderung litt. Zunächst sei seine Ehefrau bezüglich der Scheidung sehr kooperativ gewesen, bis sie entdeckte, dass er eine damals 30-jährige Partnerin hatte, mit der er auch seit etwa neun Monaten zusammenlebte und die er heiraten und mit der er ebenfalls Kinder haben wollte. Von seinem Jahresgehalt von rund 200 000 Euro musste er damals etwa die Hälfte für seine Frau und seine beiden Kinder abgeben.

Ich nehme an, dass allein durch diese wenigen Eckdaten ersichtlich ist, dass dieser Mann unter einem erheblichen Disstress litt und seine Partnerinnen ihm bei seinem sehr anspruchsvollen Job nicht allzu viel Unterstützung gaben. Seine Ängste innerhalb seines Berufs nahmen auch immer mehr zu, weil er immer stärker unter Konzentrationsstörungen litt, was mitunter schon zu erheblichen Auseinandersetzungen mit seinem Vorstand geführt hatte. Zusätzlich zu den geschilderten Stressoren vergiftete sich dieser Manager noch zusätzlich selbst, indem er seinen Alkohol- und Zigarettenkonsum drastisch gesteigert hatte. Sie werden sich fragen, wie nun diesem Mann durch ein Coaching geholfen werden konnte, denn diese Stressoren, abgesehen vom Rauchen und vom Alkoholkonsum, würden bestehen bleiben, vor allem auch der immer wiederkehrende Jetlag, den er beruflich bedingt weiterhin neben seinem anspruchsvollen Job zu bewältigen hatte.

In der Tat, ein Coach kann, ähnlich wie Politiker – obwohl diese immer Gegenteiliges behaupten – kaum die Welt verändern. Er kann aber versuchen, die Einstellung des Managers zu verändern. Im Sport lässt sich sehr häufig beobachten, dass dieselben Spieler durch die Hilfe eines neuen Coachs völlig andere Leistungen erbringen können.

Ein gutes Selbstwertgefühl sorgt für ein gutes Immunsystem – die Psychoneuroimmunologie beweist das

Sie werden sich aber vielleicht fragen, was ich bezüglich der Infektionserkrankungen bei meinem Patienten tun konnte, einer doch biologischen Erkrankung, die, wie jeder weiß, durch Viren bedingt ist. Innerhalb der Medizin ist es kaum üblich, bei viralen Infekten nach psychischen Phänomenen zu suchen, die ebenfalls wesentliche Auswirkungen auf eine pathologische Reaktionsbereitschaft haben, wie es seit 1975 durch ein naturwissenschaftliches Experiment gesichert ist. Leider ist dieses Experiment und die nachfolgende Forschung, die den komplexen Namen Psychoneuroimmunologie hat, nur relativ wenig innerhalb der Medizin und dementsprechend auch nicht bei der Allgemeinbevölkerung bekannt.

Dieses Experiment, welches ein amerikanischer Physiologe namens Ader durchführte, sieht so aus: Ader baute sein Experiment auf der alten Versuchsanordnung des russischen Physiologen Iwan Pawlow auf, der Hunden Futter gab, gleichzeitig eine Glocke läutete und dann den Speichelfluss bei den Hunden maß, der als Reflex angesichts des Fressens deutlich erhöht war. Diesen Versuch wiederholte Pavlow mehrfach, bis er dann den Hunden nur noch das Klingelzeichen anbot, diese nunmehr einen ähnlich hohen Speichelfluss hatten wie angesichts des gefüllten Futternapfes. Ein eigentlich unbedingter Reflex wurde somit zu einem konditionierten Reflex trainiert.

Ader wiederum gab nun Ratten Cyclophosphamid, eine Substanz, die Immunzellen unterdrückt. Außerdem gab er diesen

Ratten gleichzeitig einen Zuckerstoff. Die Ratten reagierten immunologisch wie erwartet, die Immunzellen waren deutlich reduziert. Nachdem sich die Ratten von diesem Versuch erholt hatten, wiederholte der Forscher diese Versuchsanordnung mehrmals. Immer wieder reagierten die Ratten gleichartig. Schlussendlich gab er im letzten Versuch den so trainierten Tieren nur noch Zucker. Und siehe da, die Ratten reagierten so, als hätten sie Cyclophosphamid bekommen. Das Bahnbrechende an diesem Versuch war, dass hiermit eindeutig gezeigt werden konnte, dass biologische Zellen des tierischen Körpers konditionierbar, also trainierbar sind.

Man hat unterdessen diese Versuchsanordnung bei Menschen mehrfach wiederholt, die diese Befunde, die bei Tieren gewonnen wurden, bestätigen. So hat eine Arbeitsgruppe den Probanden Noradrenalin injiziert, also eine Substanz, die die Immunzellen stimuliert, und gab ihnen gleichzeitig Brausebonbons. Nach mehrfacher Wiederholung dieser Versuchsanordnung, bei der immer wieder nach der Gabe des Noradrenalins gemessen wurde, dass die Immunzellen dieser Probanden deutlich vermehrt waren, gab man ihnen nur noch Brausebonbons. Auch hier wurde deutlich, dass nach der Gabe der Brausebonbons die Zahl der Immunzellen deutlich angestiegen war. Gestützt auf diese Befunde wurde nun seit den achtziger Jahren immer wieder untersucht, inwieweit psychosoziale negative Einflüsse – allgemein als Stress bezeichnet – sich negativ auf das Immunsystem des Menschen auswirken. Hierbei konnte man recht eindeutig ermitteln, dass negativer Stress bei vielen Menschen das Immunsystem deutlich verschlechtert. Auf diese Art und Weise konnten Jahrhundert alte Beobachtungen von Ärzten ihre Bestätigung finden, dass eine schlechte psychische Verfassung den Ausbruch von Erkrankungen begünstigt. Denn das Immunsystem ist ja die biologische Abwehrwaffe des Menschen, um den Angriffen von Kleinstlebewesen, wie Bakterien und Viren, standhalten zu können. Bei einem geschwächten Immunsystem ist natürlich der Angreifer umso besser in der Lage, seine Angriffe mit Erfolg durchzuführen. Somit bestätigt sich die volkstümliche

Redewendung: „Ich habe mir eine Grippe gefangen." Mit dieser Formulierung wird auf den zuvor geschilderten Sachverhalt Bezug genommen: Man fängt sich etwas, das man eigentlich nicht haben will, das man aber eben deshalb tut, weil die Immunzellen nicht mehr in der Lage sind, diesen „Fang" abzuwehren.

Mit sehr aufwändigen Untersuchungen ist aber noch etwas anderes sehr deutlich geworden: dass nicht jeder Manager oder andere Menschen – auch ein Hausmann oder eine Hausfrau sind Manager, denn sie managen ihren Tag – durch eine Scheidung, Belastungen durch die Kinder, Jetlag und weitere Stressoren mit Alkohol- und Nikotinkonsum, Schlaflosigkeit und immunologischen Krankheiten reagieren.

Die Salutogenese zeigt uns, wie wir uns gesund halten können

Was hält Menschen gesund?, fragt man sich in einem neueren Forschungszweig, der Salutogenese genannt wird. Man hat fundierte Antworten gefunden, die von der jüngeren psychosomatischen Forschung erbracht wurden. In einem Versuch hatte man beispielsweise eine Gruppe von Menschen erheblichem psychosozialen Stress ausgesetzt und bei diesen Probanden vor, während und einige Zeit nach dem Stress deren Immunzellen gezählt. Man hat diese Probanden durch psychometrische Tests in vier Gruppen eingeteilt:

1. Leistungstyp: Er zeichnet sich durch Ausdauer, Leistungsstreben, Ordnungsstreben und wenig Impulsivität und eine geringe spielerische Grundhaltung aus.

2. Überlegenheitstyp: Diese Gruppe zeigte Dominanzstreben, Bedürfnis nach Beachtung, Aggressivität, spielerische Grundhaltung und wenig Risikomeidung.

3. Anlehnungs/Helfertyp: Diese Menschen zeichnen sich durch Hilfsbereitschaft, Anlehnungsbedürfnis, Geselligkeit, wenig Aggressionen, aber Dominanzstreben und Bedürfnis nach Beachtung aus.

4. Abhängigkeitstyp: Er zeichnet sich wiederum durch soziales Anerkennungsbedürfnis, Anlehnungsbedürfnis, Risikomeidung und wenig Impulsivität aus.

Bei allen Messungen zeigten die Probanden, die als Überlegenheitstyp eingeordnet waren, die besten Immunparameter. Deren Immunsystem ist als das beste zu bezeichnen, was wiederum dazu führt, dass diese Personengruppe am seltensten erkrankt. Somit bestätigt die moderne psychosomatische Forschung die Behauptung des Philosophen Herbert Spencer (1820–1903), der sich wie einige andere mit den Folgerungen aus Darwins Evolutionstheorie befasste, vom „survival of the fittest". Die Eigenschaften des Überlegenheitstypus: Dominanzstreben, Bedürfnis nach Beachtung, Aggressivität, spielerische Grundhaltung und wenig Risikomeidung sind biologisch relevant, denn, wie Erich Kästner formulierte: „Das Leben ist immer lebensgefährlich."

Im Verlauf der Stammesgeschichte sind die genetischen Dispositionen für alle Aspekte der Lebensgestaltung (seien sie vorrangig biologischer oder psychologischer Art) zwangsläufig und ganz ungeplant auf reproduktive Effizienz hin optimiert worden. Diesen Prozess nennt man in der Evolutionsbiologie Anpassung, sein Ergebnis ist die Angepasstheit der Organismen an ihre sozialen und ökologischen Lebensbedingungen. Die biologische Angepasstheit der Lebewesen äußert sich sowohl im Design ihrer Baupläne und in den physiologischen Regelmechanismen als auch in den Grundmustern ihres Verhaltens. Somit lautet die Verhaltensregel Nummer eins für einen jeden Organismus: „Verschwende nichts! Stecke alle Ressourcen, die dir verfügbar sind, in Selbsterhaltung und Fortpflanzung!"

Die Eigenschaften des Überlegenheitstypus: Dominanzstreben, Bedürfnis nach Beachtung, Aggressivität, spielerische Grundhaltung und wenig Risikomeidung sind als sogenannte egoistische Charaktereigenschaften zu bezeichnen. Im christlichen Abendland wird Egoismus zu Unrecht als etwas Schlechtes bezeichnet. Ich sage deshalb zu Unrecht, weil es im zweit-wichtigsten Gebot des Christentums bezeichnenderweise heißt: „Liebe deinen Nächsten wie dich selbst."

Dementsprechend hat der Biologe Richard Dawkins im Jahre 1976 sein noch immer viel diskutiertes Buch unter dem Titel *Das egoistische Gen* veröffentlicht. Dawkins' Innovation war es, den Egoismus nicht dem Organismus, sondern dessen Erbgut zuzu-schreiben. Es geht um das Überleben des Lebens. Dies hat Scho-penhauer schon ähnlich Anfang des 19. Jahrhunderts formuliert. Auch unsere Psyche ist ein Produkt des Evolutionsprozesses. Im Laufe von Jahrmillionen ist sie auf ihre Tauglichkeit in einem von Wettbewerb geprägten sozialen Umfeld hin optimiert worden. Und schließlich ist sie das entscheidende Werkzeug, das für den Erfolg verantwortlich ist.

Der Manager, der die Eigenschaften des Überlegenheits-typus, nämlich Dominanzstreben, Bedürfnis nach Beachtung, Aggressivität, spielerische Grundhaltung und wenig Risiko-meidung aufweist, hat damit gute Chancen, sehr viel Sozialpres-tige zu erwerben. Prestige ist ein Faktor, der im gesamten Säuge-tierreich anzutreffen ist. Innerhalb der Soziobiologie wird dieses Verhalten als Imponiergehabe oder als Handicap-Prinzip be-zeichnet. Ein sehr deutliches Beispiel für das Handicap-Prinzip ist beim Pfau zu beobachten, wenn er ein Rad schlägt. Innerhalb der Soziobiopsychologie hat man eine Liste von Handicap-Sig-nalen zusammengetragen, die die Eigenschaften des Überlegen-heitstyps, nämlich Dominanzstreben, Bedürfnis nach Beachtung, Aggressivität, spielerische Grundhaltung und wenig Risiko-meidung aufweisen, womit Prestige erworben werden kann. Ein wesentlicher Faktor der inneren und der äußeren Anerkennung wird im Prestige gemessen. Prestige ist der Ruf oder die Wert-schätzung bei sich selbst und in den Augen der Mitmenschen. Wie die psychosomatische Forschung der letzten Jahre zeigen konn-te, ist derjenige Manager für die vielfältigen Schwierigkeiten des beruflichen und privaten Daseins am besten gewappnet, der sich durch ein gutes Dominanzstreben auszeichnet. Der internationale

Manager, der abgesehen von seiner verantwortungsvollen Tätigkeit sehr intensiv gefordert ist, hat auch etliche private Belastungen zu managen, wie ich in meinem Fallbeispiel gezeigt habe. Er ist gut beraten, wenn er sich von einem guten Coach Hilfe holt, um seine Persönlichkeitsstruktur mit den von mir mehrfach zuvor genannten positiven Eigenschaften: Dominanzstreben, Bedürfnis nach Beachtung, Aggressivität, spielerische Grundhaltung und wenig Risikomeidung gesund zu erhalten.

Die geschilderten Befunde verweisen zugleich auf einen wesentlichen weiteren Zugang zur Behandlung allergischer und autoimmunologischer Erkrankungen. Es gilt, das Immunsystem allgemein zu stärken, indem man die psychische Haltung bestärkt. So hatte zum Beispiel Sebastian Kneipp, Priester und Heilkundiger, seine eigene Tuberkulose behandelt, indem er mit allgemeinen Naturheilverfahren sein Immunsystem stärkte. Er verbesserte durch allgemein stärkende Maßnahmen sein Immunsystem und besiegte damit seine Erkrankung. Er hatte damit einen Forschungszweig innerhalb der Medizin entwickelt, der im Mainstream der Medizin bis heute noch viel zu wenig Beachtung gefunden hat, aber sicher zukunftsweisend ist und heutzutage, wie bereits erwähnt, als Salutogenese bezeichnet wird. Darüber hinaus kann man heutzutage mit vielen psychologischen Maßnahmen das Immunsystem stärken – etwa durch eine allgemeine Stärkung der Psyche. Allgemein geht es hier darum, alles, was als Stress bezeichnet wird, zu vermindern. Stress ist – abgesehen von dem sogenannten physikalischen Stress, wie zum Beispiel große Kälte oder Hitze – eine psychische Einstellung zu den äußeren Belastungen. Das Coaching oder die Psychotherapie – was prinzipiell dasselbe ist – setzt hier an, dem Einzelnen zu helfen, seine Einstellungen dazu positiv zu gestalten.

Um in diesem Zusammenhang auf den eingangs geschilderten Manager mit seinen erheblichen Problemen zurückzukommen, so förderte ich ihn darin, seine Einstellungen so zu verändern, dass er dauerhaft auf den Alkohol und das Nikotin verzichten, mittels Meditationstechniken vermehrt zur Ruhe finden konnte und somit auch seinen Schlaf wiederfand, und dass er vor allem für sein privates und berufliches Leben wieder eine spielerische Haltung einnehmen konnte, sich also selbst größeren Spielraum zugesteht. Das Phänomen der Salutogenese kannten schon die Römer: Ein gesunder Geist wohnt in einem gesunden Körper.

Diesen Gesundungsprozess schildere ich in den folgenden Psychotherapieberichten.

Von Beruf Mutter: Frau Ulmer. Vom Aschenputtel zur wertvollen Frau

Frau Ulmer kam zu mir, weil sie unter erheblichen Schwindelzuständen litt. Sie hatte sich selbstverständlich vom Neurologen und vom Hals-Nasen-Ohrenarzt untersuchen lassen, auch ein MRT war angefertigt worden; es war keine organpathologische Ursache ihres Schwindels festzustellen. „Höchstwahrscheinlich beschwindeln Sie sich unbewusst mit irgendetwas", sagte ich zu der elegant gekleideten jungen Frau von 30 Jahren. Sie war mit einem Arzt verheiratet und von Beruf Erzieherin. Sie hatte bis zur Geburt ihres dreijährigen Sohnes eine Kindertagesstätte geleitet und war jetzt passionierte Mutter und Hausfrau. Der Schwindel hatte sich bald nach der Geburt ihres Sohnes Nikolaus gezeigt und war in den letzten Monaten immer stärker geworden.

Ihr Lebenszentrum war der Sohn. Ihr Ehemann war mit dem Aufbau seiner Landarztpraxis Tag und Nacht und an den Wochenenden beschäftigt. Frau Ulmer war jetzt Alleinerzieherin ihres Sohnes und lebte in der ständigen Angst, dass sie ihn nicht genügend fördern könnte. Sie war immer angespannt und auf den Sohn fixiert. „Sie sind um Ihren Sohn zentriert und haben Ihr eigenes Zentrum verloren. Deshalb sind Sie aus der Balance gekommen und leiden unter dem Schwindel", sagte ich zu ihr. „Mein Sohn ist mein Lebensinhalt", entgegnete sie, „es war schon immer mein Herzenswunsch, ein Kind zu haben. Er ist mein Augapfel, mein Herzblatt, mein Prinz, mein Alles!"

Ihrer Biografie war zu entnehmen, dass sie das älteste Kind von Eltern war, die unbedingt einen Sohn haben wollten. Nachdem die Mutter einige Fehlgeburten erlitten hatte, bekam die Patientin mit acht Jahren einen Bruder. Sie selbst war von ihrer Mutter als eine Art Aschenputtel behandelt worden: Sie musste den gesamten Haushalt erledigen, bevor sie sich an ihre Schularbeiten setzen durfte. Auch im väterlichen Handwerksbetrieb musste sie helfen, so dass sie oft erst sehr spät am Abend ihre Schulaufgaben anfertigen konnte. Als ihr Bruder zur Welt kam, übernahm sie bei ihm von Anfang an die Mutterrolle. Sie hätte sehr gern das Abitur gemacht, was ihr die Eltern aber versagten, weil sie meinten, dass eine Frau nicht zu studieren habe. Sie beneidete den Bruder, weil dieser das Gymnasium besuchen durfte.

In etlichen Psychotherapiesitzungen konnte sie für sich klären, dass sie heute mit ihrem Sohn ihre frühe Lebenssituation reinszenierte: Sie war wieder das Aschenputtel, dem nichts zustand, während sie alles für ihren Sohn auf sich nehmen musste, wie ehemals für ihren Bruder. Sie hatte keine Daseinsberechtigung. Ihr wurde allmählich klar, dass dies die Ursache ihres Schwindels war: bei sich selbst nicht erwünscht zu sein. In einem relativ zähen Prozess konnte sie allmählich einsehen, dass sie sich selbst genauso wertschätzen durfte wie ihren Sohn. Auch gegenüber ihrem Mann hatte sie eine idealisierende Einstellung, weil dieser Arzt war und sie selbst nicht studiert hatte. Sie war überzeugt, das ewige Aschenputtel zu sein. Allmählich konnte sie diese Rolle immer besser ablegen. Sie schaffte es, den Sohn in den Kindergarten gehen zu lassen und die freie Zeit für sich zu nutzen, indem sie Sport und Yoga betrieb. Allmählich fühlte sie sich auch gegenüber ihrem Ehemann gleichwertig, nachdem ersichtlich geworden war, dass er zwar leidenschaftlicher Arzt, aber kaufmännisch nicht versiert war. Sie leitete nach einiger Zeit die Praxis mit der Organisation der Sprechstunde und dem kaufmännischen Teil. Sie braucht dazu sehr viel Unterstützung von meiner Seite, ihre Tätigkeit als wertvoll anzuerkennen. Allmählich bildete sich ihr Schwindel immer mehr zurück, bis er schließlich ganz verschwand. Sie hatte einen Wertzuwachs gewonnen und ihr Selbstwertgefühl festigte sich.

Frau Kastrus: das Leid, nichts wert zu sein. Geschichte eines Wertzuwachses

Frau Kastrus suchte mich auf Empfehlung ihrer Betriebsärztin auf, die ihr dringend angeraten hatte, mich zu konsultieren, weil sie seit etlichen Monaten in ihrer Arbeitsstelle einem erheblichen Mobbing ausgesetzt war, und das hatte zu schweren Depressionen bei der Patientin geführt. Sie litt unter ausgeprägten Konzentrationsstörungen, Schlafstörungen, einer Anhedonie – also einer Freudlosigkeit –, erheblichen Selbstwertproblemen, massiver Reizbarkeit und furchtbaren Zukunftsängsten. Des Weiteren litt sie schon sehr lange von Kopf bis Fuß unter erheblichen Schmerzen, also an einem Ganzkörperschmerz.

Zum besseren Verständnis der Patientin ist lebensgeschichtlich bedeutsam, dass sie für ihr Empfinden aus einem asozialen Milieu kam. Der Vater war schwer alkoholkrank und missbrauchte die Patientin in ihrer Kindheit sexuell. Oft reichte das Geld nicht, so dass sie einkaufen gehen und anschreiben lassen musste, worüber sie sich in den Geschäften immer sehr schämte. Sie konnte an Klassenfahrten nicht teilnehmen, weil die Eltern das Geld dafür nicht aufbringen konnten. Auch in der Schulklasse schämte sie sich deswegen und sah sich überall als Außenseiterin, die abgelehnt wurde. Von Kindheit an war es für sie ein Ansporn, aus diesen schrecklichen Verhältnissen herauszukommen. Sie war sehr gut in der Schule, so dass die Lehrer sich gegen ihre Eltern durchsetzten und dafür sorgten, dass sie auf das Gymnasium gehen konnte. Nach dem Abitur machte sie eine Ausbildung bei einer Behörde im gehobenen Dienst und war dort sehr erfolgreich tätig. Sie ist verheiratet und hat zwei Kinder im Alter von zehn und sieben Jahren. Ihren Ehemann schildert sie als sehr verständnisvoll und führt mit ihm eine harmonische Ehe.

Nach den Pausen des Mutterschaftsurlaubs arbeitet sie wieder bei der Behörde. Ihre Abteilung wurde vor zwei Jahren umstrukturiert und es kam ein neuer Amtsleiter, der wohl Angst vor ihrer beruflichen Kompetenz und ihrem Ehrgeiz hatte. Die Spannungen zwischen ihr und dem Vorgesetzten eskalierten, nachdem sie ihm einen gravierenden Fehler nachweisen konnte, was dieser aber durch Lügen abwehrte. Ihre Kolleginnen und Kollegen hatten dann Angst, in den Konflikt hineingezogen zu werden und vom Vorgesetzten Repressalien erleiden zu müssen, und stellten sich gegen sie. Die Patientin konnte aufgrund der traumatischen Bedingungen ihres Elternhauses kein gutes Selbstwertgefühl entwickeln. Vor allem der sexuelle Missbrauch durch den Vater in ihrer Kindheit und frühesten Jugend hat die Patientin schwerst traumatisiert. Somit hat sie eine erhebliche narzisstische Störung entwickelt, was auch bedeutet, dass sie über ein nur geringes positives Selbstwertgefühl verfügt. Sie hat sich bisher die narzisstische Gratifikation immer durch übermäßige Leistungen geholt. Aufgrund der Traumatisierung durch den Vater ist bei ihr ohnehin eine Identifikation mit dem Aggressor zu konstatieren, was auch jetzt wieder dazu führte, dass sie sich gegenüber dem Vorgesetzten nicht gut zur Wehr setzen kann. Die Identifikation mit dem Aggressor bedeutet, dass sie die aggressive Haltung des Vorgesetzten besser versteht als sich selbst. Sie hält ihn mehr oder weniger unbewusst für wertvoller als sich selbst; sein Urteil ist wichtiger als ihr eigenes. Sie fühlt sich heute wieder wie als Kind völlig wertlos, als Außenseiterin und trotz ihrer guten Leistungen bestraft. Des Weiteren reagierte die Patientin auf die aggressiven Attacken ihres Vorgesetzten mit Schmerzen. Bei ihr hat sich eine Psychodynamik entwickelt, die zur tiefenpsychologischen Psychodynamik der betroffenen Patienten mit chronischen Schmerzen allgemein eruiert wurde: Sie hat Probleme im aggressiven Bereich; sie kann sich nicht konstruktiv zur Wehr setzen. Unbewusste Konflikte zwischen Hingabe und Standfestigkeit, Opfersinn und Egoismus, Sanftmut und Aggressivität, Versorgungswünschen und Abhängigkeitstendenzen sind bei ihr tiefenpsychologisch zu klären. Sie ist ständig angespannt und dadurch chronisch sympathikoton. Ihre Persönlichkeit weist ausgeprägt beherrschte, zwanghafte, perfektionistische Züge auf. Wegen ihrer übergroßen Omnipotenzfantasien und Leistungserwartungen an sich selbst kam es bei ihr zu einem narzisstischen Rückzug. Diesem innerpsychischen Vorgang entspricht ein interpersonaler Rückzug, die typische depressive Reaktion auf Enttäuschung, Entbehrung und Frustration. Selbstbezügliche Emotionen von Schuld und Scham sind vorherrschend – sie fühlt sich wertlos und als Versagerin.

„Ihre Dienststelle ist für sie momentan eine hochgiftige Atmosphäre, weshalb ich Ihnen dringend anrate, sich von mir dienstunfähig schreiben zu lassen", empfahl ich ihr. Sie schaute mich völlig entsetzt an und widersprach vehement: „Das ist eine Kapitulation, das geht nicht!" „Wenn Sie so weitermachen, könnten Sie eventuell zwar einen Sieg erzielen, der aber höchstwahrscheinlich in einen Pyrrhussieg umschlagen wird, und das heißt, dass Sie möglicherweise so erhebliche Selbstverletzungen davontragen, dass Sie sich vor Schmerzen überhaupt nicht mehr bewegen können." „Das kann nicht sein, dass dieser inkompetente Vorgesetzte hier alles zerstört, was meine frühere Chefin und ich aufgebaut haben", entgegnete sie.

Frau Kastrus gehört zu den Menschen, die Dienstunfähigkeit als Makel ansehen und noch „mit dem Kopf unter dem Arm" ins Büro gehen. „Sie befinden sich, nachdem Ihre Chefin zu einer anderen Behörde gewechselt hat, mit dem jetzigen Vorgesetzten, dem Sie seinen Fehler nachgewiesen haben, in einem Kriegszustand. Sie sind schwerst verletzt, was Sie durch Ihre generalisierten Schmerzen und die anderen gravierenden Symptome spüren. Sie müssen das Kampffeld verlassen, damit Sie keine Invalidin werden. Sie brauchen eine Ruhepause, um sich aufzubauen und eine bessere Kampfkunst zu erlernen. Bisher haben Sie Ihre ganze Energie in Ihre Abteilung, die Kinder und Ihren Haushalt gesteckt. Sie haben sich dabei völlig vernachlässigt. Es ist unabdingbar, dass Sie wieder zu Kräften kommen und sich nicht weiter schwächen. Deshalb rate ich Ihnen dringend, sich von mir dienstunfähig schreiben zu lassen", sagte ich mit großem Nachdruck. „Ich kann das heute auf gar keinen Fall entscheiden", sagte sie, war aber immerhin schon sehr nachdenklich und fuhr fort, „Sie haben mit Ihrer Feststellung sicher recht, aber momentan ist das für mich eine riesige Schlappe, wenn ich mich den Herausforderungen im Dienst nicht stelle."

Wir hatten noch etliche Diskussionen dieser Art, wobei ich permanent insistierte, sie dienstunfähig zu schreiben, damit sie mit einer Art ambulanter Reha-Maßnahme erst einmal ihre Schmerzen und die übrigen Symptome aufgeben und gesunden konnte. Ich erläuterte ihr, dass sie sich endlich an die erste Stelle rücken müsse, um dann für alle ihre Aufgaben gut gerüstet zu sein, und erläuterte, dass sie in einer Dysbalance und zuerst sich selbst verpflichtet sei, bevor sie sich ihren vielfältigen Verpflichtungen widmen konnte. Sowohl durch meine ständigen Interventionen als auch durch die Verstärkung ihrer erheblichen Krankheitssymptome, vor allem ihrer massiven Schmerzen, willigte Frau Kastrus schließlich ein, sich von mir dienstunfähig schreiben zu lassen. Ich kam mir vor wie der römische Feldherr und Zensor Cato, der bei jeder Rede im Senat am Schluss immer denselben Satz gesagt haben soll, ob es nun passte oder nicht: Im Übrigen bin ich der Meinung, dass Karthago zerstört werden muss. So wiederholte ich analog immer wieder, dass ich der Meinung war, dass Frau Kastrus dienstunfähig geschrieben werden musste.

Ausschlaggebend dafür, dass die Patientin schlussendlich in die Dienstunfähigkeit einwilligte, war eine neue „Aufgabe", die ich ihr erteilte und die für sie plausibel wurde: Sie konnte für sich erkennen, dass es unabdingbar war, sich mit einem umfas-

senden moderaten Sportprogramm, kontinuierlicher Physiotherapie und mit Entspannungsverfahren um sich selbst zu
kümmern, weil ich ihr erklärt hatte, dass sie die Seele ihres
Unternehmens war und aufgrund ihrer Schmerzen kurz vor der
Insolvenz stand.

Nachdem ich ihr erklärt hatte, wie die ausgeprägten musku-
lären Schmerzen, unter denen sie litt, zustande kommen,
konnte sie meine Empfehlungen für sich mit Erfolg allmählich
umsetzen. Ich konnte ihr verdeutlichen, dass wir Menschen
„Bewegungstiere" sind, die biologisch für ein erhebliches täg-
liches Maß an Bewegung ausgestattet sind. Sie konnte diese
Erkenntnis bestätigen, weil ihre beiden Kinder noch voller Bewegungsfreude waren und große Schwierigkeiten hatten, besonders in der Schule still zu sitzen. „Seit vielen Jahren halten
Sie unbewusst ihre Aggressionen zurück, wodurch Ihre Skelettmuskulatur ständig angespannt ist, was dann zu den erheblichen Ganzkörperschmerzen in der gesamten Muskulatur geführt hat. Die Muskulatur bildet aufgrund dieser chronischen
Anspannung überall sogenannte Triggerpoints, die dann bei
Stress – und Sie sind chronisch gestresst – erhebliche Schmerzen verursachen." So erläuterte ich ihr die massiven Beschwer-
den, was ihr allmählich plausibel erschien.

Mein alltägliches Lebenskonzept, das ich selbst seit vielen Jahren für mich anwende, umfasst etwa eine Dreiviertelstunde
moderaten Sport sowie einmal am Tag zwischen 20 und 40
Minuten Yoga, und viele meiner Patienten überweise ich zu
einer Physiotherapeutin und Yogalehrerin, die ich für sehr kom-
petent halte. „Es leuchtet mir ja ein, was Sie sagen", meinte
sie, „aber der innere Schweinehund steht dem entgegen. Die
Physiotherapie lasse ich mir ja noch gefallen, aber bei der Vorstellung, Sport treiben zu sollen, da bellt der innere Schweinehund so laut dagegen, dass ich mich nur noch verstecken will!"
„Da sollten wir uns fragen, wie das Schwein in den Hund gekommen ist", entgegnete ich und erklärte ihr: „Sie waren früher
so bewegungsfreudig, wie ihre Kinder es jetzt noch sind. Sie

haben sich aber domestizieren lassen, weil Sie gehofft haben, durch schulische und berufliche Ausbildung wertvoller zu werden. So haben Sie die Freude an der elementaren Bewegung immer mehr verlernt und dagegen gelernt, durch Schreibtischtätigkeit und Stillsitzen wertvoller zu werden. So sind Sie jetzt, um bei Ihrem Bild vom Schweinehund zu bleiben, eine Art Hausschwein geworden, das im Schweinekoben eingesperrt ist und Bewegungsfreiheit für eine Strafe hält", versuchte ich sie mit drastischen Worten aufzurütteln. Frau Kastrus lachte und äußerte selbstironisch, dass sie sich viel zu fett vorkomme, eben wie ein Mastschwein, wie sie selbst sarkastisch äußerte. „Ich gefalle mir schon lange selbst nicht mehr mit meinem Übergewicht, das sich während der Schwangerschaften aufgetürmt hat", sagte sie verbittert.

Sie nahm aber in der Folge den Kampf gegen den inneren Schweinehund auf, konsultierte die von mir empfohlene Physiotherapeutin und ließ sich von ihr regelmäßig behandeln, so dass sich allmählich ihre Triggerpoints auflösten und sie außerdem bei ihr auch Yoga und allmählich eine immer entspanntere Haltung erlernte. Sie ging immer öfter mit immer größerer Freude schwimmen, und außerdem ging sie zügig wandern in der hügeligen Landschaft des Taunus, gleich in der Nähe ihres Hauses. Eines Tages erklärte sie mir strahlend, dass sie sich immer mehr auf ihre sportlichen Aktivitäten freue. „Die Arbeit erscheint mir unterdessen gleichgültig, was ich mir nie habe vorstellen können", eröffnete sie mir nach geraumer Zeit. „Den Begriff ‚gleichgültig‘ sollten wir uns näher anschauen", entgegnete ich ihr. Sie schaute mich etwas irritiert und fragend an. „Ja", sagte ich und betonte: „gleich gültig, mit der Betonung auf gleich und gültig. Sie sind genauso gültig oder wertvoll wie Ihre Aufgaben. Sie billigen sich gegenüber allen anderen Lebensaufgaben den gleichen Wert zu. Sie halten sich nicht für weniger wert als Ihre Kinder, Ihren Beruf und Ihre sonstigen Pflichten!" „Sie haben recht", sagte sie, „ich beginne, mir wieder – oder überhaupt erst einmal – zu gefallen.

Das war mir bisher undenkbar!" „Ja, Sie haben sich einen Wertzuwachs verschafft. Währungen und Werte sind floatend. Ihre Währung oder Wahrheit ist gewachsen. Werte sind floatend, auch das Selbstwertgefühl ist nicht statisch. Es kann wachsen und es kann zusammenschmelzen. Sie haben mit Erfolg Ihr Selbstwertgefühl gesteigert. Dadurch geht es Ihnen besser. Meines Erachtens könnten Sie allmählich in Ihre Behörde zurückkehren, aber ich würde Ihnen empfehlen, dort nicht mehr so übermäßig ehrgeizig zu agieren. Bisher haben sie nach Ehre von außen gegeizt. Sie können sich inzwischen viel mehr selbst ehren, das bekommt Ihnen besser!"

Frau Kastrus ließ sich wieder dienstfähig schreiben. Vor Dienstbeginn schwimmt sie täglich im Hallenbad etwa eine halbe Stunde lang rund 1000 Meter und begibt sich danach relativ entspannt und angstfrei in ihre Behörde. Sie schaut sich vor allem den Vorgesetzten in Ruhe an und freut sich an seiner relativen Unsicherheit. Sie beobachtet voller Freude, wie er immer wieder neue Fehler macht und dadurch bei seinen Vorgesetzten unangenehm auffällt. Sie muss weder ihm noch den Kollegen demonstrieren, dass sie es besser weiß. Sie ist dadurch gedeckt, dass sie konsequent die Anweisungen ausführt, so irrational und unsinnig diese ihr auch erscheinen. Es ist ihr klar geworden, dass sie die Dienststelle nicht leitet; sie steuert heute vor allem sich selbst und es geht ihr deutlich besser. Sie freut sich des Lebens. Für diesen Sinneswandel und ihre Genesung hat Frau Kastrus etwa neun Monate gebraucht.

Frau Leiser: von der Depression zur Lebensfreude

Frau Leiser war sehr lange bei mir in Therapie. Über viele Jahre litt sie unter teils schwereren und dann wieder etwas leichteren Depressionen, unter anderem auch sehr unter ihrer Adipositas. Aber sie musste sich täglich ihr Leben mit Süßigkeiten verschönern, weil sie ansonsten an kaum etwas irgendwelche Freude empfinden konnte. Sie war unter sehr schwierigen Bedingungen aufgewachsen, der Vater war sehr cholerisch und streng und erteilte ihr immer sehr viele Aufgaben, die sie im Haushalt und in der kleinen Landwirtschaft zu erledigen hatte. Außerdem hatte sie noch zwei Brüder, die ähnlich aggressiv wie der Vater waren und mit ihr genauso umgingen wie der Vater. Sie hatte innerhalb der Familie keinen guten Stand und von klein auf wollte sie sich am liebsten immer verstecken. Das war ihre grundsätzliche Haltung, allen Konflikten aus dem Wege zu gehen und am liebsten zu verschwinden.

Sie war beruflich sehr tüchtig, berichtete mir auch immer wieder von Erfolgen, konnte aber ihre eigenen Erfolge nicht würdigen und hielt sich immer für wertlos. Sie arbeitet immer im Übermaß, es war ihr aber nie genug, was sie leistete. Sie beklagte sich, dass ihr Chef ihre Leistungen nicht würdigte und ihr immer wieder die kleinsten Fehler vorhielt. Im Verlauf der Psychotherapie konnte ich ihr nach und nach klarmachen, dass sie viel strenger mit sich selbst umging als ihr Chef. Sie erinnerte sich immer wieder an Begebenheiten aus ihrem Leben, bei denen sie einen Misserfolg erlitten hatte. Es war ein regelrechter Kampf zwischen uns, weil ich ihr immer wieder aufzeigte, welche Erfolge sie doch auch zu verzeichnen hatte.

Immer wieder kam ich auf einen Witz zurück, über den sie dann im Lauf der Jahre dann schlussendlich auch lachen konnte, nachdem sie ihre pessimistische und depressive Haltung aufgegeben hatte. Er lautet: Ein Mann fährt mit der Bahn im Liegewagen, im Bett unter ihm liegt eine ältere Frau. Während er versucht einzuschlafen, hört er die ältere Dame in monotoner Stimme etwas vor sich hin sagen. Er versteht dann, dass sie unentwegt vor sich hin spricht: „Ach, was bin ich durstig!" Der Mann, um seine Ruhe zu bekommen, steht noch einmal auf und holt der Dame aus dem Speisewagen eine Flasche Wasser. Sie bedankt sich überschwänglich und sehr erfreut und trinkt das Wasser. Der Mann legt sich wieder hin und freut sich, dass er nun Ruhe haben wird. Zu seinem Entsetzen hört er die Dame dann vor sich hin murmeln: „Ach, was war ich durstig!"

Frau Leiser konnte ihre depressive Haltung auch nicht aufgeben, als sie schließlich im Ruhestand war. Schon morgens wachte sie mit einem Gefühl der Angst und des Ekels auf und fürchtete sich vor dem kommenden Tag. Sie hatte die äußeren Bedrohungen so sehr verinnerlicht, dass sie sich automatisch selbst bedrohte. Durch die Psychotherapie wusste sie zwar, dass ihre Haltung dadurch bedingt war, dass sie den ehemals bedrohlichen Vater als überstrenges verfolgendes Über-Ich verinnerlicht hatte. Ich erklärte ihr diesen Mechanismus erneut, so dass sie allmählich, sehr sehr langsam den inneren Vater – dieses furchtbare Introjekt – sterben lassen konnte. Ihr wurde auch deutlich, dass sie sich ihr Leben lang immer wieder unbewusst suggeriert hatte, dass sie verlieren werde und keine Freude haben dürfe.

Ich zeigte ihr auf, dass sie diese lebenslange negative Autosuggestion durch eine neue, ständig zu wiederholende positive Autosuggestion zu ersetzen habe. Ich empfahl ihr, sofort morgens beim Erwachen immer wieder, zum Teil auch laut, zu sagen oder zu denken: „Ich schaffe es, ich schaffe es, ich schaffe es ..." sowie als ständig wiederholende Formel, wie ein Gebet: „Mir geht es mit jedem Tag immer besser und besser!" Und dann sollte sie sofort aufstehen und einen längeren Spaziergang, eine Art Walking bei sich vor der Tür, möglichst bergauf – was dort möglich ist, wo sie wohnt – machen und dabei auf ihre Atmung achten und auch immer wieder diese „Mantras" vor sich hin denken oder sprechen.

Frau Leiser setzte das in die Tat um und verspürte allmählich eine allgemeine Verbesserung ihres Zustandes. Es ging ihr zwar subjektiv besser, aber vorherrschend war immer noch ihre subdepressive Stimmung, die von ihrer Mimik und auch ihrer Körperhaltung abzulesen war. Einen Durchbruch erzielte sie, der jetzt schon etliche Monate anhält, durch folgendes Ereignis und ihre andere Herangehensweise: Wegen einer Rechtsstreitigkeit brauchte sie die Hilfe eines Rechtsanwalts. Wie sie nach geraumer Zeit feststellte, war der Anwalt überhaupt nicht tätig geworden, weshalb die Rechtsstreitigkeit auch in keiner Weise Fortschritte machte. So nahm sie die Angelegenheit selbst in die Hand und konnte sie auch weitestgehend für sich klären. Umso erstaunter war sie dann, dass sie vom Anwalt eine sehr hohe Rechnung bekam. Sie fühlte sich wieder als Opfer und wollte die Rechnung begleichen, weil sie der Meinung war, dass sie ohnehin wieder unterliegen werde. Sie hatte sich von verschiedenen Stellen eine Beratung eingeholt, aber sie bekam nie die eindeutige Antwort, dass sie gewinnen werde. Frau Leiser ging also davon aus, dass sie möglicherweise den Rechtsstreit verlieren würde und dann noch weitere Kosten hätte.

Ich erklärte ihr, dass das Leben insgesamt ein Kampfspiel sei, bei dem man nie im Vorfeld wissen könne, ob man gewinnt oder verliert. Aber wenn man mit einer Kampfesfreude an die Sache heranginge, käme man grundsätzlich in eine bessere Stimmung. In einer der nächsten psychotherapeutischen Sitzungen berichtete sie mir, dass sie gegen die Rechnung des Anwalts Widerspruch eingelegt habe und dass dieser ein Klageverfahren gegen sie begonnen habe. Lachend – so wie ich sie noch nie erlebt hatte – berichtete sie, dass sie jeden Morgen beim Aufwachen sofort mit der geballten rechten Faust in die Luft boxe und laut sage, dass sie den Anwalt platt machen werde. Dann springe sie aus dem Bett und mache ihren Morgenlauf. Sie sagte, dass sie sich jetzt des Lebens freuen könne und das Leben nicht mehr als Pflichterfüllung wahrnehme, sondern als ein wunderbares Spiel, dessen man sich freuen könne.

In einer der letzten Gruppensitzungen erzählte sie uns einen Witz und lachte – wie wir alle! Wir schütteten uns aus vor Lachen. Er lautete: Jesus ist wieder auf der Welt und sitzt mit drei Männern zusammen, einem Juden, einem Türken und einem Deutschen. Der Jude fragt, ob Jesus ihn nicht heilen könne, er habe so furchtbare Rückenschmerzen. Jesus legt ihm die Hand auf den Rücken. Nach kurzer Zeit ruft der Jude: „Unglaublich, die Rückenschmerzen sind weg!" Der Türke ist zwar skeptisch, bittet dann Jesus aber doch, ihm wegen seiner schrecklichen Bauchschmerzen zu helfen. Nachdem Jesus seine Hand auf den Bauch des Türken gelegt hat, ruft dieser ebenfalls aus, dass ein Wunder geschehen sei: „Die Bauchschmerzen sind weg!" Jesus wendet sich dem Deutschen zu. Dieser ruft: „Komm mir nicht zu nahe! Gerade eben bin ich von meinem Arzt für zwei Wochen arbeitsunfähig geschrieben worden!"

Nachwort

Zum Leben gehören Krisen. Letztlich könnte man das gesamte Leben beziehungsweise den Kosmos als einen einzigen kritischen Zustand ansehen. Der Biologe und Anhänger des Darwinismus Ernst Haeckel prägte 1866 den Begriff Ökologie. Haeckel verstand darunter die Lehre von den Bedingungen der Lebewesen im Kampf ums Dasein und vom Haushalt der Natur. Er schrieb: „Unter Ökologie verstehen wir die gesamte Wissenschaft von den Beziehungen des Organismus zur umgebenden Außenwelt, wohin wir im weiteren Sinne alle ‚Existenz-Bedingungen' rechnen können. Diese sind teils organischer teils anorganischer Natur." Die Griechen bezeichneten die Welt als Kosmos, was im eigentlichen Sinn Ordnung bedeutet. Wenn der Kosmos aus der Balance ist, herrscht Chaos, ein Zustand vollständiger Unordnung.

Schon bei Aristoteles finden sich gültige Aussagen zur Krise, die bis zum heutigen Tage Bestand haben: die Krise stellt eine Chance dar. Man muss sich neu orientieren. In der Krisenzeit kann man nicht leben wie man es gewohnt ist. Die bisherigen Erfahrungen reichen nicht mehr aus.

Die Seelenwägung sollte zum täglichen Leben gehören. Immer wieder sollten wir abwägen, ob uns unsere Art zu leben, bekommt. Besonders in der Krise, wenn unsere Welt aus den Fugen ist, wie es Georg Büchner im Lenz formuliert. In der Psychophysiologie hat man den Begriff der Homöostase als Konstanterhaltung eines inneren Milieus definiert, der durch Regelung zustande kommt. Karrieredenken lässt uns oft uns selbst vergessen – allenfalls stellen sich viele Menschen auf die Waage, um ihr Körpergewicht zu kontrollieren. Die alltägliche Bilanzierung des Seelenlebens wird jedoch weniger gepflegt, bis es zu schwersten Beeinträchtigungen kommt. Spätestens dann sollte die Chance zur Veränderung genutzt werden. Noch besser ist es allerdings, sich immer wieder zu hinterfragen, ob die alltägliche bisherige Lebensform uns noch bekommt.

Es ist das Prinzip des Lebens, sich immer wieder zu verändern, wie es bereits Ovid in seinen *Metamorphosen* darstellt. Viele Menschen erleben ihr Leben als ein Joch, weil sie arbeiten müssen. Das Joch war ursprünglich ein Zuggeschirr, mit dem zwei Ochsen – Ochsen sind kastrierte Bullen, man hat sie ihrer Sexualität beraubt – vor einen Wagen oder Pflug gespannt wurden, sowie eine Vorrichtung zum Fesseln von Gefangenen. Dieses Joch wurde vor allem zu Verbüßung der Prangerstrafe oder für den Transport von Gefangenen genutzt. Immer im Joch zu sein, als kastrierter Bulle, ist eine Vorform der Hölle. In der Hölle ist es sehr heiß. Man schmort so lange in der Hölle, bis man ausgebrannt ist: das wird Burn-out genannt. Das Ausgebranntsein passt zur kontinuierlichen Überwärmung unseres Planeten: Wir verbrennen uns. Ständig ist es taghell. Ständig hetzt man durch die Welt und verbraucht viel Treibstoff.

Bekanntlich wurde Daidalos – brillanter Erfinder, Techniker, Baumeister und Künstler – mit seinem Sohn Ikaros auf Kreta in dem von ihm selbst errichteten Labyrinth gefangen gehalten. Doch Daidalos griff auf seine Erfindergabe zurück: Aus Federn von Vögeln und dem Wachs von Kerzen fertigte er Flügel für sich und seinen Sohn und flog mit ihm davon. Der ausgelassene Ikarus – ungeachtet der Warnungen seines Vaters – stieg zu hoch und kam dem Sonnenwagen zu nahe. Das Wachs, welches die Flügel zusammenhielt, schmolz. Der Flugapparat war ausgebrannt. Burn-out! Ikarus stürzte ins Meer. Daidalos wurde danach schwermütig. Die Krise ist eine Chance. Die Patienten, die ich in diesem Buch vorgestellt habe, haben die Krise genutzt. Sie haben ihren Mythos, ihre Krankengeschichte, verstanden und sind nicht wie Ikaros abgestürzt.

Literatur

Ader, R., Cohen, N. (1975): Behaviorally conditioned immunsuppression. Psychosom. Med. 37, 333–340.

Adler, R., Herrmann, J., Köhle, K., Schonecke, T., Uexküll, T. v., Wesiak, W. (Hrsg.) (1990): Psychosomatische Medizin/Thure von Uexküll. – 4., neubearb. u. erw. Aufl., Urban u. Schwarzenberg, München/Wien/Baltimore.

Benz, E. (1974): Das Recht auf Faulheit oder die friedliche Beendigung des Klassenkampfes: Lafargue-Studien. – Ungekürzte Ausg., Ullstein, Frankfurt am Main/Berlin/Wien.

Birbaumer, N. R., Schmidt, F. (1999): Biologische Psychologie. Springer, Wien/New York.

Broocks, A., Meyer, T. F., George, A., Pekrun, G., Hillmer-Vogel, U., Hajak, G., Bandelow, B., Rüther, E. (1997): Zum Stellenwert von Sport in der Behandlung psychischer Erkrankungen. In: Psychotherapie; Psychosomatik, medizinische Psychologie 47, 379–393.

Caillois, R. (1966): Die Spiele und die Menschen: Maske und Rausch. Aus dem Franz. von Sigrid von Massenbach, Langen-Müller, München.

Csikszentmihalyi, M. (2000): Das Flow-Erlebnis. Jenseits von Angst und Langeweile im Tun aufgehen. – 8., unv. Aufl. (Orig.: Beyond Boredom and Anxiety – The Experience of Play in Work and Games, 1975). Klett, Stuttgart.

Damasio, A. R. (2001): Descartes' Irrtum. Fühlen, Denken und das menschliche Gehirn. dtv, München.

Darwin, C. (2000): Der Ausdruck der Gemütsbewegungen bei dem Menschen und den Tieren. Kritische Edition, Einleitung, Nachwort und Kommentar von Paul Ekman. Eichborn, Frankfurt am Main.

Dunkel, R. M. (2007): Das Kreuz mit dem Kreuz: Rückenschmerzen psychosomatisch verstehen und behandeln. – 2. überarbeitete und erweiterte Auflage. E. Reinhardt, München/Basel.

Dunkel, R. M. (2009): Nichtraucher werden – und bleiben. Warum Sie rauchen und wie Sie dauerhaft aufhören können. Kreuz, Freiburg.

Durkheim, É. (1981): Die elementaren Formen des religiösen Lebens. Dt. von Ludwig Schmidts. Suhrkamp, Frankfurt/M.

Dörner, K. (1969): Bürger und Irre. Zur Sozialgeschichte und Wissenschaftsgeschichte der Psychiatrie. Europäische Verlagsanstalt, Frankfurt am Main.

Eichendorff, J. v. (1826/1986): Aus dem Leben eines Taugenichts. Reclam, Ditzingen.

Elias, N. (1984): Über die Zeit. Arbeiten zur Wissenssoziologie II. Suhrkamp-Tb.-Wissenschaft 756, Frankfurt am Main.

Elias, N. (1939): Über den Prozeß der Zivilisation. Soziogenetische und psychogenetische Untersuchungen. Band 1: Wandlungen des Verhaltens in den weltlichen Oberschichten des Abendlandes (LXXXI, 333 S.) / Band 2: Wandlungen der Gesellschaft: Entwurf zu einer Theorie der Zivilisation (491 S.), Verlag Haus zum Falken, Basel.

Erdheim, M. (1984): Die gesellschaftliche Produktion von Unbewusstheit: eine Einführung in den ethnopsychoanlytischen Prozess. Suhrkamp-Tb.-Wissenschaft 465, Frankfurt am Main.

Franklin, B. (1748): Advice to a young tradesman. Works, hrsg. Sparks (Chicago 1882), Vol. II S. 80–89. Zitiert u. übersetzt in: Weber, M. (1981): Die protestantische Ethik. [Hrsg. von Johannes Winckelmann]. – 6., durchges. Aufl., Gütersloher Taschenbücher Siebenstern.

Freud, S. (1908e [1907]): Der Dichter und das Phantasieren. In: Gesammelte Werke, Bd. 7. S. Fischer, Frankfurt am Main.

Freud, S. (1915): Trauer und Melancholie. In: Gesammelte Werke, Bd. 5. S. Fischer, Frankfurt am Main.

Goethes Werke (1998). Hamburger Ausgabe in 14 Bänden. Textkritisch durchgesehen und kommentiert von Erich Trunz, Christian Wegner, Hamburg 1949, Auflage: C. H. Beck, München.

Gontscharow I. (1998) Oblomow. dtv, München.

Hassenstein, B. (1980): Instinkt, Lernen, Spielen, Einsicht. Einführung in die Verhaltensbiologie. serie piper 193. München.

Heine H. (1985): Historisch-kritische Gesamtausgabe der Werke. Hrsg. von Manfred Windfuhr. Bd. 4: Atta Troll. Ein Sommernachtstraum / Deutschland. Ein Wintermährchen. Bearb. von Winfried Woesler. Hoffmann und Campe, Hamburg.

Hesse, H. (1906/2007): Unterm Rad. Suhrkamp Tb., Frankfurt am Main.

Hesse, H. (1943/2007): Das Glasperlenspiel: Versuch einer Lebensbeschreibung des Magister Ludi Josef Knecht samt Knechts hinterlassenen Schriften. Suhrkamp Tb., Frankfurt am Main.

Holsboer, F. (1993): Stress und Hormone. In: Spektrum der Wissenschaft, 5, 97–103-

Hüther, G. (1998): Biologie der Angst: Wie aus Stress Gefühle werden. 2. Aufl., Vandenhoeck & Ruprecht, Göttingen.

Huizinga J. (1936/2009): Homo ludens. Vom Ursprung der Kultur im Spiel. In engster Zusammenarbeit mit d. Verf. aus d. Niederländ. übertr. von H. Nachod. Mit einem Nachwort von Andreas Flitner, Rowohlt, Reinbek.

Kafka, F.(1970): Sämtliche Erzählungen. Herausgegeben von Paul Raabe. Fischer Taschenbuch, Frankfurt am Main.

Kleist, H. von (1978): Werke und Briefe. Hrsg. von Siegfried Streller. 4 Bände. Aufbau Verlag, Berlin/Weimar.

Kropiunigg, U. (1990): Psyche und Immunsystem. Springer, Wien/New York.

Kluge (2002): Etymologisches Wörterbuch der deutschen Sprache. 24., durchgesehene und erweiterte Auflage. Bearbeitet von Elmar Seebold. Walter de Gruyter, Berlin.

Lafargue, P. (1887): Das Recht auf Faulheit: Widerlegung des „Rechts auf Arbeit". Verlag der Volksbuchhandlungen, Hottingen-Zürich.

Laum, B. (1924/2006): Heiliges Geld: Eine historische Untersuchung über den sakralen Ursprung des Geldes. Semele, Berlin.

Lenz, S. (1968): Deutschstunde. Hoffmann und Campe, Hamburg.

Lindemann, H. (1977): Überleben im Stress. Autogenes Training. Der Weg zu Entspannung – Gesundheit – Leistungssteigerung. Wilhelm Heyne, München.

Marcuse, L. (1972): Philosophie des Glücks. Von Hiob bis Freud. Vom Autor revidierter und erweiterter Text nach der Erstausgabe von 1948. Diogenes Tb, Zürich.

Mark Twain (1876): Tom Sawyers Abenteuer. Insel, Frankfurt am Main.

Marx K., Engels F. (1998): Ausgewählte Werke. Digitale Bibliothek Band 11 (CD-ROM), Directmedia, Berlin.

Moritz, K. P. (1998): Anton Reiser. Ein psychologischer Roman. Insel, Frankfurt am Main.

Musil, R. (1906): Die Verwirrungen des Zöglings Törleß. Rowohlt, Reinbek.

Nietzsche, F. (1954): Werke in drei Bänden. Herausgegeben von Karl Schlechta, Carl Hanser, München/Wien.

Neumann, H.-J. (2000): Friedrich der Große: Feldherr und Philosoph. Quintessenz, Berlin.

Pilhofer, P. (2010): Das neue Testament und seine Welt. Eine Einführung. UTB Mohr Siebeck, Tübingen.

Popper, K. (1992): Die offene Gesellschaft und ihre Feinde, Band 1: Der Zauber Platons.; Auflage: 7. Bearb. u. erg., Taschenbuch. J.C.B. Mohr

Rauch, E. (1994): Autosuggestion und Heilung: die innere Selbst-Mithilfe. Karl F. Haug, Heidelberg.

Richter, D. (1984): Schlaraffenland. Geschichte einer populären Phantasie. Eugen Diederichs, Köln.

Sapolsky, R. (2001): Mein Leben als Pavian. Claassen, München.

Schedlowski, M., Tewes, U., (Hrsg.) (1996): Psychoneuroimmunologie. Spektrum, Akad. Verl., Heidelberg/Berlin/Oxford.

Schüffel, W., Brucks, U., Johnen, R., Köllner, V., Lamprecht, F., Schnyder, U., (Hrsg.) (1998): Handbuch der Salutogenese. Konzept und Praxis. Ullstein Medical, Wiesbaden.

Schröder, J. (1979): Jesus und das Geld. Wirtschaftskommentar zum neuen Testament. Badenia, Karlsruhe.

Schweizer, E. (1982): Die Bergpredigt, Vandenhoeck & Ruprecht, Göttingen.

Spoerl, H., (1933/2000): Die Feuerzangenbowle: eine Lausbüberei in der Kleinstadt. Piper, München (unter der Mitarbeit von H. Reimann).

Weizsäcker, V. v. (1935/1986): Studien zur Pathogenese, in: ders.: Gesammelte Schriften. Bd. 6. Frankfurt am Main.

Wondratschek, W. (2005): Im Dickicht der Fäuste. dtv, München.

Zeller, G. (2007): Albert Zellers medizinisches Tagebuch der psychiatrischen Reise durch Deutschland, England, Frankreich und nach Prag von 1832 bis 1833, 2 Bände. Verlag Psychiatrie und Geschichte der Münsterklinik, Zwiefalten.